Matthias Nast

überflutet – überlebt – überlistet

Die Geschichte der Juragewässerkorrektionen

Matthias Nast

überflutet – überlebt – überlistet

Die Geschichte
der Juragewässerkorrektionen

Verein
Schlossmuseum
Nidau

Der Verein Schlossmuseum Nidau dankt den folgenden Firmen und Organisationen für ihre Beiträge herzlich.
Ohne deren grosszügige finanzielle Unterstützung wäre die Produktion des Buches nicht möglich gewesen.

Werner Könitzer, Regierungsstatthalter
Präsident Verein Schlossmuseum Nidau

Lotteriefonds des Kantons Bern
Vereinigung kantonaler Feuerversicherer VKE, Bern
Hans Gutjahr-Stiftung, Orpund
Lotteriefonds des Kantons Solothurn
Pro Helvetia
Loterie Romande
Die Mobiliar, Versicherungen, Bern
W. Gassmann AG, Biel-Bienne

Einband/Umschlag:
Überschwemmte Rebhänge
am Ufer des Bielersees.
Blick vom Restaurant «Schlössli» in Vingelz
in Richtung Tüscherz-Alfermée.

Herausgeber: Verein Schlossmuseum Nidau, CH-2560 Nidau

Konzept, Recherche, Redaktion: Matthias Nast, CH-3006 Bern
Satz und Druck: W. Gassmann AG, CH-2501 Biel-Bienne
Einband: Schumacher AG, CH-3185 Schmitten/FR

Gedruckt in der Schweiz

© 2006 by Verein Schlossmuseum Nidau, CH-2560 Nidau

Nachdruck und Verbreitung über elektronische Medien, auch auszugsweise, nur mit schriftlicher Genehmigung des Herausgebers.

ISBN 3-906140-73-3

Inhaltsverzeichnis

Vorwort	6
Einleitung: Vom Sumpfland zum Gemüsegarten	7
Eine Naturlandschaft entsteht	9
Der Mensch nimmt von der Natur Besitz	13
Als das Wasser kam	31
Der lange Weg zur Ersten Juragewässerkorrektion	55
Die Erste Juragewässerkorrektion	91
Vom Ufer weggerückt	107
Dunkle Wolken am Horizont	113
Rufe nach einer Zweiten Juragewässerkorrektion	127
Die Zweite Juragewässerkorrektion	139
Das Seeland heute	163
Epilog	185
Dank	186
Verzeichnis der Grafiken, Pläne, Karten und Tabellen	187
Bildnachweis	188
Literaturverzeichnis	189
Register	191

Vorwort

Hermann Hesse hat einmal gesagt: «Damit das Mögliche entsteht, muss immer wieder das Unmögliche versucht werden.» Dr. Johann Rudolf Schneider ist uns dabei ein Vorbild. Seine Vision hat bei der Bevölkerung und bei den Entscheidträgern gleichermassen Begeisterung ausgelöst. Mit der Juragewässerkorrektion hat er sein Lebenswerk geschaffen, das bis heute seinesgleichen sucht. Ein Pionierwerk, das dem Seeland ein neues Gesicht gegeben hat.

Noch vor 150 Jahren prägten Überschwemmungen, Armut und Krankheiten das Leben der Seeländerinnen und Seeländer. Das sumpfige Land konnte seine Bevölkerung kaum ernähren. Viele mussten ihre Heimat aus wirtschaftlichen Gründen sogar verlassen. Der Nidauer Arzt und Politiker Dr. Johann Rudolf Schneider hat diese tägliche Not gesehen und er hatte eine klare Vision: Die grossräumige Umgestaltung der Landschaft, mit einer Korrektur des Aarelaufes und mit einer Absenkung des Seepegels der drei Juraseen. Dank seiner enormen Überzeugungskraft, und seiner Beharrlichkeit während fast 40 Jahren, ist aus dieser Vision ein handfestes Vorhaben geworden: die Erste Juragewässerkorrektion. Jahrzehnte später wurde das Werk vollendet, ergänzt mit einem System zur Regulierung der Seen.

Die Juragewässerkorrektion stellt in ihrer Grossartigkeit sicher einen Glanzpunkt der Schweizergeschichte des 19. Jahrhunderts dar. Und sie zeigt, dass sich jedes Handeln auf die drei Dimensionen «Wirtschaft», «Gesellschaft» und «Umwelt» auswirkt: Aus Sumpfland wurde fruchtbares Kulturland, die Bevölkerung konnte dauerhaft vor Überschwemmungen und Krankheiten bewahrt werden. Mit der Umgestaltung der Landschaft gingen aber auch natürliche Lebensräumen für Tiere und Pflanzen verloren. Damals standen die positiven Impulse für Wirtschaft und Gesellschaft im Vordergrund. Heute würden wir die Umwelt sicher stärker gewichten und auf eine naturnähere Gestaltung achten.

Früher wie heute gilt: Wenn wir handeln, beeinflussen wir alle Dimensionen der nachhaltigen Entwicklung – in einem stärkeren oder schwächeren Ausmass, mittelbar oder unmittelbar. Dabei lassen sich nicht alle Ansprüche vollumfänglich decken. Umso wichtiger ist es, dass wir uns um einen konstruktiven Umgang mit diesen Zielkonflikten bemühen und aus einer ganzheitlichen Sicht heraus handeln. Dabei gilt es die Bedürfnisse der heute lebenden Menschen ebenso zu berücksichtigen wie jene der nächsten Generationen. Bei der Juragewässerkorrektion ist dies auch aus heutiger Sicht gelungen.

Das vorliegende Buch zeigt, dass dieses Jahrhundertwerk Ausdruck einer Kultur des Pioniergeistes, der Tatenkraft und des Schaffens ist. Episoden, Zeitzeugnisse und Illustrationen lassen die Vergangenheit auf humorvolle Art aufleben. Gleichzeitig schärfen die eindrücklichen Worte und einzigartigen Bilder unser Verständnis für die Gegenwart der Dreiseenlandschaft. Lassen Sie sich ein auf die faszinierenden Einblicke in die Geschichte dieses einmaligen Werks – es lohnt sich!

Barbara Egger-Jenzer, Regierungsrätin

Bern, im September 2006

Einleitung:

Vom Sumpfland zum Gemüsegarten

«Ds Wasser chunnt!» Einmal mehr gellte der Schrei durch die Dorfgassen und über die Felder des Seelands hinweg. Die wilde Aare hatte die Dämme durchbrochen! Nun verliessen die Wassermassen ihr Bett – und auf dem Weg von Aarberg gegen Büren riss der gefürchtete «Aareteufel» alles mit sich, was sich ihm in den Weg stellte. Noch

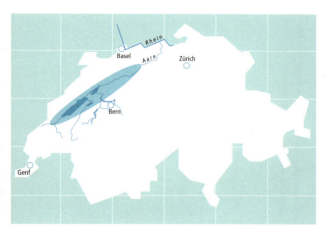

letzte Nacht hatten die Bauern verzweifelt versucht, die schadhaften Schwellen und Dämme zu flicken. Aber alle Mühe war umsonst. Die Fluten zerstörten Häuser und Ställe, vernichteten die Ernte und töteten das Vieh. Damit noch nicht genug: auf die Flut folgten Krankheit, Hunger und Not. Manch einer flüchtete sich in seiner Verzweiflung in den Alkohol, andere suchten Trost in der Kirche. Zahlreichen Seeländern stand das Wasser buchstäblich bis zum Hals. Sie packten in der Folge ihre wenigen geretteten Habseligkeiten zusammen und wanderten aus. Die Mehrheit der leidenden Bauernfamilien blieb ihrer Heimat jedoch treu. Mühevoll räumten sie den Schutt beiseite, bestellten ihre Felder neu und trieben das gerettete Vieh hinaus ins Moos, wo es etwas kärgliche Nahrung finden konnte.

Wer heute durch das Grosse Moos fährt, merkt nichts mehr vom Elend und der Verzweiflung vergangener Tage. Die grosse Wassernot gehört der Vergangenheit an. Vielmehr sieht der Besucher einen fruchtbaren Gemüsegarten, Felder so weit das Auge reicht, putzige Dörfer, mittelalterliche Städtchen; aber auch Fabriken, Gewerbebauten, Einfamilienhäuser, schnurgerade Kanäle, zahme Bäche und harmlose Flüsse. Kaum jemand ist sich bewusst, dass diese Landschaft beinahe total von Menschenhand geschaffen worden ist. Hätte der Mensch nicht ordnend eingegriffen, würden heute nicht Strassen und Schienen das Land zerschneiden, sondern mäandernde Bäche und Flüsse. Der Betrachter würde Sümpfe, Riedgras und Auenwälder erblicken. Ein ohrenbetäubendes Gequake und das unermüdliche Summen riesiger Mückenschwärme träfen sein Ohr.

Das Delta des Hagneckkanals bei der Mündung in den Bielersee.

> «Katastrophen kennt allein der Mensch, sofern er sie
> überlebt. Die Natur kennt keine Katastrophen.»
>
> MAX FRISCH, 1979

Eine Naturlandschaft entsteht

Dimensionen der Zeit

Die Geschichte der Menschheit zählt in Jahrtausenden. Ganz anders die Geschichte einer Landschaft: Sie bemisst sich in Jahrmillionen. Um zu verstehen, wieso das Seeland eine überschwemmungsgefährdete Region ist, müssen wir deshalb das Rad der Zeit entsprechend zurückdrehen.

Wo heute Murten-, Neuenburger- und Bielersee sowie das Grosse Moos das Landschaftsbild prägen, dehnte sich vor vielen Millionen Jahren ein Meer aus. Später – während der Bildung der Alpen und des Juras – hob sich das Land an: Flüsse suchten sich ihren Weg durchs Mittelland und Täler entstanden. Nach weiteren Millionen Jahren senkte sich die Landschaft wiederum ab; nun drang ein flacher Meeresarm ins Mittelland ein.

Am Grund des Meeres und der Flüsse lagerten sich während dieser Zeit riesige Sedimentmengen ab. Dicke Schichten so genannter Meeres- oder Süsswassermolasse entstanden. Unter dem wachsenden Druck verfestigten sich diese Ablagerungen zu Nagelfluh (aus Kies), Sandstein (aus Sand) und Mergel (aus Ton).

Das Ende der letzten Eiszeit

Das Mittelland – also jenes flache, weitgehend jedoch hügelige Gebiet zwischen Jura und Alpen – hat sein heutiges Landschaftsbild den Eiszeiten zu verdanken. Während Jahrmillionen brachen die Gletscher periodisch aus den Alpen aus und stiessen bis tief ins Mittelland vor. Auf ihrem Weg zermalmten sie alles, was sich ihnen entgegenstellte. Mit unbändiger Kraft schoben sie Gesteinsschutt vor sich her und lagerten diese Massen an den Rändern und am Ende der Gletscher ab (Seiten- und Endmoränen). Unter ihrer Sohle wurde das Gestein zu feinem wasserundurchlässigem Gesteinsmehl (Grundmoräne) zerrieben.

Auch das Seeland erhielt den letzten Schliff während der Eiszeiten. Die letzte liegt – zumindest geologisch betrachtet – noch nicht weit zurück. Vor rund 20 000 Jahren lag das Seeland noch unter einem dicken Eispanzer begraben. Vor etwa 18 000 Jahren setzte eine langsame Klimaerwärmung ein und die Gletscher begannen zu schmelzen. Die Phase der Klimaerwärmung dauerte rund

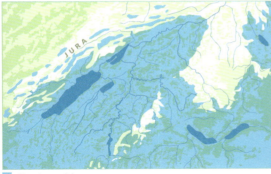

▪ Gletscherausdehnung

Gletscherausdehnung in der Region des heutigen Seelandes 25 000 v. Chr.

▪ Gletscherausdehnung

Gletscherausdehnung in der Region des heutigen Seelandes 18 000 v. Chr.

8000 Jahre und wurde immer wieder durch kühlere Abschnitte unterbrochen, während derer die Gletscher erneut vorstiessen.

Wasser und Land blieben aber noch längere Zeit unscharf getrennt. Denn in dieser klimatischen Übergangszeit wurden immer wieder Gebiete überschwemmt, und es bildeten sich Sümpfe, die später wieder austrockneten.

Tundra und Rentierherden

Schon früh zog es die Menschen in das nacheiszeitliche Seeland. So brachten Archäologen zum Beispiel in Hauterive am Neuenburgersee einen saisonalen Lagerplatz von steinzeitlichen Jägern ans Tageslicht und datierten diesen auf etwa 11 000 v. Chr. Die archäologischen Erkenntnisse weisen auf eine fast baumlose Landschaft hin – also auf ein ideales Jagdgebiet für die wandernden Jäger. Kaum ein Baum und wenig Gestrüpp verdeckten die Sicht auf die grasenden Rentierherden, die durch das offene Land zogen. Von erhöhten Standorten aus überblickten die Steinzeitmenschen die weite Ebene und beobachteten die Wanderungen der Herden. Zogen die Rentiere weiter, brachen auch die Jägerhorden ihre Zelte ab und folgten ihren Beutetieren.

Am Lagerplatz fanden Archäologen auch Überreste von anderen bejagten Tieren wie Pferde, Hasen, Murmeltiere und Steinböcke (Conradin A. Burga. In: Hls).

Früchte oder Beeren waren Mangelware in einer Landschaft, die am ehesten mit der heutigen sibirischen Tundra verglichen werden kann. Dagegen wuchs vor allem so genannte Pioniervegetation mit Gräsern, Wermut-, Korbblütler- oder Doldengewächsen. Gleichzeitig fanden sich auch Wegerich, Ampfer und Nelkengewächse. In den klimatisch geschützteren Zonen wuchsen vereinzelt erste Weiden, Zwergbirken, Wacholder- und Sanddornsträucher (Geogr. Ges. 1980: 33).

Der Wald nimmt vom Seeland Besitz

Mit dem endgültigen Ende der letzten Eiszeit, zirka 10 000 v. Chr., nahm der Pflanzenwuchs rasch zu. Nach einem kurzen Strauchstadium setzte die Wiederbewaldung ein. Zuerst schossen kräftige Birken in die

Seeland

Geografen verstehen unter dem Begriff «Seeland» die tief gelegene Senke am Jurasüdfuss. Darin eingebettet liegen die drei Jurarandseen (Murten-, Neuenburger- und Bielersee). Der eiszeitliche Rhonegletscher, der dem Jura entlang bis nach Solothurn reichte, hatte diese Senke vertieft und gleichzeitig die Molassehügel Jolimont, Mont-Vully, Schaltenrain, Oberholz und Jäissberg zu länglichen Rücken abgeschliffen.

Gewisse Theorien besagen, dass in der Nacheiszeit eine Endmoräne unterhalb von Solothurn – beim heutigen Wangen a. Aare – die Gewässer zu einem langen See aufgestaut habe. Dieser See hätte 100 Kilometer talaufwärts bis nach Payerne und La Sarraz gereicht (Burri 1995: 213). Um 15 000 v. Chr. habe dieser gewaltige aufgestaute See eine Höhe von rund 480 Metern über Meer erreicht. Das hiesse, dass das heutige Grosse Moos damals Seegrund gewesen wäre und dass darüber rund 50 Meter Wasser gestanden hätten! 3000 Jahre später sei der Seespiegel immer noch auf etwa 450 Metern über Meer gelegen – also etwa 20 Meter höher als heute. Um etwa 11 000 v. Chr. hätten die erosiven Kräfte schliesslich die Endmoräne bezwungen und das gestaute Wasser des «Solothurnersees» befreit.

Andere Theorien widersprechen dieser Auffassung: Beim langsamen Abschmelzen des Rhonegletschers hätten sich vielmehr zahlreiche Seen, Tümpel und breite Flussebenen gebildet (Wohlfahrt 1993: 46).

Welche der beiden Theorien der Wahrheit auch näher kommt, übrig blieben schliesslich Murten-, Neuenburger- und Bielersee als Restseen (siehe auch Abb. S. 11).

Das Seeland im Überblick.

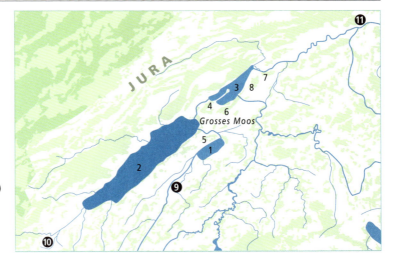

1 Murtensee
2 Neuenburgersee
3 Bielersee
4 Jolimont
5 Mont-Vully
6 Schalunen
7 Jäissberg (Jensberg)
8 Oberholz
❾ Payerne
❿ La Sarraz
⓫ Wangen a. Aare

Höhe, welche die Sträucher verdrängten. Danach breiteten sich Föhren aus – und dies so rasant, dass die Birken fast gänzlich verschwanden. Um 9000 v. Chr. bedeckten eintönige Föhrenwälder das Gebiet. Birken fanden sich darauf nur noch in den periodisch überfluteten Gebieten entlang von Flüssen und Seen.

Etwa 1000 Jahre später begannen sich zahlreiche Laubbäume und der Haselstrauch auszubreiten. Damit verlor die Föhre ihre dominante Stellung im Wald – an ihre Stelle trat der so genannte Eichenmischwald: Die wärmeliebenden Eichen und Linden bevorzugten die sonnenbeschienenen Jurahänge und die trockenen Molassehügel. Derweil breiteten sich Ulmen, Ahorne und Eschen an schattigeren und luftfeuchteren Hängen und entlang von Auengebieten aus. Am Rand der grossen Überschwemmungsgebiete waren Erlen verbreitet. Um 3000 v. Chr. wanderten zudem Buche und Weisstanne in das Gebiet ein. Gleichzeitig tauchte die Fichte erstmals auf.

Der vermutete «Solothurnersee» zirka 15 000 v. Chr.

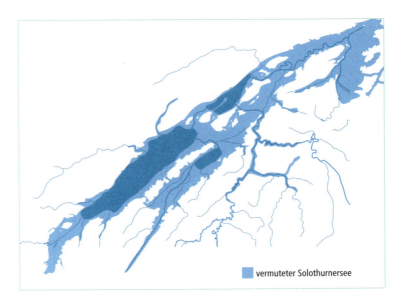

Frühere Beutetiere: Mit der Ausbreitung der Wälder zogen sich die Rentiere in den Norden zurück.

Jäger und Sammler

Die sich über viele Generationen hinweg ausbreitenden Wälder erschwerten die Jagd. Die Rentierherden hatten sich schon bald in den Norden zurückgezogen. Beutetiere waren nun vor allem Hirsche, Wildschweine und Rehe. Die Jäger lauerten dem Wild im dichten Wald auf und stellten diesem mit Bogen und Pfeilen nach, die mit scharfkantigen Steinsplittern bestückt waren.

Mit zunehmendem Pflanzenwuchs wurde indes auch das Sammeln von Beeren, Nüssen, Kräutern und Pilzen einträglicher. Diese wurden darauf ein wichtiger Bestandteil der Ernährung. Einige Gruppen verlegten sich auch vermehrt auf den Fischfang.

Die Nahrungsgrundlage blieb jedoch äusserst karg, die Besiedelung deshalb gering. Zwar ist davon auszugehen, dass einige Tierarten stark bejagt oder sogar ausgerottet wurden. Insgesamt veränderten die umherstreifenden Sammler und Jäger ihre Umwelt aber kaum. Das änderte sich erst mit dem Auftauchen der ersten Bauern!

Von Mammuts und Wollnashörnern

Bereits während den Zwischeneiszeiten lebten im Jura, im Mittelland und in den Voralpen Menschen. Vor den sich ausbreitenden Gletschern mussten sie jeweils aber zurückweichen. Erste menschliche Aktivitäten sind in der Altsteinzeit (vor etwa 500 000 Jahren) festzustellen. Auch auf die Zeit vor rund 130 000 bis 35 000 Jahren konnten entsprechende Funde datiert werden. Vor zirka 50 000 bis 40 000 Jahren ist sogar eine dichtere Besiedlung nachweisbar. Diese Jäger lebten in kleinen Gruppen als Nomaden an Seen, Flüssen und in Höhlen und jagten Mammuts, Rentiere, Wollnashörner und Wildpferde (Conradin A. Burga. In: HLS).

> «Un paysage quelconque est un état de l'âme.»
> HENRI-FRÉDÉRIC AMIEL, 1846

Der Mensch nimmt von der Natur Besitz

Erste Bauern im Seeland

Als sich die Menschen im Seeland anschickten, mit ihren Steinbeilen den Wald zu roden und den Boden zu bebauen, dehnten sich vom Rand der Alpen bis an die Nordsee endlose Wälder aus. Ungebändigte Ströme, Flüsse und Bäche durchzogen den immensen Urwald. Mit Ausnahme der Überschwemmungsgebiete, der Sümpfe und felsiger Partien war auch die Region der drei Juraseen bewaldet.

Wann genau im schweizerischen Mittelland erstmals Ackerbau und Viehzucht betrieben worden sind, lässt sich nicht exakt datieren. Mit Hilfe so genannter archäobotanischen Methoden konnte jedoch nachgewiesen werden, dass bereits vor über 8500 Jahren Getreide und Lein (Flachs) angebaut worden sind.

Zahlreiche Funde belegen, dass im Seeland die ersten festen Siedlungen ab etwa 4000 v. Chr. angelegt wurden. Die Besiedelung der Strandplatten wurde jedoch immer wieder unterbrochen. Bei hohen Seeständen bauten die Siedler die Dörfer vermutlich weiter landeinwärts (HAFNER; CLAUS 1997: 51f.).

Die Urbauern im Seeland gingen zwar immer noch auf die Jagd, sammelten in den Wäldern Beeren, Nüsse oder Pilze und ergänzten ihren Speisezettel mit Fischen. Am meisten Kalorien lieferten jetzt aber verschiedene Getreidesorten wie Emmer oder Gerste. In der Bronzezeit (zirka 2200 bis 800 v. Chr.) kam Dinkel hinzu, und ab etwa 1200 v. Chr. wurde auch Hirse angebaut. Zudem hielten die Bauern Vieh, vor allem Rinder, Schweine und Ziegen.

Kleinere und grössere Seen, viel Schilf, dichter Wald: So dürfte sich die Landschaft den ersten Siedlern präsentiert haben. Aufnahme um 1956 im Häftli.

Erste Ackerbauern

Während hunderttausenden von Jahren lebten die Menschen als Jäger und Sammler. Dann, vor etwa 11 000 Jahren, kamen die Menschen im Vorderen Orient auf die Idee, Körner wild wachsender Pflanzen zu sammeln und zu säen. Der Ackerbau war geboren! Wir wissen heute leider wenig darüber, wie es zu dieser «Entdeckung» kam, das heisst, ob sie zufällig oder aus der Naturbeobachtung heraus geschah. Sicher ist lediglich, dass sich die Methode schnell verbreitete. Den Menschen wurde rasch klar, dass ihnen damit eine völlig neue Nahrungsquelle zur Verfügung stand, die erst noch nie zu versiegen versprach. Hand in Hand mit dem Ackerbau wurden auch die ersten Tiere domestiziert. War vorher lediglich der Hund ein treuer Begleiter der Jagdgruppen, wurden nun Tiere wie Wildschafe oder Wildziegen gefangen und umzäunt gehalten. Der Ackerbau und die Viehzucht zwangen die Menschen zu einer gänzlich neuen Lebensweise: Sie wurden erstmals sesshaft.

Die Verbindung von Ackerbau, Viehzucht und Sesshaftigkeit wird als «Neolithische Revolution» bezeichnet (heute wird eher von einer Evolution gesprochen).

In der Geschichte der Menschheit ist der Übergang vom Jäger- und Sammlerdasein zur Neolithischen Kultur eine der folgenschwersten Entwicklungen; und kaum ein anderes Ereignis hat in der Landschaft tiefere Spuren hinterlassen. Denn sobald die ersten Bauern in die tiefen mitteleuropäischen Urwälder vordrangen, begannen sie diese für ihre Äcker und Weiden zu roden. Dörfer wurden gebaut, denen später die ersten Städte folgten (SCHERTLER 1999: 51ff.). Erst mit der Verbreitung von Ackerbau und Viehzucht begann die Verwandlung der weitgehend unberührten Natur in die vom Menschen geschaffene Kulturlandschaft.

Dank Ackerbau und den verbesserten Möglichkeiten der Nahrungsaufbewahrung (in Töpferwaren) sowie der Haustierzucht verfügten die frühen Siedler im Seeland über eine relativ stabile Ernährungsgrundlage. In der Folge entwickelten sie sich zu grösseren Gemeinschaften und die Bevölkerung nahm zu. Nach und nach wurden neue Siedlungen angelegt und die Waldrodungen ausgeweitet. Die sesshaft gewordenen Bewohner des Seelands nahmen nun die Umgestaltung der ursprünglichen Naturlandschaft in eine geordnete Kulturlandschaft in die Hand.

Die Kehrseite der Medaille: Der Mensch war nun an den Boden, den er bebaute, und an die Hütte, die er bewohnte, gefesselt. Anders als seine

Erste Uferbesiedelung: «Lattrigen-Riedstation» am Südufer des Bielersees vor rund 5400 Jahren. Das Dorf lag auf der trockenen Strandplatte, die Felder auf einer Rodungsinsel im Hinterland.

Frühlingsstimmung im Häftli.

wildbeuterischen Vorfahren konnte der Ackerbauer und Viehzüchter seine Zelte nicht mehr einfach abbrechen und weiterziehen – auch nicht bei widrigen klimatischen Verhältnissen oder nach einem Hochwasser. Und im Seeland war das Verbleiben ein besonders schwieriges Unterfangen, denn die Natur – vor allem die wilde Aare – machte den Seeländern das Leben schwer!

Erste Ufersiedlungen

Am Bielersee konnte in Sutz-Lattrigen eine prähistorische Dorfanlage dokumentiert werden (siehe Abb. S. 14). Die Siedlungsstelle Lattrigen-Riedstation wurde 3393 v. Chr. mit dem Bau von zwei Häusern auf der Strandplatte gegründet. In den nächsten Jahren kamen weitere Häuser hinzu. Doch bereits nach sechs Jahren musste das Dorf wieder aufgege-

Als der Neuenburgersee grösser war: Einstige Sanddüne bei Witzwil.

ben werden. Vermutlich hat ein lang anhaltender Seespiegelanstieg die Bewohner dieses sowie weiterer Dörfer in der Region zur Aufgabe der ufernahen Siedlungen gezwungen. Erst nach etwa 200 Jahren setzte die Siedlungstätigkeit am flachen Ufer wieder ein. Der Seespiegel war unterdessen wieder gesunken. Um 2400 v. Chr. wurden die Ufersiedlungen erneut aufgegeben (HAFNER 2004: 17ff.). Diese Feststellung lässt auf ein weiteres anhaltendes Hochwasser schliessen.

Unbeständige Aare

Die Urbauern im Seeland und ihre Nachkommen lebten an einem gefährlichen Ort, der ständig von katastrophalen Überschwemmungen bedroht war. Schuld daran war vor allem die eigenwillige Aare.

Aus geologischen Untersuchungen wissen wir heute, dass die Aare von Zeit zu Zeit einen abrupten Richtungswechsel vornahm. Zwar konnte der Fluss jahrelang ostwärts in Richtung des heutigen Lyss, Dotzigen und Meienried fliessen und damit die Juraseen umgehen. Doch in der Region der heutigen Ortschaft Aarberg war das Gefälle der Aare nur sehr gering. Das mitgeführte Geschiebe blieb dort liegen und verstopfte mit der Zeit das Flussbett. Deshalb brach die Aare aus und floss nun nicht mehr ostwärts, sondern gegen Westen. Sie schwemmte sich über Ins oder Sugiez ein neues Bett aus und mündete schliesslich in den Neuenburgersee. Der Richtungswechsel wirkte sich jeweils verheerend auf die Landschaft aus.

Geologen vermuten, dass die Aare zwischen 12 000 und 3000 v. Chr. sogar mehrheitlich diesen Weg genommen hat. Das belegen Sanddünen südöstlich von Gampelen (siehe Abb. S. 15), alte Aareläufe im Grossen Moos sowie Seesedimentkerne im Neuenburgersee.

Über die Häufigkeit dieser Richtungswechsel ist man sich nicht im Klaren, auch nicht darüber, wann dies zum letzten Mal geschah. Sicher ist hingegen, dass die ersten Bauern der Region schreckliche Überschwemmungen erlebten: Wenn das Aarewasser, das die Juraseen bislang mied, plötzlich den Neuenburgersee auffüllte, stieg dessen Seespiegel jeweils gleich um mehrere Meter an! Via Broye und Zihl waren auch der

Auenwald
Auenwälder sind bewaldete Gebiete entlang von Fliessgewässern, die periodisch oder in unregelmässigen Zeitabständen von Wasser überflutet werden. Sie weisen eine reichhaltige Fauna und Flora auf. Fallen die Überschwemmungen aus, sterben die Auenwälder infolge Nährstoffmangels ab.

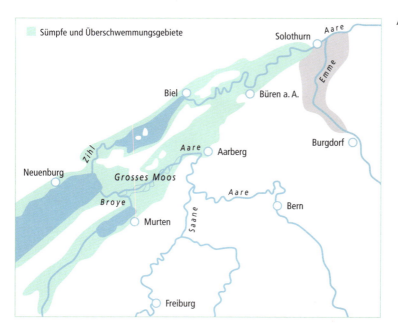

Ausbruch der Aare Richtung Westen.

Murten- und Bielersee von den riesigen Wassermassen und dem Anstieg der Seespiegel betroffen. Dörfer in Seenähe mussten fluchtartig verlassen werden. Wahrscheinlich existierten auch Siedlungen im heutigen Grossen Moos, die von den Aarefluten einfach weggespült worden sind.

Ein Hochwasserereignis nahm besonders katastrophale Ausmasse an. Um 2500 v. Chr. stiegen die Seespiegel um rund fünf Meter an (Geogr. Ges.: 38). Die enormen Überschwemmungen zerstörten zweifellos zahlreiche Ansiedlungen und vernichteten weite Teile der Auenwälder. Dieses Hochwasserereignis zeichnete das Antlitz der Dreiseenregion neu.

Archäologische Funde weisen darauf hin, dass die Region zwischen 1000 und 800 v. Chr. von einem weiteren Anstieg der Seespiegel betroffen war, der die Menschen erneut von den Ufern vertrieb (Schwab; Müller 1973: 147).

Sobald die überschwemmten Ebenen trocken lagen, kehrten die Menschen wieder zurück, bauten neue Dörfer auf und beackerten erneut den Boden. Letzteres oft sehr erfolgreich, denn die Überschwemmungsgebiete zeichneten sich in der Regel nach einer Ruhephase durch ausserordentlich hohe Fruchtbarkeit aus.

Erste Städtebauer im Seeland

Die Erfindung der Bronze um 2200 v. Chr. hatte auf die Geschichte der Landschaft einen tief greifenden Einfluss. Diese Legierung (Kupfer mit einem Zinngehalt von 5–10%) ist erheblich härter als das zuvor verwendet Kupfer und eignete sich bestens zur Herstellung von Äxten. Damit liessen sich die Wälder viel einfacher roden!

Prähistorische Funde bei La Tène am Neuenburgersee: Sicheln, Sensen, Messer und Gertel aus dem 2. Jahrhundert v. Chr.

Etwa 800 v. Chr. wurde wiederum ein neuer Werkstoff entdeckt: das Eisen. Werkzeuge wie Sense, Sichel und Hacke entstanden; die mit eisernen Teilen ausgestatteten Pflüge konnten in bisher ungenutzte Böden Furchen ziehen.

Aus dem Dunkel der Geschichte tauchte in dieser Zeit mit den Kelten eine neue Kultur auf. Einer ihrer Stämme, die Helvetier, siedelte

Keltische Bergfestung: Wiederhergestelltes (Zangen)-Tor am Zugang zum Oppidum auf dem Mont-Vully.

sich vermutlich im 3. oder 2. vorchristlichen Jahrhundert im westlichen Mittelland der heutigen Schweiz an.

Die ackerbebauenden und viehzüchtenden Helvetier veränderten das Landschaftsbild bedeutend stärker als ihre Vorfahren. So zeigt die während der Zweiten Juragewässerkorrektion zwischen Bieler- und Neuenburgersee entdeckte, 90 Meter lange Helvetierbrücke bei Cornaux, dass im Grossen Moos bereits vor den Römern Strassen und Brücken existierten. Zudem wurde klar ersichtlich, dass die Region damals trocken lag.

Kelten

Unser Wissen über die Kelten ist spärlich und beruht hauptsächlich auf griechischen und römischen Texten sowie archäologischen Funden. In den antiken Quellen werden die barbarischen Völker West- und Mitteleuropas als Kelten, Gallier oder Galater bezeichnet. Auch über ihre Herkunft gibt es keine gesicherten Erkenntnisse. Die keltischen Stämme bildeten nie eine politische Zusammengehörigkeit. Die Loyalität des Einzelnen galt vielmehr der Familie, der Sippe oder dem Stamm. Entscheidend ist, dass die gesamte Region, die sich in ihrer weitesten Verbreitung von Irland, Südostengland, Nordspanien und Frankreich im Westen bis Westungarn und Anatolien im Osten, von Oberitalien im Süden bis zum Rand der deutschen Mittelgebirge im Norden erstreckte, durch eine gleichartige Kultur zusammengehalten wurde. Dabei bedienten sich alle Stämme Dialekten der gleichen, indoeuropäischen Sprache – sie sprachen also keltisch.

Ihre Wirtschaft basierte in erster Linie auf Ackerbau und Viehzucht, sie trieben sehr regen Handel mit allen Völkern des antiken Europas. Entlang ihrer wichtigsten Handelsrouten bauten die Kelten die ersten städtischen Siedlungen nördlich der Alpen. Diese befestigten Siedlungsflächen lagen oft auf einer Anhöhe oder an einem Berghang und waren mit Palisadenzäunen befestigt. Julius Caesar nannte sie «Oppidia» – Machtzentren, die gleichzeitig Wirtschaftsstandort, Handelsplatz, Münzstätte und Kultstätte von überregionaler Bedeutung waren. Der Bau solcher Oppidia war eine Generationenaufgabe.

Die Zeit der Kelten wird in zwei Epochen unterteilt: in die Hallstatt-Zeit (zirka 11. bis 5. Jahrhundert v. Chr.) und in die La Tène-Zeit (zirka 475 bis 20 v. Chr.). Der Begriff «La Tène-Kultur» geht auf die 1857 durch Oberst Friedrich Schwab am östlichen Ufer des Neuenburgersees entdeckte, berühmte Siedlung aus der Eisenzeit zurück.

Ertrunken oder geopfert

Bis vor kurzem vertraten Archäologen die These, wonach die keltische Brücke von Cornaux und die keltische Siedlung von La Tène von Hochwassern zerstört worden seien. Dies deute auf einen Wechsel der Fliessrichtung der Aare im 1. Jahrhundert v. Chr. von Osten nach Westen hin. Die jüngere Forschung dagegen geht davon aus, dass in La Tène ein Heiligtum bestanden habe, das auch als Opferplatz genutzt worden sei. Darauf würden die gefundenen Menschen- und Tierknochen hindeuten. Bei Cornaux drängten sich den Archäologen die Fragen auf, weshalb derart viele Waffen gefunden und weshalb die angeblich vom Hochwasser getöteten Menschen nicht weggeschwemmt worden seien, aber auch wieso das Fundspektrum einen längeren Zeitraum umfasse. All dies spräche gegen die Theorie eines Hochwassers mitsamt Brückeneinsturz, sondern für die Theorie eines Opferplatzes.
(WWW.ARCHAEOFORUM.CH)

Missglückte Auswanderung

Den Helvetiern war es im westlichen Mittelland einerseits zu eng, andererseits fürchteten sie die Germanenstämme nördlich des Rheins. Sie beschlossen deshalb, ihr angestammtes Gebiet in Richtung Westen zu verlassen, um in Westgallien eine neue Heimat zu finden. Es ist überliefert, dass nach einem Jahr der Vorbereitung rund 368 000 Männer, Frauen und Kinder über Genf durch römisches Gebiet nach Westgallien ziehen wollten. Zuvor hatten sie alle Städte, Dörfer und Bauernhöfe niedergebrannt – das berichtete zumindest Julius Caesar. Die Helvetier kamen allerdings nicht weit. Die Truppen Julius Caesars hinderten sie zuerst am Überqueren der Rhone und schlugen sie später vernichtend bei Bibracte. Caesar schickte die Überlebenden darauf in die alte Heimat zurück, wo sie Gehöfte und Dörfer wieder aufbauten. In Sermuz nahe Yverdon und im Bois-de-Châtel bei Avenches erstellten sie neue Oppidia. Um 15 v. Chr. wurde das Helvetiergebiet schliesslich erobert und kam unter römische Herrschaft.

Wo sich später Moore und Sümpfe ausbreiteten, konnten die Helvetier also problemlos ihr Vieh halten, Getreide aussäen und ernten.

Nebst Strassen und Brücken setzten die Kelten mit ihren befestigten Siedlungsflächen – den Oppidia – weitere markante Zeichen in die Landschaft. Solche Oppidia existierten auch in der Region der Juraseen: Etwa in Yverdon, wo die Siedlung um 81/80 v. Chr. befestigt wurde, oder jene hoch über dem Bielersee auf dem Jäissberg. Das Machtzentrum der Region thronte aber auf dem Mont-Vully. Es liegt auf der Hand, warum: wer einmal vom Mont-Vully herunter in die weite Ebene geblickt hat, erkennt dessen strategische Stellung sofort. Der Wistenlacherberg, wie der Mont-Vully auf Deutsch heisst, überwacht die Ebene zwischen Murten-, Neuenburger- und Bielersee sowie die Brücken über die Broye. Die An-

Von einem Balken zerschmettert? Skelettfund bei Cornaux-Les Sauges.

Darstellung der römischen Brücke bei Rondet oberhalb von La Sauge.

lage auf dem Mont-Vully erstreckte sich über 50 Hektaren. Vermutlich verliessen deren Bewohner dieses Oppidum im Jahre 58 v. Chr. freiwillig, als die Helvetier damals ihrer Heimat den Rücken kehren wollten, wie Julius Caesar berichtete.

Blütezeit unter römischer Herrschaft
Vor rund 2000 Jahren präsentierte sich dem Betrachter vom Mont-Vully herab eine blühende Landschaft, mit weiten Äckern und Weiden, herrschaftlichen gemauerten Gutshöfen, die untereinander mit einem dichten Wegnetz verbunden waren. Auf den Seen schwammen zahlreiche Lastkähne, die – zum Beispiel von den Steinbrüchen in La Lance bei Concise herkommend – tausende von Tonnen Kalkbaustein transportierten. Andere wiederum waren von oder nach Aventicum (Avenches) unterwegs – der wichtigsten Stadt der römischen Schweiz. Die boomende römische Metropole zählte rund 20 000 Einwohner und lag an der Hauptverkehrsachse, welche die Bodensee- mit der Genferseeregion verband. Über einen Kanal war die Stadt mit dem Murtensee verbunden. Die wichtige Strasse führte vom Genfersee über Avenches, Murten, Kerzers und Kallnach östlich des Seelandes entlang nach Solothurn (Salodurum) und weiter nach Windisch (Vindonissa). Eine andere Römerstrasse durchquerte das Seeland im Raum Witzwil zwischen Neuenburger- und Murtensee. Güter aus dem Mittelmeerraum kamen über den Grossen St. Bernhard im Westen und über die Bündner Pässe im Osten in die römische Schweiz.

> **Römische Landnahme**
> Pollenanalysen zeigen, dass die Landnahme der Römer einen weiteren markanten Einschnitt in der Geschichte der Landschaft darstellt. Der Wald wurde zu Gunsten neuer und ausgedehnter Ackerflächen immer weiter zurückgedrängt. Charakteristisch ist dabei die Zunahme von Getreidepollen. Es wurden aber auch die Pollen des Wallnussbaumes, des Hanfs, der Rebe und der Edelkastanie entdeckt.
>
> Das ausgebaute Strassennetz und die Brücken über die Broye und die Zihl weisen zudem darauf hin, dass die Seestände damals tiefer lagen als heute.

Aventicum aus der Vogelperspektive um 180 n. Chr.: Die Stadtmauer des heutigen Avenches entstand um 70 n. Chr. Im Vordergrund liegt der Murtensee mit dem Hafen und dem Kanal. Um die Stadt herum dehnen sich Ackerflächen aus.

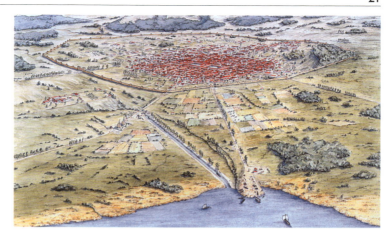

Das Ende der römischen Herrschaft

Die Germaneneinfälle läuteten das Ende der römischen Herrschaft nördlich der Alpen ein. 260 n. Chr. überschritten die Alemannen erstmals den Limes, die befestigte Nordgrenze des Römischen Reiches. Sie fielen plündernd über den Süden und damit auch über das Gebiet der drei Juraseen her. Zwar hielten sich die römischen Legionen noch einige Generationen in der Region auf – nun war diese aber ein unentwegt umkämpftes militärisches Grenzgebiet. Um 400 n. Chr. zogen die letzten römischen Truppen aus den nordalpinen Regionen ab. Die römischen Städte und Landgüter zerfielen, der Handel mit dem Mittelmeerraum brach ab.

Nach dem Niedergang des Römischen Reiches gingen Handel, Geldverkehr und die Produktivität der bäuerlichen Wirtschaft zurück. Im Vergleich zur blühenden Kultur der römischen Zivilisation verarmte

Kloster St. Johannsen, Aquarell von Albrecht Kauw, 1671.

auch das Seeland; aber die Bauern gaben nicht auf und bearbeiteten das Land weiterhin. Trotzdem verwilderten zahlreiche Äcker und der Wald eroberte sich einen Teil der Gegend zurück. Seen und Flüsse wurden weiterhin als Handelsrouten benutzt – wenn auch nicht mehr für den Handel mit fernen Völkern.

Die Seeländer hatten viel zu erdulden: sie wurden von Kriegerhorden, Hungersnöten und Seuchen bedroht. Über Grund und Boden verfügten sie nicht selber; dieser gehörte dem Adel und mit ihm auch die Bevölkerung, welche diesen Boden bearbeitete.

Zum Glück kam es in dieser Phase offenbar zu keinen nennenswerten Überschwemmungen! Das schliessen wir zumindest aus den Chroniken. Oder wurden frühere Katastrophen einfach nicht überliefert?

Immerhin beweisen archäologische Funde, dass das Seeland in karolingischer Zeit (um 800 n. Chr. – mit Karl dem Grossen als wichtigstem Vertreter dieser Dynastie) besiedelt war. Auch gibt es Hinweise darauf, dass das Grosse Moos im 10. und sogar noch bis ins 15. Jahrhundert genutzt wurde (SCHWAB; MÜLLER 1973).

1091 wurde das Kloster St. Johannsen an einer so tief gelegenen Stelle errichtet, dass es in späteren Jahren immer wieder von Überschwemmungen betroffen war. Die Überreste des Turmes aus dem 13. Jahrhundert, die bei Tour-du-Chêne ausgegraben wurden, zeigen, dass in der Gegend von Sugiez im Hochmittelalter noch keine Versumpfung begonnen hatte.

Auch wissen wir, dass früher die Seen kleiner waren. Der Nidauer Chronist Abraham Pagan schrieb 1770: «*Ob [der Bielersee] in den alten Zeiten kleiner gewesen sei, ist keinem grossen Zweifel unterworfen. Denn erstlich gedenkt Katin von etlichen Inseln die darin gewesen sein sollen, davon aber jetzt noch 2 sind […] und endlich sind die alten Häuser zu Nidau zimlich niedrig gebaut indem man bei der Hausthur einen Tritt tiefer hineingehet als die Gasse ist.*» (Zit. in: BEELI 1998: 26f.).

Auch der Neuenburgersee sei früher kleiner gewesen: in Yverdon seien die Erdgeschosse und Eingangstüren mittelalterlicher Bauten auf

Die Geburt des Röstigrabens

Nach dem Zusammenbruch des Römischen Reiches siedelte sich im Westen der heutigen Schweiz der Germanenstamm der Burgunder an, im Osten jener der Alemannen. Die Burgunder übernahmen die römische Sprache und das Christentum. Die Alemannen hingegen behielten ihre Kultur und ihre Sprache. Damit entstand die durch die Schweiz und mitten durch das Seeland laufende Sprachgrenze zwischen dem romanischen Französisch und dem germanischen Deutsch.

Zeugen einer alten Wirtschaftsform: Kopfweiden prägten früher die Landschaft. Deren Ruten wurden hauptsächlich für die Korbmacherei verwendet.

Aarberg um 1100:
Blick über die bewaldete Aareebene nach Nordosten Richtung Kappelen, Lyss, Studen.

sehr tiefem Niveau angelegt worden. Bei häufigen Überschwemmungen wäre dies wohl kaum der Fall gewesen (BEELI 1998: 25ff.).

Danach spitzte sich die Situation jedoch dramatisch zu.

Das mittelalterliche Dorf

Im frühen Mittelalter (Mitte 6. bis Anfang 11. Jahrhundert) änderte sich am Landschaftsbild wenig. Prägendes Element war der Wald, der von ungebändigten Flüssen und Bächen durchzogen war. Abgesehen von gerodeten Flächen bedeckte der Wald weite Teile der Schweiz und reichte jeweils bis hart an die Siedlungen heran. Die Dörfer waren von einem schmalen Streifen Ackerland umgeben (siehe Abb. oben).

Der mittelalterliche Mensch nutzte den Wald vielseitig. Einerseits trieb er die Schweine in den Wald, wo sie nahrhafte Eicheln fanden, sammelte darin Waldstreue als Strohersatz und gewann Futterlaub, so genannte «Schneiteln» (PFISTER 1995: 315). Andererseits war Holz der wichtigste Werk- und Rohstoff: als Brennstoff zum Heizen und zum Kochen, aber auch für den Hausbau. Das Holz diente auch zur Herstellung verschiedenster Produkte: Aus Weidenruten wurden Körbe geflochten, aus Buchs und Eibe gedrechselt, aus Eiche und Tanne entstanden Fässer, die Rinde der Weisstanne lieferte Gerbstoff und das Harz von Nadelhölzern fand als Klebstoff Verwendung. Auch stellte man aus Holz Pech her und nutzte es als medizinisches Pflaster (MEYER 1985: 14ff.).

Die Dorfbewohner verliessen die schützende Gemeinschaft des Dorfes und die genutzte Waldzone nur ungern. Keiner drang freiwillig in den unwirtlichen Urwald vor, wo Räuberbanden hausten und wilde Tiere umherstreiften. Nicht zuletzt trieben auch grausige Gespenster, Feen, Drachen und Kobolde im finsteren Wald ihr Unwesen; und in den Tobeln und Mooren lauerten ganze Heerscharen von Totengeistern auf.

*Aarberg um 1300:
Die Menschen haben dem Wald weitere Ackerflächen abgerungen.*

Vor diesen fürchteten sich die mittelalterlichen Menschen noch mehr als vor Bär, Wolf und Räuber.

Dies führte zu einem heute fast vergessenen Schatz an Sagen.

Der Landesausbau

Nach der Jahrtausendwende, und verstärkt im 12. und 13. Jahrhundert, blühten Handel und Kultur wieder auf. Welches dabei das auslösende Moment war, ist heute schwer zu sagen. Einerseits könnten günstige klimatische Verhältnisse dafür verantwortlich gewesen sein. Andererseits kamen damals neue Techniken zum Einsatz – wie der Eisenpflug oder die Ausbreitung der Dreifelderwirtschaft. Damit konnte der Bodenertrag deutlich gesteigert werden. Auch im Seeland setzte eine intensive Kolonisation ein. Dieser Prozess – der so genannte mittelalterliche Landesaus-

Waldrodung

Wälder wurden nicht nur mit der Axt gerodet, sondern oftmals leitete man die Rodung durch das «Schwenden» ein. Dabei schälte man den Bäumen die Rinde ab, worauf diese verdorrten. Minderwertigem Wald wurde gerne auch mit Feuer zu Leibe gerückt. Bei wertvollen Hölzern wandte man die Brandrodung jedoch nicht an, zumal diese anderweitig genutzt werden konnten. Mit der so genannten Reuthaue, einem massiven Pickel, wurden Wurzelwerk ausgegraben und das Gestrüpp entfernt. Damit die vormalige Wildnis aber als gutes Kulturland genutzt werden konnte, mussten nach der Rodung zuerst noch herumliegende Steine und Felsblöcke weggeräumt werden (MEYER 1985: 33).

Dreizelgenwirtschaft: Aufteilung der Landwirtschaftsflächen bei Müntschemier im frühen 19. Jahrhundert. Aufteilung der Äcker in «Ober, Mittler und Unter Feld».

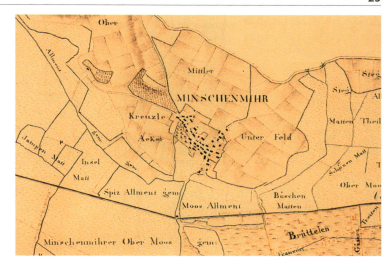

Dreizelgenwirtschaft
Im 13. Jahrhundert entwickelte sich ein gemeinsames dörfliches Bebauungssystem: die Dreizelgen- oder Dreifelderwirtschaft. Das gesamte Ackerland eines Dorfes war in drei so genannte Zelgen unterteilt. Diese Zelgen wurden im Dreijahreszyklus mit Wintergetreide (Dinkel und Weizen) und Sommergetreide (Gerste und Hafer) bebaut beziehungsweise brach liegen gelassen. Auf den Stoppelfeldern und den Brachen weideten das Kleinvieh und das Grossvieh, welches damals hauptsächlich als Zugtiere gehalten wurde. Dieses System hatte zur Folge, dass das ganze Dorf dieselbe Fruchtfolge praktizierte und die Arbeit stark kollektiv geprägt war (Peter Moser. In: W. GASSMANN 2000: 9).

bau – zeigt sich in der Region deutlich im Rückgang des Waldes sowie in der starken Zunahme des Getreide- und Hanfanbaus (GEOGR. GES.: 39).

Um Kultur- und Siedlungsland zu gewinnen, wurden grosse Waldflächen gerodet. In der Geschichte der Landschaft – auch jener des Seelandes – war der mittelalterliche Landesausbau einer der folgenschwersten Eingriffe. Hatten die Menschen bisher lediglich Rodungsinseln in den Wald geschlagen und sich in überschaubaren Siedlungskammern niedergelassen, waren nun auch aus bisher unberührten Waldgebieten vermehrt Axthiebe zu vernehmen.

Von Burgen und Städten
In der Dreiseenregion entstanden im 12. und 13. Jahrhundert auffällig viele Burgen, Schlösser, Klöster, Städte und Städtchen. Dies ist auf die regionale Grenzsituation zurückzuführen. Die regionalen Mächte des 12. und 13. Jahrhunderts – die Zähringer, die Grafen von Neuenburg, die Grafen von Savoyen sowie die Fürstbischöfe von Basel – berücksichtigten bei der Standortwahl ihrer Bauten und Städte stets territoriale Aspekte. Aus diesem territorialen Konflikt ging Bern schliesslich als Sieger hervor. Mit einem komplexen System von Allianzen, Protektoraten und nicht zuletzt aufgrund siegreicher Schlachten, beherrschte Bern die Region über viele Jahrhunderte bis 1798; dann versetzte Napoleon Bona-

La Neuveville, Aquarell von Albrecht Kauw, 1671.

parte dem «Ancien Régime» den Todesstoss.

Die umfangreiche Kolonisationstätigkeit während des Mittelalters hinterliess in der Landschaft deutliche Spuren. Nebst den ins Auge springenden Waldrodungen setzten die Menschen erstmals seit 1000 Jahren wieder markante architektonische Zeichen in die Landschaft.

«Bürinen» und Uferverbauungen entlang des Bielersees. Ausschnitt aus der Neuenstädter Bannerträgerscheibe von Joseph Gösler, 1554.

An erhöhten Standorten wurden Burgen gebaut und die Städte und Städtchen wetteiferten untereinander, wer die höheren Kirchtürme zu errichten vermochte. Seit dem 14. Jahrhundert entstanden an den Seen in waldfreien Zonen zudem so genannte «Bürinen», indem Erde aufgeschüttet und dann ummauert wurde. So konnte dem See Land abgetrotzt werden. Die trockenen Flächen dienten dem Anbau von Reben und weiteren Nutzpflanzen. Dieser kulturlandschaftliche Eingriff wirkte sich nachhaltig auf die Seeufergestalt aus: Am Bielersee bildete sich so bei Le Landeron sowie zwischen Vingelz und La Russie eine linear gemauerte, rechtwinklig vor- und zurückspringende Seeufergestalt heraus. Das dadurch gewonnene Land war aber stets von Überschwemmungen bedroht.

Schifffahrt

Bereits die Römer hatten die Juraseen und die Flüsse als Wasserwege genutzt. Während des Landesausbaus gewannen der Gütertransport und damit die Schifffahrt an Bedeutung. Früher konnten schwere Güter ausschliesslich auf Seen sowie auf schiffbaren Flüssen transportiert werden.

Umlade- und Stapelplatz vor dem Schloss Nidau um 1800. Aquarell, vermutlich von Henri Courvoisier-Voisin.

Da die Verbindungen zu Lande bis ins 18. und 19. Jahrhundert nicht existierten (zum Beispiel am Nordufer des Bielersees) oder in einem miserablen Zustand waren, wurde auch leichtere Ware bevorzugt per Schiff befördert. Auf den Flüssen kamen meistens Weidlinge zum Einsatz. Man erkennt diese flachen Schiffe mit wenig Tiefgang am vorne und hinten hochgezogenen Boden und an den gegen aussen geneigten Seitenwänden. Dieser Schiffstyp ist noch heute vielerorts anzutreffen.

Solche Lastkähne wurden bis ins frühe 20. Jahrhundert verwendet, wie diese Aufnahme vom Bielersee aus dem Jahre 1911 zeigt.

Seichte Flusspartien zwangen die Schiffsleute zum so genannten «Raselieren». Dabei musste die Ladung grösserer Schiffe auf mehrere kleinere Boote umgeladen werden. Mit der Zeit entstanden im Seeland mehrere Raselierplätze – zum Beispiel bei Brügg, Meienried, Fanel und bei La Sauge.

An den Ufern der Broye, Zihl und Aare wurden zudem so genannte Treidelpfade angelegt: schmale, knapp über der Wasserlinie verlaufende Wege, auf denen die Schiffe mit Pferden, aber oft auch durch Menschenkraft gegen die Strömung flussaufwärts geschleppt wurden.

Die Aare als Reise- und Handelsstrasse

Auf einer Tafel im Restaurant «Rössli» in Busswil sind folgende Begebenheiten dokumentiert:

- 1246 Erster urkundlicher Hinweis über den Wasserverkehr, pro Tag zählt man 20–30 Schiffe und Flösse
- 1311 Urkundliche Erwähnung von 72 Toten wegen eines Schiffbruchs
- 1496 Transport von 2000 Lederhäuten und Fellen; Holz wird in die Giesserei von Roll in Gerlafingen gebracht; Wein kommt aus der Waadt und dem Elsass
- 1565 Neugewählte Landvögte fahren in prunkvoll geschmückten Schiffen zu ihren Herrschaftssitzen; Krankenschiffe bringen Patienten von Bern zu ihrer Kur nach Schinznach und Baden; Wallfahrer reisen nach Büren in die Marienkappelle um totgeborene Kinder zu taufen
- 1678 111 flüchtende Hugenotten ertrinken zwischen Lyss und Aarberg
- 1783 208 Fässer Salz gelangen aus Bayern nach Bern; 500 Oberländer Täufer wandern wegen Glaubensverfolgung nach Amsterdam aus
- 1819 Infolge Hungersnot gelangen Auswandererbarken zum Rhein
- 1852 12 300 Klafter Baumstämme werden nach Holland geliefert und als Schiffsmasten verwendet

Ein ambitiöses Projekt: Überreste des Canal d'Entreroches bei Yverdon.

Auf den Seen verkehrten grössere Segelbarken. An jenen Orten, wo die Güter von den grossen Barken auf die Weidlinge oder auf Fuhrwerke umgeladen werden mussten, richtete man Umladestellen ein – beispielsweise in Yverdon, Murten und Nidau.

Bis weit ins 19. Jahrhundert war der Wasserweg über die Juraseen eine wichtige Handelsroute, die den Mittelmeerraum mit den deutschen Hafenstädten verband.

Canal d'Entreroches und Aarberger-Kanal

Seit über 350 Jahren geistert eine Idee durch die Köpfe von Wasserbauingenieuren und Schiffsleuten: ein direkter Wasserweg zwischen Nordsee und Mittelmeer. Der Einfall ist bestechend. Der Neuenburgersee ist via Aare (früher mit dem Abschnitt Meienried bis Nidau über die Zihl) und Rhein direkt mit der Nordsee verbunden. Und vom Genfersee aus erreicht man über die Rhone das Mittelmeer. Mit einer Konzession der Berner Regierung in der Tasche, nahm sich Elie Gouret (1586–1656), ein hugenottischer Baron aus der Bretagne, der Sache an und wollte zwischen Neuenburger- und Genfersee einen Kanal bauen. Die Arbeiten wurden 1638 aufgenommen – und blieben 1648 stecken. Der Canal d'Entreroches wurde nie fertig gestellt. Dabei fehlten lediglich 13 Kilometer bis zum Genfersee hinunter. Um die 59 Höhenmeter zu überwinden, wären aber 40 Schleusen nötig gewesen. Dies überstieg die finanziellen Möglichkeiten des Barons. Das beendete Kanalstück von Entreroches bis Yverdon diente immerhin bis 1829 dem regionalen Verkehr. Der Traum von einer direkten Verbindung zwischen Nordsee und Mittelmeer war damit aber nicht ausgeträumt. 300 Jahre später – während der Planung zur Zweiten Jurgewässerkorrektion – nahm das Projekt wieder konkrete Gestalt an (siehe auch S. 152ff.).

Als die Berner Regierung noch an den Erfolg des Entreroches-Projekts glaubte, gab sie einen weiteren Kanalbau in Auftrag. Der Aarberger-Kanal sollte die Verbindung zwischen der Stadt Bern und der damals bernischen

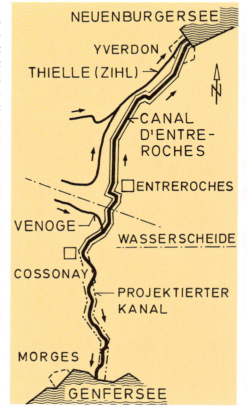

Lageplan des Canal d'Entreroches zwischen Neuenburger- und Genfersee.

Westschweiz und – dank dem Entreroches-Kanal – zum Mittelmeer verkürzen. Der übliche Weg über Aarberg und Meienried, dann zihlaufwärts Richtung Bielersee und durch die Obere Zihl in den Neuenburgersee, war sehr umständlich; die Strecke zwischen Aarberg und Meienried galt zudem wegen des sich dauernd ändernden Flussbetts als gefährlich. Zwischen 1645 und 1647 wurden in der Folge zwischen Aarberg und der Broye vor deren Einmündung in den Neuenburgersee ein 15 Kilometer langer Kanal gegraben und fünf Schleusen gebaut. Zum Zug kam wiederum Elie Gouret, der Promoter des Canal d'Entreroches.

Elie Gouret de la Primaye.

Schon sehr bald entwickelte sich der Kanal aber zum Sorgenkind. Bereits zwei Jahre nach seiner Fertigstellung war er aufgrund des schlechten Baugrundes vom Zerfall bedroht. An den Schleusen mussten teure Unterhaltsarbeiten und Reparaturen vorgenommen werden. 1697 wurde die bis dahin wenig benutzte Anlage endgültig ausser Betrieb gesetzt. Heute sind kaum noch Spuren auffindbar (Heinz Hirt. In: SEEBUTZ 2004: 53ff.).

> **«Il a chargé pour Soleure»**
>
> Waren es der französische Botschafter samt Entourage, der in Solothurn residierte und dessen Weinkonsum stetigen Nachschub erforderte; oder war es die «Brasserie de Soleure» in Yverdon, die folgender Redensart den Namen lieh?
>
> Nebst Salz und Getreide spedierten die Schiffe auf den Flüssen und Seen auch Wein. Viele Schiffsleute konnten offenbar unterwegs der Versuchung nicht widerstehen, vom guten Tropfen zu kosten und die Fässer sodann mit Seewasser aufzufüllen. Die Kanalschiffer vom Canal d'Entreroches verfügten sogar über das Recht, unterwegs einige Fässer anzuzapfen und damit ihren miserablen Lohn etwas aufzubessern. So ist die Redewendung «Il a chargé pour Soleure» (sinngemäss «er hat für Solothurn geladen») entstanden – die nichts anderes bedeutet, als dass eine beschwipste Schiffsmannschaft am Hafen oder am Umladeplatz eingetroffen war.

«Chargé pour Soleure»: Barke mit Weinfässern vor Yverdon. Ausschnitt aus J. L. Aberli, «Yverdon, vu du Clendy», um 1778.

> «Wenn früher ein Mensch und ein Sumpf zusammenkamen, verschwand der Mensch, jetzt der Sumpf.»
>
> OTTO NEURATH, 1931

Als das Wasser kam

Von Heuschreckenplagen und der Pestilenz

Zwischen dem 10. Jahrhundert und dem Spätmittelalter verdoppelte sich die Bevölkerung in der Schweiz von rund 400 000 auf 800 000 Einwohner. In dieser Zeit rangen die Menschen der Wildnis wertvolles Kulturland ab, gründeten Städte, Burgen und Klöster. Die Geldwirtschaft kam wieder auf. An Märkten wurde um allerlei Waren gefeilscht. Mit dem Bau von Brücken und Wegen – aber vor allem über die Wasserwege – rückten die Territorien einander näher. Alles schien in bester Ordnung zu sein. Doch die Natur machte den mittelalterlichen Menschen einen dicken Strich durch die Rechnung! In den 1310er-Jahren wütete eine schlimme Hungersnot, die zahlreiche Menschenleben forderte.

1338 wurde Europa von einer furchtbaren Heuschreckenplage heimgesucht. Von Osten herkommend, fielen die Heuschrecken über Felder und Baumhaine her und frassen alles ratzekahl leer. Im August erreichten die Heuschreckenschwärme das Schweizer Mittelland und hinterliessen eine verwüstete Landschaft. Aus Zürich wurde berichtet, es habe ausgesehen *«als ob es gebrannt hätte»*, und dass *«im darauffolgenden Jahr […] eine grosse Teuerung aller essbaren Dinge kam. Man führte Prozessionen durch und liess Glocken läuten, damit Gott die Welt von dieser Plage erlöse. Und als die Heuschrecken zu Boden gefallen waren, begannen sie zu faulen und zu stinken, was die Luft derart vergiftete, dass eine Pestillenz folgte.»* (Zit. in: SCHNEIDER 1991: 34).

«Am Nachmittag hellte sich der Himmel auf. Die Sonne strahlte auf eine neu erschaffene Seelandschaft, aus der die von trüben Wellen umfluteten Bäume und Häuser traurig in die Luft stachen. Gemächlich floss der uferlose Strom. Nur dort, wo vorher die Strasse gelegen, schossen die Wellen rascher vorwärts und trieben Holzstücke und sogar Hausrat oder ein totes Tier vor sich her.»

Ausschnitt aus Ida F. Gerbers Roman «Als das Wasser kam». Die Autorin schilderte eindrücklich das Hochwasser von 1852. Ihre genauen Kenntnisse gehen vermutlich auf Erzählungen in Dorf und Familie zurück.

Allgegenwärtiger Tod: Tafel aus dem «Berner Totentanz» von Niklaus Manuel (etwa 1484 bis 1530), nach Albrecht Kauw, 1649.

Darstellung der Pest in der Toggenburgbibel von 1411.

1343 schrieb der Chronist Johannes von Winterthur: «*Im Jahre 1343 überfiel eine schreckliche Hungersnot ganz Alemannien, dass, ach! viele ehrbare Leute wegen Mangel an Brot und ungewöhnlichem Mangel an jeglichem Nahrungsmittel in grossen Hunger gerieten. Ob diesem schrecklichen Hunger zitterten und schwitzten sie am ganzen Leibe, bevor sie schliesslich, um die Hungerqualen zu vertreiben, in Schlaf versanken. Viele erhielten sich das nackte Leben und das ihrer Kinder auf elende Weise dadurch, dass sie aus der Saat Kräuter ausrupften, ich habe es mit meinen eigenen Augen gesehen, und diese mit etwas Butter kochten, ohne Brot oder andere essbare Zutaten. Diese grausame und grosse Hungersnot war von den unermesslichen Regenfällen des vorherigen Jahres verursacht worden.*» (Zit. in: SCHNEIDER 1991: 15)

Der Chronist bezieht sich hier auf das schreckliche Hochwasser von 1342. Der Rhein ging damals so hoch, dass er unzählige Brücken mit sich riss.

Dem «Jahrtausendhochwasser von 1342» folgten weitere verheerende Überschwemmungen. Generell lässt sich festhalten, dass die 1340er-Jahre wohl die katastrophenreichste Zeit des letzten Jahrtausends waren (SCHNEIDER 1991: 35).

Das Leiden der Menschen war unermesslich: um 1310 eine grosse Hungersnot, 1338 eine biblische Heuschreckenplage, in den 1340er-Jahren mehrere zerstörerische Hochwasserkatastrophen. Die verzweifelten Menschen suchten Trost in den Kirchen und baten mit Prozessionen um ein baldiges Ende des Leidens. Doch all ihr Flehen und Bitten wurde nicht erhört. Im Gegenteil: Auf die Not leidende und hungernde Bevölkerung wartete nämlich die schlimmste aller Geisseln des Mittelalters: die Pest! In Europa fielen der Pestepidemie, die sich ab 1348 in Windeseile ausbreitete, mehrere Millionen Menschen zum Opfer. Rund 30 Prozent der Schweizer Bevölkerung überlebten die Seuche nicht (SCHNEIDER 1991: 15). Ganze Landstriche verödeten, und wo kein Bauer mehr da war, um die Böden zu bearbeiten, eroberte sich der Wald rasch seinen Platz zurück.

Auch das Klima spielte nicht mehr mit. Lagen die Temperaturen zwischen 1000 und 1200 um 1,2 bis 1,4 Grad Celsius über den heutigen Werten (während des so genannten «Mittelalterlichen Klimaoptimums»), so sackten die Temperaturen danach in den Keller. In den Alpen rückten die Gletscher wieder vor. Eisige Winter überzogen das Mittelland, viele Feldfrüchte gediehen in den kühlen Sommern mehr schlecht als recht.

Ein grosser See entsteht

1922 beschrieb Arthur Peter die typische Hochwassersituation folgendermassen: «Die ganze Gegend zwischen den Seen wurde überschwemmt und es bildete sich ein einziger See von Biel bis Yverdon und Avenches. Langsam nur verzogen sich dann die Wasser, nachdem sie ihr Zerstörungswerk verrichtet hatten. Zurück blieben die zerstörten Felder und der Sumpf und Morast des Mooses, wo sich in den faulenden Resten das Ungeziefer entwickelte, feuchte, kalte Nebel ausströmten und sich weiter verbreiteten längs den Hängen und in die Dörfer und Hütten der Anwohner eindrangen. Krankheit und Not waren die Folgen davon.» (PETER 1922: 5)

Bild rechts:
Narben am Ufer nach Hochwasser. Das mitgerissene Geröll verstopft später flussabwärts als Geschiebe das Wasserbett. Senselauf im Gebiet Schwarzwasserbrücke.

Wassernot

Seit dem späten Mittelalter mehrten sich Berichte über katastrophale Überschwemmungen und Seehochstände im Gebiet der drei Juraseen. Ab etwa 1500 wurde die Situation bedrohlich, die Überschwemmungen griffen immer weiter aus. Im Grossen Moos, in der Orbe- und Broyeebene, drangen die Sümpfe vor. Bei ausserordentlich hohen Wasserständen vereinigten sich Murten-, Neuenburger- und Bielersee zu einem einzigen grossen See. Die Ebene von Büren bis Solothurn, die «Grenchenwiti», stand immer häufiger unter Wasser (VISCHER 2003: 105). Bei schweren Hochwasserereignissen lagen allein im Seeland rund 105 000 Jucharten oder etwa 30 000 Hektaren Weideland unter Wasser.

Ursachen für die schweren Überschwemmungen

Aus den Alpen und dem hügeligen Mittelland kommend, trägt die Aare auch heute noch riesige Mengen Geschiebe mit sich. Einen Teil des Sandes, Tones und Kieses lagert sie unterwegs ab – etwa im Brienzer- oder Thunersee. Aus Nebenflüssen, aber auch durch die Vertiefung des eigenen Flussbettes, erhält sie aber immer wieder Nachschub. Am meisten Geschiebe bringen die Saane (vor allem mit der Sense), die Zulg und die Kander (bis zur Kanderumleitung in den Thunersee 1714) mit sich.

Bei Unwettern, heftigen Schneeschmelzen oder während mehrtägigen Landregen donnern diese sonst harmlosen Flüsse und Bäche aus ihren Tälern hervor. Die wild gewordenen Wasser verfrachten dann jeweils Unmengen an Geschiebe, Geröll, ja ganze Baumstämme in die Aare.

Nun muss man wissen, dass die Aare ursprünglich nicht in den Bielersee mündete. Sie floss bei Aarberg ostwärts Richtung Lyss, Dotzigen und Meienried – sie nahm also jenen Weg, den wir heute als die «Alte Aare» kennen.

Es sei hier nochmals darauf hingewiesen, dass die Aare früher zuweilen gegen Westen abgeflossen ist, was zu riesigen Überschwemmungen geführt hat (siehe auch S. 16f.). Die Überschwemmungen, von denen hier die Rede ist, haben indessen nichts mit dieser Umlenkung der Aare zu tun.

In Aarberg liess die Aare die Hügel und Berge hinter sich und erreichte das flache Becken des Seelandes. Die Strömung nahm ab und damit reichte die Wasserkraft nicht mehr aus, um das Geschiebe weiter zu transportieren. Sand und Kies blieben liegen und wurden zum Hindernis. Mit der Zeit entstanden Kiesbänke und Schotterinseln, und allmählich wuchs ein riesiger Schuttfächer heran, der schliesslich über Lyss bis nach Büren reichte. Der Schuttfächer behinderte die bei Meienried in die Aare einmündende Untere Zihl. Deren Wasser wurden in den Bielersee zurückgestaut, was dessen Pegel ansteigen liess – und über diesen hinaus auch

Unberechenbar: Das Gebiet des alten Aarelaufes zwischen Aarberg und Meienried. Kartenausschnitt von 1817.

«Die Emmeschlange ist ausgebrochen»: Darstellung aus dem Jahre 1958.

zu höheren Wasserständen im Neuenburger- und Murtensee führte. Das Überschwemmungsgebiet begann ferner allmählich zu versumpfen.

Gleichzeitig verbaute sich der Fluss auf der Strecke von Aarberg nach Meienried das eigene Flussbett, was zu periodischen Ausbrüchen der Aare führte. Auf alten Karten (siehe Abb.) lässt sich erahnen, wie die Aarelandschaft früher ausgesehen hat. Sie strömte keineswegs in einem Bett; vielmehr verästelte und verzweigte sie sich in mehrere Arme, bei niedrigem Wasserstand wurden einzelne abgeschnitten und versumpften anschliessend. Nach erneuten Unwettern wurden neue Kies- und Sandbänke aufgeschüttet, welche die strömenden Wasser wiederum in neue Bette zwangen. Das Landschaftsbild veränderte sich daher mit jedem Hochwasser.

Damit noch nicht genug, nimmt die Aare bei Luterbach unterhalb von Solothurn zusätzlich auch noch das Wasser und Geschiebe der ausserordentlich wilden Emme auf. Nicht von ungefähr riefen sich bei Emmehochwasser die verzweifelten Menschen früher abergläubisch zu: «Die Emmeschlange ist ausgebrochen [...] vom grünen Zwerglein mit

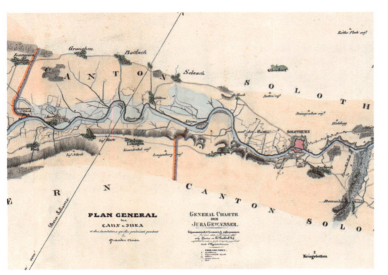

Ein mäandernder Fluss
Unter Mäander versteht man Flussschlingen mit geringem Gefälle. Sie sind nach den beiden türkischen Flüssen «Grosser Mäander» und «Kleiner Mäander» benannt. Mäander führen Geschiebe (Sand, Kies, Steine) mit sich. Wenn sich zwei benachbarte Schlingen berühren, bricht das Wasser durch und es entsteht ein Altwasserarm, der mit der Zeit verlandet.

Gefährdetes Land: Die Emme (ganz rechts) staute bei ihrer Einmündung in die Aare das Wasser auf. Dies führte in der Folge aareaufwärts immer wieder zu schweren Überschwemmungen. Kartenausschnitt von 1817.

Zu- und Abflüsse der drei Juraseen.

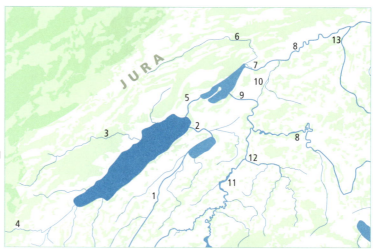

1 Broye
2 Untere Broye
3 Areuse
4 Orbe
5 Obere Zihl
6 Schüss
7 Untere Zihl
 (vor JGK)
 Nidau–Büren-Kanal
 (nach JGK)
8 Aare
9 Hagneckkanal
10 Alte Aare
11 Saane
12 Sense
13 Emme

Zu- und Abflüsse der drei Juraseen

Der Murtensee wird hauptsächlich durch die Broye gespeist. Der Abfluss erfolgt über die Untere Broye in den Neuenburgersee. Dieser erhält zudem die Wasser der Flüsse der Areuse und Orbe. Über die Obere Zihl fliesst das Wasser des Neuenburgersees in den Bielersee ab, in den seit den 1830er-Jahren auch die Schüss mündet. Heute fliesst das vereinigte Wasser der drei Juraseen über den Nidau–Büren-Kanal Richtung Büren und Solothurn ab. Vor der Korrektion der Juragewässer nahm die Untere Zihl diese Wassermassen auf. Die Flüsse, welche die Seen miteinander verbanden, sowie der Abfluss aus dem Bielersee, wiesen aber zu schmale Flussbette auf, was zu regelmässigen Überschwemmungen führte.

mächtigem Tannenbaum geleitet.» (VISCHER 2003: 13). Und auch Jeremias Gotthelf beschrieb in «Die Wassernot im Emmental» die verheerenden Folgen der Emmeüberschwemmungen.

An der Stelle, an der die Emme in die Aare einmündete, entstand mit der Zeit ein regelrechter Schuttriegel, der die Aare staute. Gleichzeitig drängte dieser Kegel die Aarewasser immer weiter gegen die erhöhten Felsplatten bei Attisholz ab, wodurch das Aarewasser zusätzlich aufgestaut wurde. Nach und nach erhöhte sich so das Flussbett der Aare. Der Abfluss des Bielersees, und damit die Entwässerung der gesamten Seenlandschaft, war nicht mehr gewährleistet. Im besonders flachen Gebiet zwischen Büren und Solothurn wurde aus der Aare ein träger,

Kiesbette in der Emme bei Lützelflüh. Ausschnitt aus einem Bild von J. W. Kleemann, 1780.

> «Im Oberland schmolz wild einbrechender Föhn die riesigen Schneemassen innert weniger Tage. Bereits stellten Fischer ein beträchtliches Anschwellen der Aare fest und brachten alarmierende Berichte ins Dorf. Nun wurden in aller Eile die Bewohner zum Gemeinschaftswerk aufgeboten, längs des Flusses die schadhaften Schwellen und Dämme instand zu stellen und neue zu bauen.»
>
> (Ida F. Gerber)

mäandernder Fluss – ein Fluss, der sich im Normalfall vorzüglich für die Schifffahrt eignete, der bei hohem Wasserstand aber regelmässig überlief und die Dörfer und Städte an seinen Ufern überschwemmte. Das immer wiederkehrende Aarehochwasser bescherte der Stadt Solothurn vor der Ersten Juragewässerkorrektion beispielsweise Pegelunterschiede von bis zu sieben Metern!

Überschwemmungen vom Mittelalter bis zur Ersten Juragewässerkorrektion

Der nachstehende Überblick historisch überlieferter Hochwasser ist nicht als abschliessende Liste zu verstehen. Er soll lediglich einen Eindruck über die Häufigkeit von Hochwassern und der zunehmenden Not der Bevölkerung vermitteln. Es sind zweifellos weitere Hochwasser aufgetreten, die von den Chronisten entweder nicht überliefert wurden oder vom Autor nicht erfasst werden konnten. Zusammenfassend lässt sich aber sagen, dass zwischen 1500 und 1882 durchschnittlich alle neuneinhalb Jahre ein Hochwasserereignis eingetreten ist (BEELI 1998; PFISTER 1988, 1999; RÖTHLISBERGER 1991).

Hochwasser 1318: Die Solothurner fischen die schwimmenden Habsburger Kriegsknechte nach dem Brückeneinsturz aus dem Wasser. Zeichnung in der Spiezer Chronik des Diebold Schilling, um 1484.

Kleine Eiszeit

Es gibt Indizien dafür, dass die zunehmenden Hochwasserkatastrophen mit der so genannten «Kleinen Eiszeit» in Zusammenhang stehen. Darunter wird eine Kaltphase verstanden, die um 1300 einsetzte und etwa Mitte des 19. Jahrhunderts endete (WANNER 2000: 79ff.). Kalte, strenge Winter und nasskalte Frühjahre, Sommer und Herbste prägten diese Epoche. Extreme Hochwasser traten oftmals in Übergangszeiten von wärmerem zu kälterem Klima auf (oder umgekehrt). Insbesondere das schwere Hochwasserereignis von 1852, das die Dreiseenregion hart getroffen hatte, fiel in eine solche Übergangsphase.

1318

Chroniken berichten, wie ein mächtiges Hochwasser die Brücke in Solothurn zerstörte. Die Aareflut habe den habsburgischen Truppen, welche die Stadt belagerten, die Brücke unter den Füssen weggerissen. Viele Habsburger seien darauf kopfüber in die Fluten gestürzt – eingezwängt in ihre schweren Rüstungen. Doch die Solothurner Verteidiger hätten ein Einsehen gehabt und sie aus den Fluten gefischt, was Herzog Leopold von Habsburg schliesslich zum Friedensschluss mit den Solothurnern bewegt haben soll.

1342

Ein Jahrtausendhochwasser riss alle Rheinbrücken nieder und hinterliess gewaltige Zerstörungen. Obwohl aus der Region der Juraseen keine entsprechenden Berichte oder Chroniken vorliegen, ist davon auszugehen, dass diese Überschwemmungen das Antlitz der Landschaft auch in dieser Region nachhaltig veränderten. Auch in den darauf folgenden Jahren kam es in der Schweiz – und wohl auch im Seeland – zu weiteren Überschwemmungen.

1472

Die hochgehende Aare riss sowohl in Aarberg als auch in Büren die Brücken weg.

1480 (August)

Nach einem mehrtägigen Landregen «... häi d Lüt ob Sollodurn müessen uf Bäum u Huuble ucha flieh». Auch in der übrigen Schweiz kam es zu verheerenden Überschwemmungen. Unzählige Brücken wurden fortgerissen und ganze Dorfschaften mussten flüchten.

1550, 1555, 1556

Eine Hochwasserserie brachte die Brücke in Aarberg dreimal zum Einstürzen.

In Bendicht Rechbergers Bieler Chroniken aus dem 16. Jahrhundert ist über das Hochwasser von 1550 zu lesen: *«Auf den 20. Oktober in diesem Johr fieng es an zu regnen und trieb das fünf Nächt und vier Tag ohne Underlass, als ob man mit Züberen herabschütte, so dass die Wasser allenthalben so gross wurdend, dass die von Nydau über alle Matten mit Schiff fuhren bis vor unser Nydauthor. Es war auch in der Neuwenstatt, an der Klostergassen und Untergassen alles voll Wasser, so dass man in Häusern und in Gassen musst Brügginen machen.»*

Über die Überschwemmungen von 1555 schrieb Rechberger: *«Dieses 1555. Jahr ist ein wunderbarliches Jahr gsin, kalt und nass[...] Nach dem Herbst hin hats viel geschneit und geregnet, dermassen die Wasser allenthalben uff gangen sind und haben einen merklichen Schaden zugefügt. So ist man von der Hub ennet Nydau her mit Schiffen gefahren über alle Strassen und Matten bis zu dem Kappelin vor dem Nydauthor. [...] Sind also [mit einem Schiff; Anm. des Autors] in das Städtli Nidau gefahren, neben der Badstuben hinein über all Misthaufen hinweg durch das Städtlin hinaus in den Stadtgraben und ist das Wasser im Städtlin ein Ellen und anderthalb Viertel hoch gsin [...] Im Heimfahren sind wir in mitten übers Passgert gfahren und ist das Wasser darauf gewesen ein Ellen und drey Viertel hoch und ist gangen bis zur Ziegelschür, dessgleichen ich meine Lebtage nie gesehen habe.»*

1566 (Sommer)

Ein wahres Unglücksjahr: In den Bergen türmten sich riesige Schneemassen auf. Aus dem Hügelgebiet des Schwarzwaldes, das zwischen 1000 und 1600 Meter über Meer liegt, sind Schneehöhen von drei Metern überliefert. Begleitet von häufigen Niederschlägen, setzte im sonnigen Mai und Juni die Schneeschmelze ein. Ende Juni wälzte sich eine erste gewaltige Hochwasserwelle durchs Mittelland. Die ganze Schweiz wurde von katastrophalen Überschwemmungen heimgesucht. In den Alpen wurde kaum ein Tal verschont; es gab unzählige Opfer. Alle drei Juraseen überliefen, das Grosse Moos stand unter Wasser. Aare, Zihl und andere Flüsse führten Hochwasser. Die Brücke in Aarberg wurde einmal mehr Opfer der Fluten, auch jene von Aarau wurde weggerissen. 1631 beschrieb der Chronist Michael Stettler die Überschwemmungen wie folgt: *«Zu Aarberg entführete der strenge Runs die aussere Bruck der Aaren, zu Büren wurden vast alle Wissen und Aecker mit Wasser bedeckt, zu Solothurn fälet wenig, dass es nicht die Brücken angerührt [...]»* Auch Rechberger berichtete darüber: *«In disem 1566. Johr sind die rinnenden Wasser bey uns, als die Aar, Ziehl und Saane, so gross geworden vom vergangenen gfallenen Schnee, dermassen, dass die Brugg zu Aarberg ist zerbrochen worden und ein gewaltiger Ussbruch und Lärmen geschehen. Viel Vieh ist do ertrunken und in Niederworben 14 Stück in einem Stall, da das Wasser über den Stall empor ist gangen.»*

Die Überschwemmungen von 1566 waren so extrem, dass *«die wirtschaftliche Entwicklung des Seelandes noch bis ins 19. Jahrhundert gebremst wurde»* (RÖTHLISBERGER 1991: 48).

1579

«... het der Pfarrer vo Nidau müessen uf em Schiffli z Bredig fahre.»

1584 (Sommer)

Im Kirchenrodel des Pfarrers Johannes Hutmacher von Büren a. Aare lesen wir über das Jahr 1584: *«Diss 84. Jahr hat vil zornige und müsälige wätter bracht, insonderheit ist um Pfingsten die Aar so gross worden, dass sy allenthalben übergloffen und zu Reiben in die hüser glüffen, ist in zweyen tagen wider gfallen und abglüffen. Darnach uff donstag, den 9. Juli hat die Aar wider gächlingen angfangen wachsen und ist am frytag so gross worden, dass sy mit irem überloufen vil grösser da vor, die fälder, matten, und Kornzälgen überzogen, das Korn uff den halben theil, am halm etlich bis an die ähri im wasser gstanden. Vyl höw in der mort- und obermatt ertrenkt und verfürt. In Arch vil garben hinweg gfürt, by uns war noch nüt gschnitten.»*

Der Regen, der aus dem Süden kommt

«Nicht jeder Extremniederschlag löst eine Überschwemmung aus, und nicht jede Überschwemmung lässt sich auf extreme Niederschlagsereignisse zurückführen», schreibt Christian Pfister und weist auf die Komplexität des Wettergeschehens hin. Lokale Gewitter führen meist auch nur zu lokalen Überschwemmungen. Damit ganze Landstriche unter Wasser gesetzt werden, sind grössere Wassermengen Voraussetzung. Extreme Dauerniederschläge entstehen in der Schweiz vor allem dann, wenn feuchte und warme Luft aus dem Mittelmeerraum nordwärts über die Alpen geführt wird und dort auf kalte Luft trifft. Die warme Mittelmeerluft gleitet über die Kaltluft hinweg und regnet sich über den Alpen und auf der Alpennordseite lang anhaltend aus. Die Situation wird umso bedrohlicher, wenn der Dauerregen auf bereits gesättigte Böden fällt. Als sehr kritisch gilt auch, wenn hohe Niederschläge und Schneeschmelze zusammenfallen – dies ist insbesondere bei winterlichen und frühsommerlichen Überschwemmungen der Fall (PFISTER 1999: 215).

Schilderung des Hochwassers von 1852. Faksimile aus Friedli, 1914.

> Die ganzi Ebeni von Aarbeerg dännen bis ga Büren und ga Sollodurn acha isch äin enziger See. Öppa zeechen Minuten obenfüür Arbeerg het si d'Aar dürag'frässe; d'Lüt, wo von allnen Siten si chon hälffen, häin's nid mögen erwehre. Von der Brügg z'Arbeerg bis in d's Dorf Bargen isch nid äis Huus ganz 'bliibe. D'Strasse von Arbeerg ga Murten und ga Biel si an män'gem Ort ganz uus-g'frässe. An pär Hüüser si d'Fundament underwäsche, und in äim lauft d'Wasser dürch b's Tenn düüra, das es iez numma noch en täüffer Graben isch. Von Büel bis Arbeerg het man z'dürchenwägg Lüt g'seh mit dem halbe Liib im Wasser stah, für das g'määite G'wächs (Getreide) us bem Dräck uusa z'zieh. Das, wo noch isch g'stande g'sii, ist wi mit der Troole (Walze) in Booden iha 'drückt. Vill Hördöpfelblätzen sind verruiniert. Chappelen, Worben und Studen si förchterlig heerg'noo worten, aber Schwadernau, Schüüren und Meienried, wenn's müglich ist, noch viil herter. Zwüschen Gränchen und Sollodurn isch alls under Wasser. (FRIEDLI 1914: 92)

«Die ganzi Ebeni von Aarbeerg dänne bis gan Büren und gan Sollodurn acha isch ain enzige See. Öppa zeechen Minuten obenfüür Arbeerg het si d'Aar däräg'frässe; d'Lüt, wo von allnen Siten sin chon hällfen, häin's nid mögen erwehre. Von der Brügg z'Arbeerg bis in d's Dorf Bargen isch nid äins huus ganz bliiben. D'Strassen von Arberg gan Murten und gan Biel sin an män'gem Ort ganz uusg'frässe. [...] Vill hördöpfelblätzen sind verruiniert. Chappelen, Worben und Studen sind förchterlig heerg'noo worden, aber Schwadernau, Schüüren und Meienried, wenn's müglich ist. Noch viil herter. Zwüschen Gränchen und Sollodurn isch alls under Wasser.»

1651 (Winter)
«... isch währet drei Tage von Nidau dänne bis ga Sollodurn acha äi See gsii.»

Das Hochwasser von 1651 brachte vermutlich einen historischen Höchststand. Die ausufernde Aare oberhalb von Solothurn verband sich mit dem Bielersee zu einem eigentlichen Solothurnsee. Alt Stadtschreiber und Chronist Franz Haffner schildert das Hochwasser vom 1. Dezember 1651 in Solothurn folgendermassen: *«Ist auff diesen Tag die Aren bey Solothurn so hoch gestiegen, dass sie weniger mit als 3 Schuh über die Brücken gelauffen, hat zwei Joch hinweg gerissen, auch die ganze Vorstatt in ein solch Wasser und Schrecken gesetzt, dass die Burger sich keines anderen als ihres jämmerlichen Undergangs versehen.»*

Hafner beschreibt weiter, wie die verzweifelten Solothurner *«ein Gelübd an die glorwürdige Mutter Gottes»* aussprachen und *«Procession und h. Gottesdienst in dero new erbauten Loreto-Capellen»* abhielten.

Gelöbnis, Prozession und Gottesdienst schienen Wirkung zu zeigen, denn an den Jochs, wo sich *«vil Holz und Gerasp gehockt, zugleich das Wasser geschwelt»* [gestaut, Anm. des Autors] hatte, gab es, so der Chronist weiter, *«einen erschröcklichen Knall und lieffe darauf das Wasser ganz ohne weiteren Schaden ab»*.

1673
Ein Hochwasser setzte 1674 die Berner Regierung unter Druck: sie liess darauf erste Korrektionsarbeiten ausführen (siehe auch S. 56).

1733 (Herbst)
1775 berichtete der bernische Werkmeister Niklaus Hebler, dass im September 1733 die Zihl aufgrund des hohen Wasserstandes der Aare aufgestaut wurde. Die Zihl sei deshalb rückwärts in den Bielersee ge-

Ein Fluss gestaltet die Landschaft: Auflandungserscheinungen im Aarelauf oberhalb von Uttigen bei Thun. Ölbild von J. L. Aberli (1723–1786).

flossen und das trübe Aarewasser in den Bielersee vorgedrungen (MÜLLER 2004: 141), (siehe auch S. 57).

1734 (Sommer)
Die Familienchronik der in Saint-Blaise ansässigen Familie Péters berichtet: «*1734: Juillet, du 5 au 6 le lac est monté de 3 pieds. A la fin du mois, les 3 lacs n'en forment plus qu'un seul [...] Au Landeron, les jardins sont indondés tellement qu'on a fauché les choux et autres jardinages qui étaient devenus comme s'ils avaient été boillis. On puvait aller du village au pomz de Thielle en bateau.*»

1742
Im Februar riss die Aare bei Dotzigen fruchtbares Kulturland mit sich.

1758 (Sommer)
Nach Überschwemmungen starben allein im Amt Erlach über 200 Stück Hornvieh.

Ist der Mensch an den Überschwemmungen schuld?

Im 18. und vor allem im 19. Jahrhundert ging es dem Wald an den Kragen, vielerorts kam es gar zum Kahlschlag. Ob die zunehmenden Überschwemmungen auch etwas mit der Rodung der Wälder zu tun hatten, wird deshalb seit dem 18. Jahrhundert intensiv diskutiert. Heute gehen die Fachleute davon aus, dass menschliche Eingriffe das Abflussgeschehen durchaus beeinflussen. Allerdings kommt es auf die Grösse des Einzugsgebiets des Gewässers an. Ist dieses klein, führt eine Entwaldung zu Erosion, was sich auf das Abflussverhalten auswirkt. Lokale – wenn auch sehr schwere – Überschwemmungen sind die Folge. In grossen Einzugsgebieten ist es aber schwierig, menschliche Einflüsse von natürlichen Faktoren zu unterscheiden. Aufgrund der Komplexität der natürlichen Prozesse, die zu einem Hochwasser führen, sind menschliche Eingriffe deshalb nicht nachweisbar (PFISTER 1999: 214f.).

> **1816: Das Jahr ohne Sommer**
>
> Im Jahre 1815 explodierte im fernen Indonesien der Vulkan Tambora. Der Ausbruch war so gigantisch, dass sich rund um den Erdball dichte Aschewolken verteilten und damit eine dramatische Abkühlung des Weltklimas auslösten. Auf der ganzen Welt gab es zwei Jahre keinen richtigen Sommer. In Europa kam es zu katastrophalen Missernten und Hungersnöten. Allein im Kanton St. Gallen starben 1816 und 1817 rund 5000 Menschen.

1801 (Winter)
Im Dezember regnete es fast ununterbrochen. Der Neuenburgersee trat über die Ufer.

1815–1819
Der kleine Johann Rudolf Schneider, der später als «Retter des Seelandes» in Annalen eingegangen ist (siehe auch S. 68ff.), erlebte als Knabe in Meienried eine Serie von Hochwassern. Die Wogen tosten jeweils an der Hauswand seines elterlichen Hauses entlang, und die hochgehenden Fluten drangen in Haus und Hof ein. Die Überschwemmungen von 1817 haben den jungen Schneider vermutlich am meisten geängstigt. Denn nach dem «Jahr ohne Sommer» (1816) führten im Juni 1817 warme Temperaturen zum raschen Schmelzen einer ungeheuren Schneemasse in den Alpen, was schwere Überschwemmungen im Mittelland und eine Hungersnot zur Folge hatte.

1823 und 1824
Wiederum zerstörten Überschwemmungen die Ernte, Wiesen und Äcker im Grossen Moos.

1831 und 1832
Einmal mehr suchen grosse Überschwemmungen das Seeland heim.

1851–1853
Eine Hochwasserserie brachte Not und Verzweiflung in die Region. Bereits 1851 ward «… *die Ebene von Aarberg bis Solothurn […] wie ein See anzusehen*». Das Hochwasser vom 17. und 18. September 1852 nahm dann geradezu katastrophale Ausmasse an. Betroffen war das gesamte Mittelland. Es «gilt als eines der grössten des Schweizerischen Mittellandes» (RÖTHLISBERGER 1991: 67).

Oberhalb von Aarberg durchbrach die Aare die Dämme und setzte die Ebene bis Meienried/Studen unter Wasser. Das ganze Broyetal bis zum Murtensee stand unter Wasser. Aus der Waadt wurden zudem Überschwemmungen in Yverdon gemeldet.

*Aarberg um 1800. Noch rauscht ein Seitenarm der Aare um das Städtchen. Mit der Ersten Juragewässerkorrektion wurde dieser trockengelegt.
Ölgemälde von Jakob Biedermann.*

Das Grosse Moos bildete zwischen dem Murten-, Neuenburger- und Bielersee eine einzige zusammenhängende Wasserfläche.

Da vor der Juragewässerkorrektion die Hochwasserwellen der Aare noch ungebremst durch die Kantone Solothurn und Aargau fluteten, waren die Schäden in diesen beiden Kantonen immens. Die Berner Zeitung berichtete am 22.9.1852, der Wasserstand in Wangen a. Aare sei *«nach Aussage alter Männer [...] seit 1785 nie so hoch gewesen»*.

Ein Jahr darauf standen weite Teile der Region bereits wieder unter Wasser.

1856 (Ende Mai)
Alle drei Jurarandseen traten über die Ufer. Murten-, Neuenburger- und Bielersee verbanden sich erneut zu einem einzigen grossen See.

1866 (April)
1868 berichtete der Neuenburger Regierungsrat: *«En mois d'avril 1866, les eaux étaient très fortes: le lac de Neuchâtel était à 2 pieds 2½ pouces au-dessus de son niveau moyen. Le Landeron était presque entièrement entouré par les eaux, qui s'étendaient sur le marais et les terres cultivées, jusque près des maisons et séjournaient même sur les belles plantations de legumes au lieu dit les Pêches.»*

1876
Ähnlich wie 1852 kam es im Juni zu schweren und weiträumigen Überschwemmungen im Mittelland. Die westliche Region kam aber diesmal mit einem blauen Auge davon.

Das Häftli: Mündung der Zihl in die Aare bei Meienried. Kartenausschnitt von 1817.

Das Häftli
Vor der Ersten Juragewässerkorrektion mündete die Zihl bei Meienried in die Aare. Die beiden Flüsse lagerten tonnenweise Geschiebe ab und stauten sich gegenseitig auf. Mit der Zeit entstand eine Aareschlaufe in Form eines «Häftli». «Häftli» bedeutet Öse. Ösen und Häkchen wurden verwendet, um ein Gewand unauffälliger als mit den groben Knöpfen zu verschliessen.

Die Katastrophenflut von 1566 hatte zusammen mit früheren und späteren Hochwasserereignissen das Gewässernetz im Raum Dotzigen-Meienried und damit auch das Häftli neu gezeichnet. Das wirkte sich negativ auf die einmündende Zihl aus, welche stärker als zuvor in den Bielersee zurück gestaut wurde (PFISTER 1988: 87).

Bis zur Ersten Juragewässerkorrektion zählte diese Gegend zu einer der am häufigsten von Überschwemmungen betroffenen Regionen. Heute wird das Häftli vom Nidau–Büren-Kanal durchschnitten und hat sich seither in ein idyllisches und ungefährdetes Naturreservat verwandelt.

> «War das Wasser versickert, gingen die Bauern daran, ihre verwüsteten Felder neu zu bebauen, ein Unternehmen, das einen fast übermenschlichen Mut voraussetzte, bedeckte doch fusshoher Schlamm die junge Saat, und die eben gepflanzten Kartoffeln waren im Geröll verschwunden oder vom Wasser fortgetragen.»
>
> (Ida F. Gerber)

Bedrohte Agrargesellschaft

Das Seeland wurde auch früher von Zeit zu Zeit von Hochwassern geschädigt, daran lassen die Quellen keine Zweifel offen: Seit etwa 1500 nahmen die Überschwemmungen indes dramatische Ausmasse an. Vor allem deren starke Häufung zwischen den 1550er- und 1580er-Jahren springt ins Auge. Eine weitere Häufung trat im 19. Jahrhundert auf (PFISTER 1999: 243).

Besonders gravierend: Die Ebenen in der Dreiseenregion, wo früher Kelten und Römer, aber auch noch die Bauern des frühen Mittelalters wertvolles Kulturland vorgefunden und bebaut hatten, versumpften nach und nach völlig. Kein Wunder, bezeichneten die Bewohner die Landschaft zwischen den Juraseen zuerst als «Marais d'Aarberg» – also Aarberger Moor – und schliesslich als «Grosses Moos», wobei mit Moos «Moor» gemeint ist.

Die Menschen, die in und von dieser Region lebten, gerieten zusehends in existenzielle Not. Kaum ein Jahrzehnt verging ohne Hochwasser! Dabei kam es zu regelrechten Überschwemmungsserien. In einer solchen Situation – wenn Jahr für Jahr die Ernte vernichtet, das Vieh getötet und die Weiden überschwemmt werden – lassen auch die Zuversichtlichsten mit der Zeit jede Hoffnung fahren.

Für uns Menschen des 21. Jahrhunderts – eingebettet in die Ära von Wohlstand und sozialer Sicherheit – ist die Not der damaligen Flutopfer schwer nachvollziehbar. Bis weit ins 19. Jahrhundert lebten die Menschen hingegen in einer landwirtschaftlich geprägten Welt. Die überwiegende Mehrheit der Bevölkerung lebte und arbeitete als Bauern.

Die Überschwemmungen trafen immer wieder eine weitgehend wehrlose Bevölkerung: Haus und Herd – unter Umständen Leib und Leben – standen auf dem Spiel. Kein Versicherungsexperte schaute nach der Katastrophe vorbei, um den Schaden aufzunehmen. Auch waren die armen Seeländer Gemeinden kaum in der Lage, der Bevölkerung

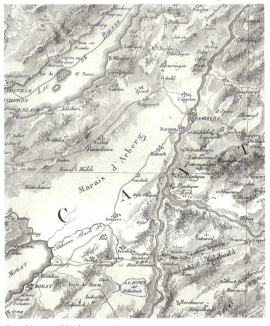

Der Marais d'Aarberg, später «Grosses Moos» genannt. Kartenausschnitt aus dem Atlas Suisse von Johann Rudolf Meyer, herausgegeben zwischen 1796 und 1802.

Agrargesellschaft

Bis etwa 1820 standen den Menschen lediglich erneuerbare Energien zur Verfügung (Holz, Wasser und Wind sowie tierische und menschliche Arbeitskraft). Während dieser so genannten Agrargesellschaft waren alle Ressourcen und Energieträger vom Klima, von der Sonneneinstrahlung und vom Boden abhängig. Erst mit der Nutzung der nicht erneuerbaren Kohle konnte sich die Menschheit erstmalig von diesen natürlichen Beschränkungen und vom Rhythmus der Jahreszeiten befreien.

Landwirtschaft vor der Mechanisierung. Aufnahme aus der Zeit um die Jahrhundertwende.

finanziell unter die Arme zu greifen. Aber gerade auf Hilfe und Almosen wären die Flutopfer angewiesen gewesen.

Mit dem langsamen Absinken des Wassers kam jeweils die ganze Tragödie ans Tageslicht. Vielerorts standen die Menschen vor beinahe unüberwindbaren Problemen. Das Überschwemmungsgebiet bot einen traurigen und tristen Anblick. Mit Schaufel und Pickel, oder auch mit blossen Händen, machten sich die Bauern an die Behebung der Schäden. Trümmer und Schutt mussten weggeführt, Brücken und Wege instand gestellt und Felder und Weiden, die unter einer dicken, zähen Schlammschicht begraben waren, aufgeräumt werden. Das überschwemmte Kulturland war gewöhnlich über mehrere Jahre hinaus unfruchtbar!

Vielerorts griffen die Hände sprichwörtlich ins Leere; an gewissen Stellen gab es gar nichts mehr aufzuräumen. Die Gewalt der Fluten war derart brachial, dass wertvolles Ackerland fortgespült wurde und nur wertloses Ödland übrig blieb. 1742 riss die Aare beim Dotzigen-Feld «*20 à 30 Juch[arten] des besten Zinss und Zehendpflichtigen Erdrichs*» (zirka 7–11 Hektaren) weg (Zit. in: PFISTER 1995: 327).

Auf das Hochwasser folgten in den vernässten Heuwiesen giftige Schwämme und Pflanzen. Frass das Vieh davon, wurde es krank. Doch

Strohgedecktes Haus um 1870 in Gals zwischen Neuenburger- und Bielersee.

in ihrer Not wussten sich die Bauern oft nicht anders zu helfen, als die Tiere ins verseuchte Moos zu treiben oder dem Vieh das verdorbene Heu zu verfüttern.

1764 berichtete die bernische Landesökonomie-Kommission: *«In vielen Gegenden gingen nach dem nassen Sommer von 1758 der halbige teil der Kühe, von den Schafen 11/12tel und viele Pferde im Frühling 1759 zu Grund.»*

Im gleichen Jahr schrieb Pfarrer Wolf von Ins in seinen Pfarrbericht: *«[...] von den 360 Haushaltungen der Gemeinde kann man nur 26 zu den wohlhabenden zählen, die andren leben von einem Jahr zum anderen [...] Fast die Hälfte der Schulden rührt vom Verluste des Viehs und der Pferde her, die durch die schlechte Fütterung im Winter und die noch schlechtere Moosweide im Sommer zugrunde gegangen.»*

Den Bauern fehlten jetzt aber nicht in erster Linie Milch oder Fleisch; der Ausfall der Zugkraft von Pferd und Ochse sowie der Verlust des Mistes für die Düngung ihrer Felder fielen noch stärker ins Gewicht.

Ochsengespann beim Pflügen. Aufnahme um 1920.

Die Bevölkerung war auch direkt bedroht. Nach den Überschwemmungen blieben Tümpel und Teiche zurück; diese bildeten ideale Brutstätten für Insekten aller Art, die Krankheiten sowohl auf das Vieh als auch auf den Menschen übertragen konnten.

Ebenfalls ging vom Trinkwasser Gefahr aus. Nach lang anhaltenden Überschwemmungen tummelten sich darin unzählige Krankheitserreger. Da der Zusammenhang zwischen Hygiene und Gesundheit erst im späten 19. Jahrhundert erkannt wurde, ist anzunehmen, dass die Menschen in früheren Zeiten ahnungslos verseuchtes Wasser getrunken haben.

Armut und Auswanderung

Als Folge der Überschwemmungen herrschten im Seeland armselige Verhältnisse.

Aus dem Amt Büren vernehmen wir aus der Krisenzeit 1816/1817: *«Die ohnehin grosse Armuth wurde im Laufe des Jahres durch die Überschwemmungen ungemein gesteigert, in dem dadurch ein grosser Theil der den Armen zuständigen Pflanzung zu Grunde ging, so dass laut eingegangenem Bericht viele Haushaltungen schon im Jänner und Hornung nächstkünftig nahrungslos werden.»* 1850 kam es zu Überschwemmungen, *«die*

Freiburger Exodus: Bereits die Hungersnot von 1816/1817 führte zur massenhaften Auswanderung. Votivtafel von 1819 mit Emigranten auf dem Neuenburgersee.

namentlich der armen und bedürftigen Menschenklasse ihre Lebensmittel durchgehends gänzlich zerstören und sie auf diese Weise dem grössten Elend und Verzweiflung preisgab». Mitte des 19. Jahrhunderts wurde die Situation auch für den Mittelstand bedrohlich. Der Regierungsstatthalter von Büren a. Aare beschrieb die soziale Lage anno 1852 wie folgt: «*Es ist gewiss aber auch unläugbar, dass die zwei letzten Jahre wegen der so allgemein missrathenen Erndte und der durch die so grossen Aarüberschwemmungen verursachten Verheerungen [...] lähmend auf die Mittelklasse und dadurch auf die wohlhabenden Familien der Gegend eingewirkt haben [...]*»

Der bernische Finanzdirektor Alfred Scheurer, 1840 in Erlach geboren, schrieb über seine Jugendzeit: «*Das wenige Pflanzland reichte nicht, um eine Kuh zu erhalten, man suchte sich mit Ziegen zu behelfen, auch konnte man gewöhnlich nicht genügend Erdäpfel pflanzen, zumal zu jener Zeit die Erdäpfelkrankheit arg grassierte. Nebenverdienst war keiner vorhanden. Im Sommer erlaubte die eigene Arbeit dem Vater nicht, Taglohnarbeit zu verrichten, und was Mutter mit Waschen verdiente, einen Franken pro Tag, führte nicht weit. Im Winter war keine andre Verdienstgelegenheit als Holzarbeit im Staatswald; sie wurde schlecht bezahlt, so dass der Mann nur auf 50 Rappen kam, kaum genug, um ein zweipfündiges Brot zu kaufen.*»

Missernten und Auswanderung

Seit dem 18. Jahrhundert breitete sich der Kartoffelanbau auch in der Schweiz aus. Anfänglich stiess die aus Südamerika stammende Knolle auf heftigen Widerstand. Bis Mitte des 19. Jahrhunderts hatte sie sich aber zu einem der wichtigsten Grundnahrungsmittel entwickelt. Die in den 1840er-Jahren auftretende Kartoffelpest, die zu massiven Ernteausfällen führte, traf die Bevölkerung deshalb an einem empfindlichen Nerv. Die kalten Frühjahre und kühlen, verregneten Sommermonate der 1850er-Jahre zogen auch bei anderen Kulturen Missernten nach sich. Die Agrarwirtschaft schlitterte in eine schwere Krise, die Menschen litten Not: In der Folge sank die Geburtenrate, die Sterblichkeit schnellte hoch und unzählige Menschen fielen der Armut anheim. Kein Wunder, entschlossen sich damals so viele Menschen wie noch nie zuvor, aus der Schweiz auszuwandern und ihr Glück woanders zu suchen (PFISTER 1995, Modernisierung: 135).

Charles Aebersold, Gemüsebauer in Treiten, dessen Urgrossvater 1841 als Sohn einer Kleinbauernfamilie geboren wurde, weiss aus Familienüberlieferungen: «*Treiten war mausarm. Auf dem Land wuchs so genanntes Lischengras; gerade gut genug zum Abweiden, häufig aber bloss als Einstreue im Stall verwendbar. Zwischen Treiten und Kerzers konnte man zeitweise mit Booten verkehren.*»

Viele Bewohner des Seelandes waren bettelarm, litten an Krankheiten und starben früher als anderswo. Nicht wenige verfielen dem Alkohol. Kaum verwunderlich, dass überdurchschnittlich viele Seeländer ausgewandert sind. Seit 1831 durften im Kanton Bern die Gemeinden auswanderungswillige Personen unterstützen. Von diesem Recht machten die Kommunen denn auch regen Gebrauch. Schliesslich waren die verschuldeten Gemeinden allein für das Armenwesen zuständig und deshalb froh, überzählige hungrige Mäuler loszuwerden. Die Gemeinden animierten die Auswanderungswilligen geradezu, der Heimat den

Inserate diverser Auswanderungsagenten von 1868.

Rücken zu kehren. Oftmals übernahmen sie sogar die Reisekosten, nur um sich armer, kinderreicher Familien zu entledigen. Inserate in Tageszeitungen umwarben auswanderungswillige Personen. Dahinter steckten nicht selten skrupellose und profitgierige Schlepper, die den verarmten und verzweifelten Menschen das letzte Geld aus den Taschen zogen.

Das Gesicht der Landschaft vor der Ersten Juragewässerkorrektion

Über Jahrtausende hinweg ist jene Landschaft entstanden, wie sie sich vor der Ersten Juragewässerkorrektion präsentierte: Die alles bestimmende Landschaftsgestaltung ging von den Flüssen aus. Sie flossen in alle Himmelsrichtungen – sich stets neue Flussbette grabend, sich verästelnd, vielarmig; dazwischen Sand- und Kiesbänke, umgeben von Schilffeldern und Auenwäldern. Entlang den verschlungenen Flussläufen erstreckten sich Sumpfebenen; Altwasserarme griffen ins Land hinein. Zwischen den Seen lag das Grosse Moos. Die grösste zusammenhängende Moorfläche der Schweiz war uneinheitlich strukturiert. Es gab gefährliche, morastige Stellen, die sich kaum jemand zu betreten getraute, und solche, wo das Riedgras gedieh, das die Moosanstösser dem Vieh verfütterten. Die Wege quer durchs Moos waren äusserst tückisch und nur selten sicher begehbar. Wassergräben durchzogen das Riedland. Während der Moosheuet dienten sie den Bauern als kleine Bootskanäle. Und immer wieder wurde das Moos überschwemmt.

Die Sümpfe breiteten sich nicht nur im Grossen Moos aus. Auch im Broyebezirk wuchsen die Moore, und die Ebene von Orbe wurde fast jährlich durch die Orbe und Le Talent überschwemmt, was stellenweise zur Versumpfung führte.

Aus heutiger Sicht waren die Flussläufe wildromantisch, so dass jeder Naturliebhaber seine wahre Freude daran gehabt hätte. Die Broye wies zahlreiche Windungen auf. Seicht und mit wenig Gefälle mäanderte sie in gemächlichen Windungen vom Murten- dem Neuenburgersee zu. Die Zihl verliess beim Maison Rouge den Neuenburgersee und durchzog in Schlingen das Galser Moos. Auf ihrem Weg teilte sie sich in zwei Arme:

Die grösste zusammenhängende Moorfläche der Schweiz: Grosses Moos zwischen Murten-, Neuenburger- und Bielersee. Kartenausschnitt von 1817.

Nidau am mehrarmigen Ausfluss der Zihl. Federzeichnung von Samuel Bodmer, kurz nach 1700.

Seuchentod und Todesengel: Malaria heisst auf Deutsch «Schlechte Luft». Bis um 1900 glaubte man auch im Seeland, die Krankheit werde durch Dünste aus Sümpfen verbreitet. Allegorie von 1854.

Der eine mündete nördlich von Le Landeron, der andere bei St. Johannsen in den Bielersee. Beim Schloss Nidau verliess die Zihl in einem Haupt- und drei Nebenarmen den Bielersee, um bei Brügg schliesslich die Schüss aufzunehmen (BRETSCHER 1999: 115f.).

«Ein arigs Wybli» oder wie die Bewohner die Hochwasser deuteten

Auch heute herrscht manchmal Erklärungsnotstand, wenn Flüsse und Seen über die Ufer treten. Doch die Experten lassen meistens nicht lange auf sich warten. In Radio, Fernsehen und Zeitungen klären sie die verunsicherten Bürger über die Ursachen und Hintergründe der Katastrophe auf: Wetterkapriolen seien daran Schuld oder die Klimaveränderung, vielleicht die versiegelten Böden, die begradigten Flüsse, die verschwundenen Überlaufgebiete. Es lässt sich für jedes Ereignis eine naturwissenschaftliche Erklärung finden.

Ganz anders zu Zeiten unserer Vorfahren: Bis weit in das 18. Jahrhundert wurden entfesselte Naturgewalten als Warnzeichen oder Strafe Gottes für begangene Sünden gedeutet. Mit Gebeten, Predigten und Prozessionen wurde um Gnade gefleht. Ausgedehnte Überschwemmungen wurden gar mit der biblischen Sintflut in Verbindung gebracht.

Auch im 19. Jahrhundert war der Aberglaube noch weit verbreitet. Als zum Beispiel 1825 im Murtensee eine starke Vermehrung der blauen Algen (das so genannte «Burgunderblut») auftrat, sahen die Anwohner darin *«die Anzeichen von schrecklichen Kriegen, Hungersnöten, vom Weltuntergang»*, berichtete der Archäologe von Avenches, François-Rodolphe de Dompierre (1775–1844). Der aufgeklärte Wissenschaftler seinerseits

Von Moorlöchern und vom Sumpffieber

Die Sumpfgebiete waren äusserst gefährlich: Immer wieder verschwanden Menschen darin. Heimtückische Moorlöcher und Morastflächen ohne festen Grund, worin sie elend versanken, wurden ihnen zum Verhängnis. Über den Sümpfen hingen riesige Wolken von Stechmücken. Die Insekten verbreiteten das Sumpffieber, also jene Krankheit, woran in den Tropen noch heute jährlich zigtausende von Menschen sterben – die Malaria!

> «Ds Wasser! Vor ihm fürchteten sie sich mehr als vor dem Teufel, der in ihren alten Bräuchen und Sagen noch herumspukte. Ja, das Wasser hatte in den Köpfen vieler die Stelle des Höllenfürsten eingenommen. Es war die finstere Macht, vor der Alt und Jung zitterte und zagte. War das Wasser nicht ihr Schicksal, entschied es nicht über ihr Sein oder Nichtsein! Waren sie ihm etwa nicht auf Gnade oder Ungnade ausgeliefert? Vom Wasser hing es doch ab, ob im Herbst genug Kartoffeln in den Keller kamen und ob – welches Glück! – sogar noch ein paar Säcke in die Stadt verkauft werden konnten. Das Wasser bestimmte, ob Roggen und Weizen gerieten und das Brot für die Familie und darüber hinaus Nahrung für das Vieh lieferten. Das Wasser war der launenhafte Götze, vor dem die ganze Gegend zitterte. Es ging sogar die Sage um, in uralten Zeiten seien ihm Opfer dargebracht worden, um es friedlich zu stimmen. ‹Der Pfarrer hat recht, mit dem Wasser straft uns Gott für unsere Sünden›, sprachen die Frommen und blickten ergeben zum Himmel.»
>
> (Ida F. Gerber)

betrachtete dies zwar als ein merkwürdiges, aber ausser für die Fische unbedenkliches Phänomen.

Viele überlieferte Sagen befassen sich ebenfalls mit Naturgewalten. Das Seeland macht hier keine Ausnahme: Die Aare wurde «Aareteufel» genannt (Hans Müller. In: FREY 1956: 22) und der Ort bei Meienried, wo sich Zihl und Aare vereinigten, hiess «Höll». Bei Hochwasser bildeten sich hier stets gefährliche Wasserstrudel, in deren Sog Tiere und manchmal gar Menschen verschwanden. Eine Sage erzählt, dass sich in der Aare eine Hexe oder Nixe mit kalter, weisser Haut und grünem Haar («ein arigs Wybli») herumgetrieben habe. Sie hätte den hilflosen Menschen aufgelauert und diese ins Höll-Loch gelockt. Das sei so tief gewesen, dass es bis hinunter in die Unterwelt, ja bis zum Teufel selber reichte (Fritz Käser. In: SEEBUTZ 2005: 58f.).

Urtümliche Flusslandschaft.

«Ein arigs Wybli»: Brunnen bei der Gedenkstätte für Johann Rudolf Schneider in Meienried. Werk des Bürener Bildhauers Peter Travaglini, 1956.

Irrlichter im Grossen Moos

Im Moos geschah tatsächlich Gespenstisches: Unter bestimmten Voraussetzungen konnte sich das dem Boden entströmende Sumpfgas in der Luft von selbst entzünden. So berichtete der damalige Mechanikerlehrling Ernst Schori aus Radelfingen, dass er 1918 zwischen Siselen und der Hagneckbrücke abseits der Strasse zwei bis drei Fuss hohe, aus dem Boden züngelnde Flammen gesehen habe. Als er seiner Grossmutter davon erzählte, meinte sie lachend, dass sie im Grossen Moos früher oft solchen Irrlichtern begegnet sei (Werner Moser. In: BVG 1985: 19ff.).

Landwirtschaft vor der Ersten Juragewässerkorrektion

Wie im übrigen Mittelland, wurde auch im Seeland vorwiegend Korn angebaut. Dies aber unter erschwerten Bedingungen: Ausschlaggebend für den Ertrag waren fruchtbare, mineralhaltige Böden für den Ackerbau sowie Höhenlage und Distanz zu den Flüssen, Mooren und Überschwemmungsgebieten. Anfänglich wurden die Siedlungen an den sicheren Orten errichtet. Mit der Zeit nahmen aber sowohl die Überschwemmungsgebiete als auch die Zahl der Bevölkerung zu. Neuzu-

Landnutzung vor der Ersten Juragewässerkorrektion.

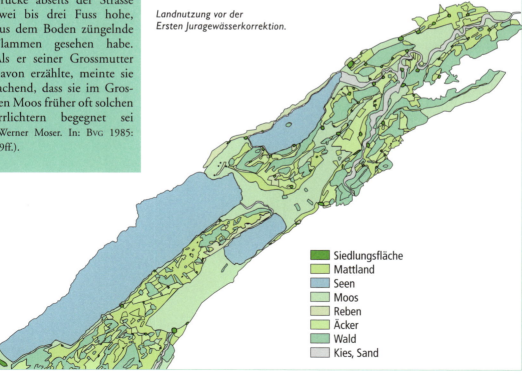

Erntearbeiten von Hand im Grossen Moos, 1898.

züger und die Unterschicht wurden nach und nach in überschwemmungsgefährdete Zonen abgedrängt (PFISTER 1988: 48).

Früher war das Grosse Moos ein eigentliches Niemandsland. Während langer Zeit galt deshalb der Grundsatz, wonach das Moos *«ein fry moos sein»* solle, das alle gleichermassen nutzen durften. Die Nutzung beschränkte sich zuerst auf eine extensive Beweidung, das heisst, die Moosanstösser trieben das Vieh zum Grasen ins Moos hinaus (Werner Moser. In: BVG 1985: 19ff). Später sicherten sich die Gemeinden – aber auch Einzelpersonen – Nutzungsrechte am Moos. Im Auftrag der nutzungsberechtigten Moosgemeinden «bewachten» Bannwarte die so genannten Separatmöser. Entdeckte ein Bannwart fremdes Vieh auf «seiner» Zone, konnte er das verirrte (oder vom Hirten herübergetriebene) Tier einfangen. Erst nach Zahlung eines Lösegeldes rückte er das Tier wieder heraus. Nicht selten führte dies zu Zank und Hader. Reibereien über die Nutzungsrechte waren auch an der Zihl, respektive der Thielle, an der Tagesordnung: Immer wieder stritten sich die *«welschen Cheiben»* und die *«Têtes carrées»* über die Sprachgrenze hinweg.

Stich des Schlosses Thielle mit der alten Holzbrücke um 1750.

Seit dem frühen 18. Jahrhundert wurde im Moos auch vermehrt Riedgras gemäht. Damit kein Chaos entstand und sich die Bauern darauf nicht in die Haare gerieten, musste die Moosheuet in geordnete Bahnen gelenkt werden. 1724 erliess der Schultheiss und Rat von Bern ein Reglement, welches das *«gemeine Mäyen»* unter Auflagen erlaubte. Später setzten Gemeinden, Mooskommissionen oder ein Moosvogt – im Volksmund *«Moosteufel»* genannt – Beginn und Ende der Heuet fest. Edmund Zenger beschrieb 1955 die Moosheuet wie folgt: *«In der Nacht vor dem festgelegten Tag von sechs Uhr abends bis drei Uhr morgens mähte der Berechtigte rings um das beanspruchte Stück. Die ummähte Fläche, ‹Einschlag› genannt, durfte von niemandem mehr gekreuzt oder genutzt werden. Hatte der Vater die ganze Nacht gearbeitet, so brachten ihm die*

Torfabbau im Grossen Moos

In wassergesättigten Mooren finden kaum mikrobiologische Zersetzungsprozesse statt. Unter Luftabschluss werden deshalb abgestorbene Pflanzen nicht oder nur unvollständig zersetzt – sie verwandeln sich in Torf. Das Grosse Moos war ein ideales Gebiet für die Torfentstehung. In der versumpften Gegend wuchsen stellenweise mehrere Meter dicke Torfschichten heran. Es dauert Jahrtausende, bis eine Torfschicht solche Dimensionen erreicht, denn durchschnittlich wird pro Jahr lediglich ein Millimeter Torf abgelagert.

In der kohlearmen Schweiz spielte Torf als Brennstoff eine bedeutende Rolle. Bereits 1857 baute die Torfgesellschaft Hagneck den Torf industriell ab (siehe auch S. 95). Mit der zunehmenden Elektrifizierung im 20. Jahrhundert nahm die Bedeutung des Torfs indessen ab. Nur während der beiden Weltkriege wurde im Grossen Moos nochmals in grossen Mengen Torf gestochen.

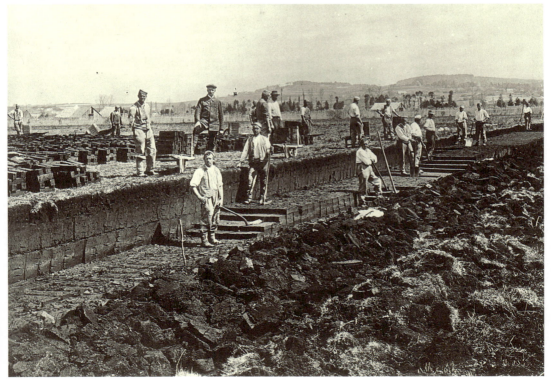

Torf stechen bei Witzwil zu Beginn des 20. Jahrhunderts.

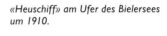

«Heuschiff» am Ufer des Bielersees um 1910.

Kinder im Morgengrauen ein warmes Frühstück, und dann rückten die übrigen Arbeitskräfte an, die nun das ummähte Stück in Angriff nahmen. War das Wetter günstig, so war die Arbeit nicht allzu schwer. Es blieb Zeit zu ausgiebigen Pausen, zu Scherz und Spiel. [...] Bei schlechtem Wetter aber arbeitete man unter schweren Bedingungen: Wagen und Zugtiere sanken im weichen, nassen Boden ein; das Gras musste oft auf erhöhte Stellen zum Trocknen getragen werden, und das Heu war schlecht, wenn es tagelang im Regen geblieben war. Da verging dann den Heuern das Scherzen, und sie wussten, dass ihnen ein Winter mit Sorgen wartete. Oft war das Heu nur als Streue verwendbar. Dennoch hingen viele Leute am Moosheuet und an der Moosweide. Besonders die weniger bemittelten Kleinbauern waren darauf angewiesen.»* (Zit. in: Werner Moser. In: BvG 1985: 20f.).

Im Vergleich zu heute spielte auch der Rebbau eine sehr wichtige Rolle. Im Amt Erlach zum Beispiel baute noch 1875 jede Gemeinde Wein an.

Vom Rebbau, aber auch vom Vieh und vom Korn, das auf weit verstreuten Äckern angebaut wurde, liess es sich jedoch kaum leben. Die Menschen hatten ein karges Auskommen, ständig waren sie von Tod und Krankheiten bedroht. Im Herbst und Winter stiegen feuchtkalte Nebel aus den Mooren auf, die Kälte kroch durch sämtliche Ritzen in die einfachen Bauernhäuser. Brennholz war knapp und teuer, kein elektrisches Licht vertrieb die Dunkelheit. Die Menschen lebten dicht beisammen, die heutzutage zur Gewohnheit gewordene Privatsphäre war kaum vorhanden.

> «Ein Fluss oder Strom
> hat nur ein (einziges) Bett nötig.»
>
> Johann Gottfried Tulla, 1812

Der lange Weg zur Ersten Juragewässerkorrektion

Frühe Korrektionsmassnahmen
An Ideen, die ungestümen Juragewässer zu bändigen, hat es nicht gemangelt. Bis aber tatsächlich ein umfassendes Projekt auf dem Tisch lag, gingen viele Jahrzehnte ins Land.

Korrektionsmassnahmen bis 1839
Vereinzelte Uferschutzmassnahmen gehen bereits auf das Ende des 15. Jahrhunderts zurück. Die ersten dokumentierten Massnahmen zum Hochwasserschutz stammen indes aus der zweiten Hälfte des 16. Jahrhunderts (zu den frühen Korrektionsmassnahmen siehe auch: Peter 1922; Vischer 2003; Müller 2004).

- Eine während der Zweiten Juragewässerkorrektion entdeckte Fundstelle im Bois de Montmirail brachte an der oberen Zihl eine massive Ufersicherung ans Tageslicht. Sie wurde um 1500 errichtet. Das heisst, das Gebiet war zwar noch bewohnt, die Bewohner mussten sich aber vor den sich häufenden Hochwasserereignissen schützen (Schwab; Müller 1973: 130).
- 1574 verbot die Obrigkeit die Verwendung von Fischfachen in der Zihl bei Nidau. Fischfachen sind geflochtene Zäune, die quer oder

Fundstelle einer Ufersicherung um 1500 beim Bois de Montmirail im neuenburgischen Thielle-Wavre.

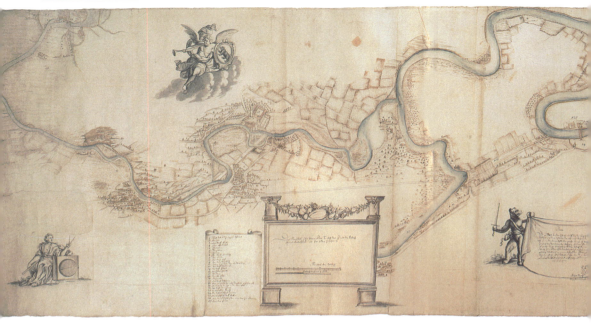

Korrektionsprojekt der Zihl zwischen Nidau und Meienried sowie der Aare zwischen Dotzigen und Büren. Originalzeichnung von Samuel Bodmer, 1704.

schräg in die Strömung gesetzt wurden, um wandernde Fische – zum Beispiel Lachse, die in der Schweiz damals noch heimisch waren – in Reusen oder Netze zu lenken. Nachteil: Die Fischfachen stauten in Nidau die austretende Zihl und damit den Bielersee auf.

- 1652 musste auf Anordnung der Obrigkeit beim Auslauf des Bielersees eine Buhne entfernt werden. Diese Massnahme stand unter dem Eindruck der fürchterlichen Überschwemmungen von 1651.
- Nach dem Hochwasser von 1673 liess die Regierung das Zihlbett von Grienablagerungen räumen und in Brügg musste eine Mühleschwelle abgebrochen werden (siehe auch S. 39).
- Im 18. Jahrhundert nahmen erste umfassendere Pläne Gestalt an. 1707 schlug der bernische Artillerieleutnant und Geologe *Samuel Bodmer* (1652–1724) vor, die Aareschlaufe bei Büren (das «Häftli») zu durchstechen und damit die Abflussgeschwindigkeit der Aare zu erhöhen. Die Arbeiten wurden zwar aufgenommen, wegen Opposition aus Büren blieben sie aber unvollendet. Als Initiant und Ingenieur der Kanderumleitung (1711–1714) machte sich Samuel Bodmer später über die Grenzen hinweg dennoch einen Namen.
- 1749 veranlasste der Berner Artilleriemajor *Anthoni Benjamin Tillier* (1709–1759) Räumungen im Zihlbett bei Nidau sowie den Abriss der Schwellen bei Brügg. 1758 waren die Arbeiten beendet, die erwünschte Wirkung blieb indes aus.
- Der Walliser Ingenieur *Pierre Joseph de Rivaz* (1711–1772) riet 1760 zur Grabung eines neuen Kanals für die Zihl, um störende Kiesbänke zu umgehen. Er hoffte, damit den Bielersee absenken zu können. Möglicherweise standen de Rivaz zu unge-

Pierre Joseph de Rivaz.

naue Instrumente zur Verfügung (PETER 1922: 6); jedenfalls schlug auch dieses Projekt fehl.

• Einen ähnlichen Plan wie de Rivaz verfolgte der aus Norditalien stammende und in Savoyen ausgebildete Ingenieur *Antonio Maria Mirani* (1712–1778). Als weitergehende Massnahme schlug er vor, den Schuttkegel bei Brügg, wo die Schüss in die Zihl mündete, abzugraben. Der Vorschlag blieb jedoch unbeachtet.

• Dem Berner (Münster-)Werkmeister *Niklaus Hebler* (1728–1796) fiel als erstem die Problematik der Rückstauung der Zihl bei Meienried auf (siehe auch S. 39f.). Er verfocht deshalb die Idee, die Mündung der Zihl in die Aare weiter flussabwärts zu verschieben. Büren stellte sich aber erneut quer. Die Stadt befürchtete, durch die Verlegung der Flüsse den einträglichen Wasserzoll zu verlieren, womit auch dieses Projekt in die Schublade versenkt wurde.

• In den 1780er-Jahren erwog der Berner Artilleriehauptmann *Andreas Lanz* (1740–1803) als erster die Ableitung der Aare in den Bielersee.

• Abgesehen von ein paar Kiesaushebungen in der Zihl, unter der Leitung von Hauptmann Schlatter, wurden um die Jahrhundertwende keine Arbeiten durchgeführt und keine weiteren Projekte vorgelegt. Hierfür waren die Zeiten allzu turbulent: Französische Revolution (1789), der Einmarsch Napoleon Bonapartes in die alte Eidgenossenschaft (1798) und schliesslich die der französischen Besetzung nachfolgenden Wirren innerhalb der Schweiz (bis 1814) liessen die Hochwasserproblematik im Seeland in den Hintergrund treten. Dafür rief sich die Natur umso mächtiger in Erinnerung: zwischen 1815 und 1819 kam es zu einer Serie von Überschwemmungen; 1816 fiel der Sommer komplett aus. Ermutigt durch die erfolgreiche Linthkorrektion (1807–1811), nahm die Berner Regierung einen erneuten Anlauf zur Korrektion der Juragewässer. Sie beauftragte den badischen Oberstleutnant und dortigen Direktor der Strassen-, Brücken- und Wasserbauten *Johann Gottfried Tulla* (1770–1828), ein neues Korrektionsprojekt auszuarbeiten. Tulla war ein versierter Flussbauexperte, der schon Pläne für die Linthkorrektion entworfen hatte. Wie bereits zuvor Hebler, erkannte auch Tulla

Johann Gottfried Tulla.

Vom Militäringenieur zum Bauingenieur

Hauptmann Schlatter, Oberstleutnant Tulla, Oberstleutnant Hegner, Artillerieleutnant Bodmer, Artilleriemajor Tillier, Artilleriehauptmann Lanz, Genieoberstleutnant Lelewel: die Militärgrade der Promotoren früherer Pläne zur Juragewässerkorrektion lesen sich wie ein Offiziersregister. Das ist kein Zufall, denn die wichtigsten Wissenschaften des Flussbaus sind Vermessung, Kartografie, Hydrologie und Hydraulik. Deren Hauptanwender waren lange Zeit militärische Stellen. Die Armee hatte naheliegenderweise ein grosses Interesse an genauen Kartenwerken und war oft auch verantwortlich für den Bau und den Unterhalt von Strassen, Brücken, Kanälen oder Festungswerken. Viele Bauingenieure waren deshalb ursprünglich Militäringenieure (VISCHER 2003: 29).

das Problem der Geschiebeablagerungen und der Rückstauung der Zihl bis in den Bielersee. Wie Hebler schlug er deshalb vor, die Flüsse zu begradigen und sie unterhalb von Büren oder sogar erst bei Altreu zusammenzuführen. Damit hätten der Bieler- und Neuenburgersee tiefer gelegt werden können. Den Bernern war dieses Projekt aber zu teuer – dies umso mehr, als dass sich die Nachbarkantone Freiburg, Waadt und Neuenburg – die auf Empfehlung Tullas angefragt worden waren – nicht an den Kosten beteiligen wollten. Tulla wartete indessen noch mit einem weitaus kühneren Vorschlag auf: Um die Geschiebeproblematik ein für alle Mal aus der Welt zu schaffen, sollte die Aare zwischen Kerzers und Fräschels in den Neuenburger- oder Bielersee abgeleitet werden. Aber

Die richtige Karte

Wer heute mit Hilfe einer Karte aus dem 18. Jahrhundert von A nach B gelangen will, kommt vermutlich nicht weit. Nicht allein wegen der darauf fehlenden Strassen und Schienen, sondern auch deswegen, weil diese Karte mit den heutigen Kartenwerken nicht viel gemein hat. Zwar waren die Karten bis Ende des 18. Jahrhunderts kunstvoll gestaltet, aber ihr Nutzwert war lediglich deskriptiv. Das heisst, sie wurden freihändig gezeichnet und basierten somit nicht auf einer Vermessung. Sie vermittelten dadurch kein exaktes Abbild der Landschaft. Die erste moderne Karte der Schweiz – die Dufourkarte – entstand erst zwischen 1838 und 1864. Im Rahmen des Tulla-Projekts leistete der Mathematik- und Physikprofessor Friedrich Trechsel (1776–1849) im Seeland jedoch bereits wertvolle Vorarbeiten für die Dufourkarte (siehe Abb. oben). Davon profitierte nicht nur Tulla, sondern auch Richard La Nicca, der ab 1840 Korrektionspläne für die Juragewässer erstellte. La Nicca stützte sich im Wesentlichen auf die Karten Trechsels.

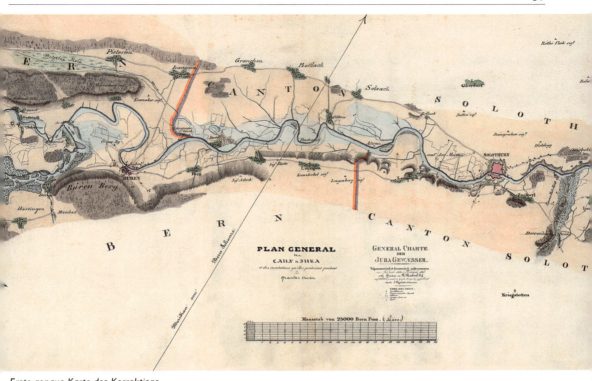

Erste genaue Karte des Korrektionsgebietes: «General Charte der Jura Gewaesser». Aufgenommen 1816/1817 durch F. Trechsel, gezeichnet durch J. Opfikofer.

auch dieses zweite Projekt Tullas wurde schliesslich fallen gelassen mit der Begründung: Viel zu teuer! Vischer nennt Tulla einen «Flachland-Ingenieur» und hält diesem vor, sich verrechnet zu haben. Tullas Projekt ging davon aus, dass man eine 2,4 bis 3,6 Kilometer breite Hügelkette durchgraben müsse, um die Aare in den Bielersee abzuleiten. Vischers Kritik: Tulla übersah die Lücke im Hügelzug, durch die später der Hagneckkanal gestochen wurde – und der schliesslich «nur» eine Länge von 900 Meter mass (VISCHER 2003: 107).

• Die Überschwemmung von 1823 löste einmal mehr Aktivitäten in der Berner Regierung aus. Sie wandte sich deshalb an den Zürcher Oberstleutnant *Salomon Hegner* (1789–1869). Als Oberaufseher des Schwellen- und Strassenbaus des Kantons Zürich und nebenamtlicher Linthingenieur war er zwar ein ausgezeichneter Fachmann, er brachte aber keine neue Ideen ein, die einem umfassenden Korrektionsprojekt zum Durchbruch verholfen hätten. Erneut lehnte die Berner Regierung eine Begradigung der Aare ab. Immerhin rang sie sich zu Korrektionsarbeiten an der Zihl durch. Kies wurde ausgebaggert und der Schuttkegel der Schüss abgetragen. Die Schüss selber wurde in den Bielersee umgeleitet, was Madretsch und Biel vor weiteren Schüss-Überschwemmungen erlöste.

Salomon Hegner.

• Als Johann Rudolf Schneider und seine Mitstreiter bereits in Aktion getreten waren, beauftragte die Berner Regierung 1833 den aus Warschau stammenden Genieoberstleutnant *Johann Lelewel* (1796–1847).

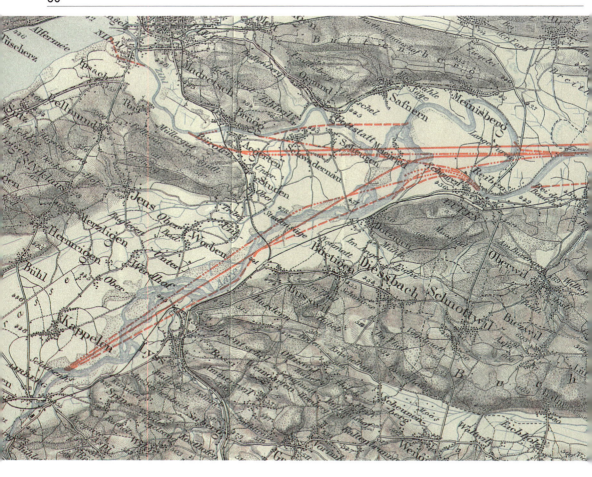

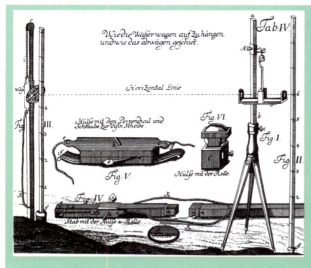

Fehlendes Wissen über Topografie und Hydrologie

Damit eine Flusskorrektion erfolgreich ausgeführt werden kann, braucht es klare Vorstellungen über die Höhenkoten, die Wasserstände und die Gefällsverhältnisse. Im Zeitalter von GPS, Satellitenbildern und Lasertechnik ist die Vermessung der Landschaft, die Bestimmung von Höhe und Gefälle sowie der Abflüsse, und damit die Festlegung von Dammhöhen oder Linienführung für einen ausgebildeten Wasserbauingenieur keine Hexerei. Das ausgedehnte, flache Seeland und das komplizierte Zusammenspiel von Murten-, Neuenburger- und Bielersee stellten indes die Ingenieure von früher vor eine schier unlösbare Aufgabe. Schliesslich standen ihnen nur einfache Messinstrumente zur Verfügung: Höhenbestimmungen liessen sich kaum genauer als auf 1 bis 2 Fuss (1 Fuss = zirka 30 cm) vornehmen, Pegel- und Abflussmessungen waren selten und ungenau. Viele frühe Korrektionsmassnahmen scheiterten deshalb an den mangelnden topografischen und hydrologischen Grundlagen (Vischer 2003: 30ff.).

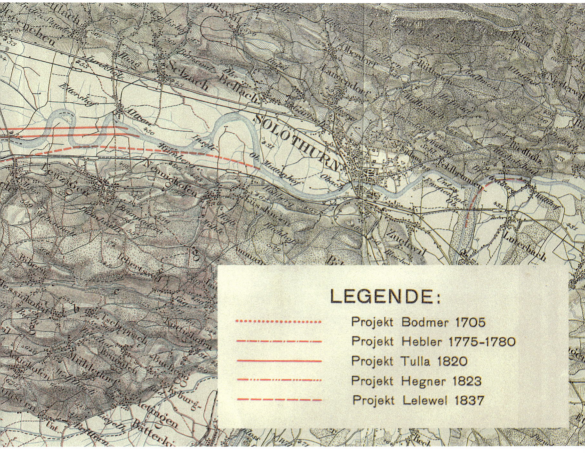

Diverse Korrektionsprojekte aus dem 18. und 19. Jahrhundert.

Der in Biel ansässige polnische Flüchtling hatte sich bereits mit dem Bau der Strasse Schönbühl–Münchenbuchsee–Lyss einen Namen gemacht. Er hielt sich an die Projekte Heblers und Tullas, schlug aber gleichzeitig vor, die Mündung der Emme weiter flussabwärts zu verlegen. Wie unzählige Projekte zuvor, wurden auch Lelewels Vorschläge letztlich nicht umgesetzt und verschwanden in den Archiven der Verwaltung (MÜLLER 2004: 143).

• Nach einem über 150-jährigen Trauerspiel gab Bern 1839 auf und überliess das Projekt «Juragewässerkorrektion» einer privaten Gesellschaft.

Die Linthkorrektion als Vorbild für die Juragewässerkorrektion

Auch die Bevölkerung längs der Linth und am Walensee hatte lange Zeit unter Überschwemmungen und zunehmender Versumpfung der Ebenen gelitten. Dank des Linthkanalbaus (1807–1816) zwischen Walen- und Zürichsee gelang es, das Gebiet vor weiteren Hochwassern zu sichern. Hans Konrad Escher gilt als Vater der Linthkorrektion und erhielt dafür von der Tagsatzung den Titel «von der Linth». Er warb für das Bauvorhaben, trat als Organisator auf und wirkte zeitweilig auch als Bauleiter. Die Linthkorrektion diente den Promotoren der Juragewässerkorrektion stets als Vorbild, obwohl die Grösse des Seeländer Projektes die Korrektion der Linth bei weitem übertraf.

Auf Spurensuche im Dreiseenland

Während die betroffenen Seeländer immer wieder fassungslos ins Überschwemmungsgebiet hinausstarrten, stritten sich derweil Politiker und Experten, aber auch gewöhnliche Bürger, endlos über die Vor- und Nachteile dieses oder jenes Projekts. Sie wägten ab, welche Idee die Juragewässer besser zu korrigieren vermöge, wer mit welchem Projekt hier etwas Land zu gewinnen und dort etwas zu verlieren hätte, und fragten sich bang, wer die Korrektionsarbeiten bitte schön bezahlen solle.

1865 publizierte das radikale «Berner Blatt» eine vierteilige Serie über die dramatische Lage im Seeland. Im Zentrum der Artikel stand die Frage, weshalb die Juragewässerkorrektion nicht endlich in Angriff genommen werde: *«Mit vollem Recht wird die Juragewässerkorrektion die alte Seeschlange genannt»*, schrieb der Korrespondent des Berner Blatts und kritisierte die endlosen Verzögerungen: *«Es gibt kaum eine andere Frage in der Schweiz und hat kaum je eine gegeben, die zu so endlosen Erörterungen*

Verheerend für den Bauern: überschwemmtes Feld.

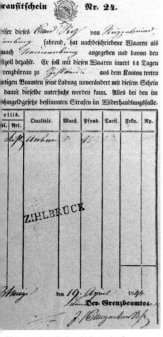

Kein einheitlicher Wirtschaftsraum: Vor der Bundesverfassung 1848 wurden an den Kantonsgrenzen Zölle erhoben. Transitschein von 1844 für Durchgangszoll in Zihlbrück.

geführt hat wie diese. Man darf sich daher nicht wundern wenn nachgerade die Zahl derer, die an der Ausführung verzweifeln, sehr gross geworden ist [...] Der Gedanke, den wunderhübsch gelegenen Landstrich längs der Aare und Zihl von Aarberg abwärts und längs dem Murten-, Neuenburger- und Bielersee vor Ueberschwemmungen sicher zu stellen und zugleich zu Entsumpfung der Mööser Gelegenheit zu geben, ist nahe liegend und sehr alt. Man wundert sich billig darüber, dass nicht schon lange hand an's Werk gelegt worden.» (BERNER TAGBLATT vom 28.9.1865).

Die Frage nach den Ursachen für die endlose Verschleppung des Projekts war berechtigt. Die Zeitung nahm dabei kein Blatt vor den Mund und monierte, dass die bisherigen Projekte nicht allein an technischen Schwierigkeiten oder knappen finanziellen Mitteln gescheitert seien. Wichtigster Hemmschuh war vielmehr ein auch in heutiger Zeit noch bekanntes Phänomen, nämlich der «Kantönligeist»: *«Ein Haupthaken besteht darin, dass fünf, sage fünf Kantone zusammenstehen sollen, um das grosse Werk auszuführen. Eine Einigung zu Stande zu bringen hält begreiflicher Weise schwer. Bern und Solothurn marschiren ordentlich zusammen. Neuenburg wollte immer geltend machen, es sei beim Unternehmen nur indirekt betheiligt und wirklich bringt dasselbe nur wenigen tausend Jucharten neuenburgischen Gebiets erheblichen Vortheil. [...] Anders verhält es sich mit Waadt und Freiburg. Ersterer Kanton hat nächst Bern das grösste Entsumpfungsgebiet, aber dasselbe ist den Ueberschwemmungen nicht ausgesetzt oder nur in geringen Masse. Deshalb widerstrebt es ihm mit Bern gemeinschaftliche Sache zu machen. Auch tröstete man sich vielleicht mit dem Gedanken, Bern führe die Aar- und Zihlkorrektion zuletzt auf eigene Faust aus, dadurch erfolge eine Tieferlegung der Seen und ohne weitere Opfer sei es dann möglich die Mööser im Broyebezirk und bei Orbe zu entsumpfen. Freiburg spekulierte in ähnlicher Weise.»* (BERNER TAGBLATT vom 30.9.1865).

Der Korrespondent nahm aber auch Bern nicht von seiner Schelte aus – denn auch hier regte sich Widerstand: *«In den Moosgegenden, wo die Ueberschwemmungen selten eintreten und unerheblichen Schaden anrichten, möchte man lieber nicht in dem Ding sein, d. h. es will den Leuten nicht recht in den Kopf, dass sie irgend welche Opfer bringen sollen, und doch können die Mööser ohne Tieferlegung der Seen nie und nimmer entsumpft werden.»* (BERNER TAGBLATT vom 30.9.1865).

Das Fehlen der nationalen Identität

Wir müssen uns an dieser Stelle vor Augen führen, dass diese Zeilen wenige Jahre nach der Gründung des Schweizer Bundesstaates 1848 niedergeschrieben wurden. Anders ausgedrückt: Die Schweiz – oder was wir heute darunter verstehen – zählte gerade Mal 17 Jahre. Eine spezifisch schweizerische Mentalität war erst im Entstehen begriffen. Noch bis 1798 konnte von einer solchen überhaupt keine Rede sein. Pfister und Summermatter bringen es auf den Punkt: «Die alte Eidgenossenschaft war in rechtlicher, sprachlicher, konfessioneller und geografischer Hinsicht wie ein Flickenteppich zersplittert. Dieses Gebilde war nicht in der Lage, jene Emotionen hervorzurufen, die zur Schaffung eines ‹Wir-Bewusstseins› erforderlich sind. Dies wurde erst im Rahmen einer territorial klar begrenzten Eidgenossenschaft möglich, wie sie erstmals 1798 entstand.» (PFISTER, SUMMERMATTER 2004: 56).

Was für die Schweiz im Allgemeinen zutraf, galt für das Seeland im Besonderen. Kaum eine andere Schweizer Region wies auf so kleinem Gebiet eine solche Vielfalt an sprachlichen, kulturellen, wirtschaftlichen, politischen und religiösen Unterschieden auf: Fünf Kantone – Bern, Freiburg, Neuenburg, Solothurn und Waadt – teilten sich die Region

Nach dem Sturz Napoleons 1815: Der Berner Bär fordert die waadtländische Rebe und die aargauische Getreidegarbe zurück und wird dabei von einem russischen Lanzenträger behindert.

Freischarenzug 1845 in Luzern. Zeitgenössische Darstellung in «The Illustrated London Newspaper».

untereinander auf. Bern, Neuenburg und die Waadt waren mehrheitlich protestantisch, Solothurn und Freiburg katholisch. Die Waadt wurde bis 1798 von den Bernern beherrscht, der Kanton Neuenburg trat erst 1815 der Eidgenossenschaft bei. Die Neuenburger waren sich aber bis 1856 darüber nicht im Klaren, ob sie nun völlig zur Schweiz oder weiterhin auch noch zu Preussen gehörten. Das Fürstbistum Basel, das mit Biel in die Seenregion hineinragte, verfolgte ebenfalls eigene Interessen. Als es 1815 grösstenteils Bern zugeschlagen wurde, fiel damit die alte Grenze zwischen Nidau (Kanton Bern) und Biel (Fürstbistum Basel), was sich in der Folge positiv auf die weitere Entwicklung auswirkte. Die Differenzen machten vor den Kantonsgrenzen aber keineswegs Halt, vielmehr setzten sie sich innerhalb der Stände fort: Im Kanton Bern gab es französischsprachige Minderheiten. Das katholische Freiburg wies im Seebezirk eine

Vom Ancien Régime zum Bundesstaat

Im 18. Jahrhundert wurden auch in der Schweiz die sozialen Ungerechtigkeiten des Ancien Régime zunehmend kritisiert. Das politisch benachteiligte Bürgertum verlangte Mitbestimmung sowie die Handels- und Gewerbefreiheit. Die vom politischen Leben ausgegrenzten Bauern forderten die rechtliche Gleichstellung mit den Stadtbürgern und ein Ende der hohen Feudalabgaben. Doch erst der Einmarsch der französischen Armee 1798 beendete das Zeitalter der Aristokratie in der Schweiz. Die neue helvetische Regierung befreite auch die ehemaligen Untertanengebiete: Aargau und Waadt lösten sich aus der Berner Herrschaft und wurden selbstständige Kantone. Nach dem Sturz Napoleons 1814 wurde auch in der Schweiz versucht, das Rad der Zeit wieder zurückzudrehen. Doch die grossen Ideen der Helvetik – Volkssouveränität und bürgerliche Freiheits- und Gleichheitsrechte – blieben auch im Zeitalter der Restauration lebendig. In verschiedenen Kantonen traten demokratische Verfassungen in Kraft. Diese Zeit der «Regeneration» spaltete jedoch die Schweiz: Die Radikalen traten für Freiheit, Demokratie und eine geeinte Nation ein, während die gemässigteren Liberalen an einem nationalen Wirtschaftsraum interessiert waren. Die Konservativen ihrerseits verteidigten ihre alten Vorrechte, die Souveränität der Kantone und die Autorität der Katholischen Kirche.

Die beiden Freischarenzüge der Radikalen von 1844 und 1845 hatten zum Ziel, die konservative Luzerner Regierung zu stürzen. Daraufhin schlossen sich die konservativen Kantone zu einer Defensivallianz zusammen – dem «Sonderbund». In der Tagsatzung verfügten die Liberalen und Radikalen jedoch über die Mehrheit. Sie erklärten den Sonderbund als verfassungswidrig. Im kurzen Feldzug von 1847 bezwangen die Bundestruppen den Sonderbund. Nach dem Ende des Bürgerkriegs und mit der Gründung des Bundesstaates 1848 wurde der Grundstein für einen nationalen Binnenmarkt gelegt. Der Staat übernahm die Aufgabe, eine moderne Verkehrs-, Finanz-, Steuer-, Zoll- und Erziehungspolitik zu schaffen.

Geeinte Schweiz: Lithografie von C. Studer zur Bundesverfassung der Eidgenossenschaft von 1848.

bedeutende deutschsprachige Minderheit auf, die zudem protestantisch orientiert war.

Vor diesem Hintergrund überrascht es nicht, dass sich die Loyalität und das Gefühl einer gemeinsamen Identität auf die nähere Umgebung, das Dorf, die Stadt und auf den Kanton beschränkten. Das Entstehen einer nationalen Identität bedurfte gemeinsamer Werte und Mythen, aber vor allem Eisenbahnlinien, Schulen und nicht zuletzt der Wehrpflicht.

Das wahre Gesicht der Notstandsregion

Dem «Berner Blatt» war die schwere Hypothek der fehlenden gemeinsamen Identität, die auf dem Seeland lastete, bewusst. Deshalb nahm der Korrespondent die Leser auf eine lange Reise durch die Region mit und berichtete schonungslos über das wahre Ausmass der Schäden im Notstandsgebiet: *«Wer je per Dampfschiff die Zihl hinauf- oder hinabgefahren, den hat ein schmerzliches Gefühl angewandelt beim Anblick der von Landeron bis Zihlbrücke sich hinziehenden Sumpfgegend. In dieser prächtigen Lage zwischen Neuenburger- und Bielersee, am heimeligen Jura, von Rebbergen umgeben, plötzlich eine Wüste zu sehen, das ist doch wahrlich ein niederdrückendes Gefühl. Den gleichen Eindruck erhält wer von*

Moos im Seeland im ursprünglichen Zustand.

Murten nach Ins und Aarberg reist. [...] Stellt man sich auf irgend eine Höhe, so geniesst man der herrlichen Rundsicht. Aber in der Nähe umdüstert den Blick das hässliche grosse Moos. [...] Wir versetzen uns nun nach Kappelen [...] Dieselbe ist eine der verlottersten im Kanton Bern. Sie ist den Ueberschwemmungen der Aare ausgesetzt und das hat die Leute nach und nach mutlos gemacht. [...] Jetzt sinkt sie immer tiefer und nach jeder neuen Ueberschwemmung wird es schlimmer. Es ist entsetzlich in Steuerregister fort und fort die Bemerkung zu lesen, dass die Aare da ein Stück Land und dort eines weggeschwemmt hat. [...] Gegenüber der Aare liegt Lyss. Dort hat man die nämliche trostlose Erscheinung, dass die Aare fortwährend Land wegschwemmt. Viele Jucharten sind seit wenigen Jahren verschwunden. Zudem lastet auf dem der Ueberschwemmung ausgesetzten Lande eine erdrückende Schwellenpflicht. Zehnten und Bodenzinse waren ein Spass gegenüber dieser Last. – Weiter abwärts, jenseits der Aare, kommen wir nach Worben. Der ganze Gemeindebezirk sammt und sonders liegt nicht nur im Entsumpfungs- sondern im Ueberschwemmungsgebiet. Wie traurig ist es für eine Gemeinde jedes Jahr erwarten zu müssen, dass die Arbeit des ganzen Jahres durch Wasserverheerungen vernichtet wird! Nicht viel besser daran sind die Gemeinden Studen und Aegerten. Schwadernau und Scheuren besitzen nur wenig Land, das nicht ins Ueberschwemmungsgebiet gehört. Safnern, Orpund und Meinisberg haben ebenfalls viel zu leiden, ebenso die näher um Nidau gelegenen Gemeinden. Der Bezirkshauptort hat auch den Trost das ganze Gemeindeareal zum Entsumpfungsgebiet zählen zu können. Am traurigsten sieht es jedoch in Meienried aus und wenn Dr. Schneider, der dort das Licht der Welt erblickt, es sich schon zur Lebensaufgabe gemacht hat, die Juragewässerkorrektion zu Stande zu bringen zu helfen, so findet man dieses sehr natürlich. Dieser Gemeindebezirk zählt nur noch etwa 80 Jucharten. Eine grössere Fläche ist im Laufe der Zeit, namentlich aber in den letzten Jahren von der Aare verschlungen worden! Die Zihl, die hier in die Aare einmündet, richtet ebenfalls Schaden an und beide Flüsse bilden beinahe einen See. Während der Schreiber dieses in Meienried war, schwoll

Überschwemmung vor der Zweiten Juragewässerkorrektion.

Buhnen zum Schutz des Aussenufers, nach J. von Schemerl, 1809.

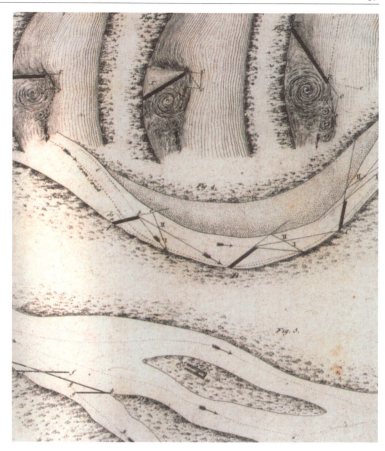

> **Schwellenpflicht**
> Zur Bekämpfung der Erosion schützten die Anrainer das Flussufer früher auf verschiedene Arten und Weisen. Man errichtete etwa quer zum Flussbett Schwellen, damit die Flusssohle weniger weggeschwemmt wurde und/oder verstärkte die Ufer längsseitig, um die Uferzone vor Erosion zu schützen. Flussanstösser unterlagen oft einer so genannten «Schwellenpflicht», dies bedeutete, die Gemeinden und deren Bevölkerung waren verpflichtet, Schwellen und andere Schutzvorrichtungen nach bestem Wissen und Gewissen instand zu halten. Diese Schwellenpflicht belastete viele Gemeindekassen enorm.
> Auch mit so genannten Buhnen oder Spornen versuchte man die Uferzone zu schützen. Das sind Querwerke – oder gleich ganze Serien davon – die vom Ufer in den Fluss hinaus ragen. Buhnen und Spornen können sich aber auch negativ auf das System auswirken. Einerseits führen sie zu ungewollten Aufstauungen und andererseits schützen sie nur jene Uferseite, an der sie errichtet wurden; das gegenüberliegende Ufer wird dadurch vom Wasser stärker beansprucht (VISCHER 2003: 44).

die Aare infolge von Regengüssen in den obern Gegenden sehr bedeutsam an und ununterbrochen stürzte krachend hier ein Stück Erdreich und dort eines in die Wellen. Es sollte Jeder, der von seinem Kirchthurme aus die Juragewässerkorrektion zu beurtheilen geneigt ist, einen Tag auf der Halbinsel Meienried sich aufhalten müssen. Was gilts es gienge eine Sinnesänderung vor? Bernervolk hast Du denn kein Herz für diese unglücklichen Gemeinden von Kappelen abwärts bis Meienried? Sind es nicht auch Landeskinder und ist es nicht eine Schmach sie ihrem Schicksale zu überlassen, wie es bisher der Fall gewesen?» (BERNER BLATT vom 3. Oktober 1865).

Mangelnder politischer Wille

«Fehlende politische Einsicht, mangelnde Kredite und unzulängliche technische Kenntnisse» haben gemäss Vischer dazu geführt, dass die von einem Dutzend Experten ausgearbeiteten Projekte entweder gar nicht oder nur zaghaft ausgeführt wurden (VISCHER 2003: 107). Zudem betrachtete die Berner Regierung die Wassernot im Seeland nur als eines von vielen Problemen im Kanton.

Ketzerisch lässt sich heute festhalten, dass es ein Glück war, dass keines der oben besprochenen Projekte zur Ausführung gelangt ist. Denn mit Ausnahme von Tullas Idee, die Aare in den Bielersee abzuleiten, hätten alle frühen Vorschläge das Problem nicht gelöst, sondern lediglich räumlich verschoben: Das Geschiebe hätte sich einfach weiter flussabwärts abgelagert und dort Überschwemmungen ausgelöst. Die künftigen Leidtragenden wären Solothurn und Aargau gewesen (MÜLLER 2004: 143).

> «[Er] hörte mit steigender Anteilnahme zu, wenn die Bauern von der geplanten Entsumpfung des Mooses berichteten und dabei ihre Lippen von den glühenden Schilderungen kommenden Wohlstandes sich heiss und trocken redeten... Die Ebene werde eine der blühendsten Gegenden der Schweiz, der reinste Garten Eden, so hätten die Urheber des Planes erklärt. Kein Sumpffieber gäbe es mehr, kein Alkohol werde nötig sein, um das Elend zu ersäufen; denn es werde gar kein Elend mehr geben. Man könne es sich kaum vorstellen – gute, fruchtbare Erde anstelle der sauren Böden, auf denen nicht einmal das Gras ordentlich gedieh...» (Ida F. Gerber)

Der Retter aus Meienried: Johann Rudolf Schneider

In den frühen 1830er-Jahren standen die politischen Sterne in Bern für einmal günstig. Die neue liberale Berner Kantonsverfassung von 1831 erfüllte die Bürger mit mehr Selbstvertrauen. Sie waren nun keine Untertanen mehr und damit nicht länger auf Gedeih und Verderb auf das Wohlwollen der Obrigkeit angewiesen. Zu diesem Zeitpunkt betrat Johann Rudolf Schneider (1804–1880) die politische Bühne – jener Mann, der später als «Retter des Seelandes» in die Geschichtsbücher eingegangen ist. Er kannte das Hochwasserproblem aus eigener, bitterer Erfahrung, war er doch in Meienried aufgewachsen, wo sein Vater einen Bauernhof betrieb und die Wirtschaft «zur Galeere» führte. Besser als manch anderer wusste er was es bedeutet, wenn «ds Wasser chunnt». Die Überschwemmungen, die Johann Rudolf als junger Bub erlebte, prägten sein Wesen und gaben seinem Leben eine Richtung vor. In der Absicht, «seinen» Seeländern zu helfen, wählte er das Medizinstudium. Denn früh hatte er bereits erkannt, dass zwischen der miserablen sozialen und gesundheitlichen Situation der Seeländer Bevölkerung und der versumpften Landschaft ein Zusammenhang bestand.

1828 gründete Schneider in Nidau eine Arztpraxis und Apotheke. Auch hier traf er eine bedrohliche Situation an. Nidau glich damals mit seinen Kanälen einem kleinen Venedig, und das Schloss stand noch nicht wie heute im Trockenen, sondern war ein klassisches Wasserschloss. Was aus heutiger Sicht zweifellos hübsch und romantisch anzusehen und in jedem Reiseführer eine Erwähnung Wert wäre, erfreute die Nidauer hingegen keineswegs. Im Gegenteil: Sie holten sich nicht nur alle paar Jahre nasse Füsse, die Überschwemmungen griffen auch die Fundamente ihrer Häuser an, während das Umland allmählich versumpfte. Es verwundert daher nicht, dass ein wich-

Johann Rudolf Schneider: Visionär, Pionier, Pragmatiker.

tiger Impuls für die Juragewässerkorrektion aus Nidau erfolgte. Unter dem Eindruck der Hochwassersituation der frühen 1830er-Jahre gründete der dortige Schutzverein ein Initiativkomitee, das sich der Hochwasserproblematik im Seeland annehmen sollte. Präsidiert wurde dieses Komitee von Johann Rudolf Schneider.

Am 3. März 1833 versammelte sich das Komitee in Murten. Rund 120 engagierte Männer, darunter auch einige Berner Regierungsvertreter, beschlossen, mit Hilfe einer Aktiengesellschaft die notwendigen Mittel für das Korrektionswerk zu beschaffen (siehe Abb. S. 72).

1833, erst 29-jährig, wurde Schneider erstmals in den Grossen Rat des Kantons Bern berufen, 1837 wählten ihn die Grossräte in den Regierungsrat. Von 1848 bis 1866 sass Schneider im Nationalrat des neuen Bundesstaates. Während seiner gesamten politischen Karriere lobbyierte Schneider für die Juragewässerkorrektion. Als Grossrat, Regierungsrat und dann als Nationalrat widmete er sich mit vollem Engagement der Seelandentsumpfung. Schneider war ein begnadeter Kommunikator, und mit grossem politischem Geschick sicherte er sich die Unterstützung einflussreicher Politiker.

Aber auch ausserhalb der Ratssäle warb der radikale Politiker für das Projekt. In den 1830er-Jahren betrieb er sogar eine eigene Druckerei, wo unter anderem «Die junge Schweiz» – das zentrale Organ der radikalliberalen Bewegung – entstand. Es ist daher nicht verwunderlich, dass

Orthofoto vom Häftli

Johann Rudolf Schneiders kühne Vision

Sein ganzes Leben lang stand Johann Rudolf Schneider als treibende Kraft hinter der Juragewässerkorrektion. Ob als Arzt, Publizist oder Politiker, sein ganzen Wirken hatte nur ein Ziel: die Entsumpfung des Seelandes. Der Arzt Schneider wollte die Bevölkerung vor Seuchen, Krankheit und Not bewahren. Der Politiker Schneider bekämpfte sein Leben lang die Armut und forderte eine «starke Centralregierung». Denn nur ein Bundesstaat, so der Meienrieder, könne ein Entsumpfungsprojekt dieser Grössenordnung durchführen. Der Publizist Schneider griff zur Feder und gründete eine eigene Druckerei, um möglichst alle zu erreichen: Politiker, Bauern oder Grundbesitzer, egal ob diese im Seeland, im Oberland oder im Emmental zu Hause waren – er wollte so viele Menschen wie möglich von der Dringlichkeit der Juragewässerkorrektion überzeugen – was ihm zuletzt auch gelang!

Wichtige Lebensdaten:

1804	Geburt am 23. Oktober in Meienried als sechstes und letztes Kind eines Bauern- und Wirteehepaars
1821	Beginn einer Apothekerlehre, die er nach einem halben Jahr wieder abbricht
1821–1825	Medizinstudium an der Akademie in Bern, die wegen Ärztemangels auch Bauernsöhne mit geringer Schulbildung aufnimmt
1825–1826	Studien an der Friedrich-Wilhelm-Universität in Berlin
1827	Examen zum Stadtarzt an der Akademie in Bern
1828	Beim zweiten Anlauf besteht Schneider im Mai die Prüfung zum Wundarzt; im August desselben Jahres erwirbt er in Nidau eine Apotheke und eröffnet dort eine Arztpraxis
1832	Heirat mit Lucie Dunant, Tochter eines Uhrenfabrikanten; gemeinsam ziehen sie zehn Kinder auf
1833	Der Nidauer Schutzverein wählt Schneider im Februar zum Präsidenten einer Kommission, die sich der Hochwasserproblematik im Seeland annehmen soll; im Dezember wird er in den Grossen Rat gewählt, den er nach einem Zerwürfnis nach 15 Monaten wieder verlässt
1835	Publikation der berühmten Schrift «Gespräche über die Überschwemmungen im Seelande der westlichen Schweiz; über die Mittel zur Austrocknung und zum Ausbau seiner Sümpfe und Möser»
1836	Zweite Wahl in den Grossen Rat
1837	Der Grosse Rat wählt Schneider in den Regierungsrat; dort wird er zum obersten Medizinalbeamten des Kantons
1838	Aufgabe der Arztpraxis in Nidau und Umzug nach Bern; Ende Jahr erhält er von der neu gegründeten Hochschule in Bern einen Ehrendoktortitel
1839	Der Regierungsrat überlässt die Juragewässerkorrektion einer privaten Gesellschaft; Schneider gründet die «Vorbereitungs-Gesellschaft», um an der Ausschreibung teilnehmen zu können
1846	Die Radikalen erreichen im Grossen Rat die absolute Mehrheit; zusammen mit den Seeländer Radikalen Jakob Stämpfli und Ulrich Ochsenbein zieht Schneider erneut in die Berner Kantonsregierung ein
1847	Schneiders Versuch, die Armenpflege zu reformieren und ein neues Armengesetz zu erlassen, scheitert
1848	Schneider wird Nationalrat im neuen Bundesstaat
1850	Nach dem Sieg der Konservativen in Bern verliert Schneider sein Amt als Regierungsrat; kurz darauf nimmt er die Ernennung zum Arzt im Berner Inselspital an
1853	Erste Früchte der stetigen Lobbyarbeit: Die konservative Berner Regierung gibt beim Bund ein Gesuch um Bundessubventionen für die Juragewässerkorrektion ein
1867	Die Bundesversammlung beschliesst, die Juragewässerkorrektion unter der Oberaufsicht des Bundes durchzuführen
1878	Mit Abschluss der Arbeiten am Hagneckkanal erlebt Schneider die Umsetzung seines grossen Lebensziels
1880	Tod am 14. August

(SCHLOSSMUSEUM NIDAU 2004: Reto Müller)

Erstausgabe der von Johann Rudolf Schneider herausgegebenen radikalen Zeitung «Die junge Schweiz».

sich «Die junge Schweiz» vehement für die Korrektion der Juragewässer einsetzte, zumal die entsprechenden Artikel höchst wahrscheinlich aus der Feder Schneiders selber stammten (GYGAX 1967: 31.)

Am berühmtesten machte ihn indessen sein populäres Büchlein «Gespräche über die Überschwemmungen im Seelande der westlichen Schweiz; über die Mittel zur Austrocknung und zum Ausbau seiner Sümpfe und Möser». In Gesprächsform lässt Schneider darin verschiedene Gruppen der Bevölkerung zu Wort kommen. Sie schildern die Überschwemmungen und ihre Not. Ganz Arzt, stellte Schneider daraufhin seine Diagnose: Krankheiten, Seuchen und die giftigen Pflanzen haben ihre Ursache in den Überschwemmungen. Therapie: Bändigung der Gewässer, Kanalisierung der Flüsse, Entsumpfung der Moore (SCHLOSSMUSEUM NIDAU 2004: Reto Müller).

Die Vorbereitungsgesellschaft

Die Mitglieder des Nidauer Initiativkomitees waren sich anfangs nicht einig darüber, welches Projekt sie in den Vordergrund stellen sollten. Die Behörden favorisierten nach wie vor jenes von Lelewel. Zusammen mit seinem Freund, dem Advokaten und radikalen Politiker Ulrich Ochsenbein (1811–1890), bereiste Schneider 1837 deshalb das Walenseegebiet. Die gelungene Linthkorrektion – also die Umleitung der Linth in den Walensee – überzeugte die beiden. Auch für die Juragewässer kam für sie nur noch eines in Frage: die Ableitung der Aare in den Bielersee!

Unterdessen hatte der Grosse Rat eine «Special-Commission» eingesetzt, die zu den Fragen, ob eine partielle oder gesamte Korrektion vorzuziehen sei, und ob eine solche von Privaten oder vom Staat durchgeführt werden soll, Stellung nehmen sollte. Vorsitzender dieser Kommission war kein anderer als Regierungsrat Johann Rudolf Schneider. Der Kommissionsbericht liess erwartungsgemäss keine Zweifel offen: Es sei an der Zeit, die *«Landplage der Überschwemmungen»* zu beseitigen, lautete das Fazit der «Special-Commission». Angesicht der leeren Staatskasse empfahl sie der Regierung, sie *«möge sich zum Behufe der Correction der Jura-Gewässer und der Entsumpfung der Mööser im betreffenden Gebiete für die Bildung einer Actiengesellschaft aussprechen»*. Die Kommission schränkte aber ein, dass mit einer Aktiengesellschaft allein das Projekt kaum auszuführen sei. Staatliche Unterstützung sei daher dringend notwendig. Konkret: die Schaffung günstiger rechtlicher Rahmenbedingungen, wie dem Erlass notwendiger Gesetze zur Landenteignungen. Am Schluss ihres Berichts fügte die Kommission schmeichelhaft an, dass auch die

Kreisschreiben.

Ein ziemlich zahlreicher Verein von Bewohnern des Oberamtes Nidau, welcher, so viel ihm möglich ist, das Unternehmen der zur Tieferlegung der Juragewässer und Entsumpfung ihrer Umgegenden nöthigen Wasserkorrektionen einzuleiten beschlossen hat, ladet Sie anmit ein, künftigen Sonntag, den 3. März, des Morgens um 10 Uhr in Murten, im Gasthause zur Krone, einer allgemeinen Versammlung beizuwohnen, welche zur Berathung dieses Gegenstandes veranstaltet wird.

Es soll durch diese Versammlung allen denjenigen Männern, welchen das genannte Unternehmen entweder aus persönlichem, oder aus einem gemeinnützigen und vaterländischen Interesse wichtig ist, der Anlaß verschafft werden, sich die hierauf bezüglichen Wünsche und Ansichten mitzutheilen.

Die Unterzeichneten hoffen, es werde dadurch das nicht unwichtige Ergebniß herbeigeführt werden, daß man möglichst allgemein über die Wahl der zweckdienlichsten Maßregeln sich vereinige.

Als eine solche ist das einladende Comité beauftragt, den Weg einer bedingten Subscription vorzuschlagen, und wird daher unvorgreiflich den von ihm vorberathenen und genehmigten Entwurf einer Subscriptions-Eröffnung für freiwillige Beiträge sowohl, als für verhältnißmäßige Entschädigungen von Seite der betheiligten Grundeigenthümer, der Berathung der sich einfindenden Vaterlandsfreunde unterwerfen, damit derselbe unverzüglich in Zirkulation gesetzt werden könne, wenn er Beifall finden sollte.

Indem wir nicht zweifeln, daß diese Versammlung uns durch zahlreichen Besuch, so wie durch die Einsicht und den Gemeinsinn der Antheilnehmenden um einen bedeutenden Schritt unserm Zwecke näher bringen werde, verharren wir mit Hochachtung und Ergebenheit

Namens des einladenden Comités:

Der Präsident
J. Rud. Schneider Dngl.

Nidau d. 24 Feb. 1833.

Der Sekretär:
Küpfli, Pfarrer.

Einladung des Nidauer Initiativ-komitees vom 24. Februar 1833 für die Versammlung in Murten.

Das Hochwasser in den Worten Johann Rudolf Schneiders

In seinen Schriften beschrieb Johann Rudolf Schneider die Überschwemmungen eindrücklich, wie folgendes Beispiel zeigt:

«Wahrlich ein trauriger, schrecklicher Anblick, so viele tausend Jucharten fruchtbares Land mit allen seinen Früchten unter Wasser begraben zu sehen! Das Unglück ist unermesslich. Verloren, gänzlich verloren sind die Früchte des eisernen Fleisses dieser arbeitsamen Bevölkerung. Es scheinen die drei Seen von Murten, Neuenburg und Biel nur ein grosses Wasserbecken zu bilden. Landeron und Nidau stehen wie eine Häuserinsel mitten in demselben. Ein Reisender erzählte mir heute, es seien auch die obere Broye und die Orbe ausgetreten, die Möser von Chablais, Orben und Iferten [Yverdon, Anm. des Autors] stünden ebenfalls unter Wasser. Furchtbar muss gestern noch der Anblick gewesen sein, als auch die Ebene vom Jensberg bis Solothurn durch die Aare überschwemmt war, die sich bereits bedeutend zurückgezogen hat.

Unerwartet schnell stieg in der vorletzten Nacht die Aare und nahm die mit so viel Mühe ausgeführten Schwellen, Wuhren und Dämme auf grossen Strecken Landes mit sich fort; besonders zerstörend wirkte sie von Kappelen bis nach Meienried hinunter. Als ich des Morgens aufwachte, schlugen die Wellen bereits an meine Haustür; bei anderen drang das Wasser bis in die Wohnungen, ja bis in die Bettstatt der noch Schlafenden. Die Ortschaften von Schwadernau, Scheuren, Meienried, Reiben, Staad und Altreu standen ganz im Wasser. Bei Meienried stieg die Aare 21 Fuss 8 Zoll über ihren niedrigsten Stand. Unsere Wiesen waren grösstenteils abgemäht, wegen des anhaltenden Regenwetters konnte jedoch nichts eingesammelt werden, und wurde so ein Raub der Fluten, in denen auch ein Familienvater und ein Kind ihr frühzeitiges Grab fanden.

Unsere Kornfelder sind mit Schlamm, Sand und Kies überfahren; in wenigen Tagen, besonders wenn heisse Witterung eintreten sollte, werden wir kein gesundes Ährlein mehr haben. Die Kartoffeln sind durchaus verloren, die Dörfer mit zusammengeführtem Unrat angefüllt und die Wohnungen die Zufluchtstätten allen Ungeziefers geworden.» (Schneider 1835)

Berner Regierung von einer Entsumpfung des Seelandes profitieren könne. Der *«Staatsbehörde unserer Republik»* biete sich die einmalige Chance *«sich selbst ein ewiges Ehrendenkmal zu stiften […], ein Denkmal, wie es nur einer ächten Volksrepublik möglich ist»*.

Am 12. März 1839 ging die Berner Regierung auf den Vorschlag ein. Unter der Ägide Schneiders wurde rasch ein Komitee gegründet. Als dessen Vorsitzender schrieb Schneider unzählige Bettelbriefe, um möglichst viele Aktionäre zu finden. Mitstreiter Ulrich Ochsenbein verfasste die Statuten. Am 29. September 1839 war es soweit: Schneider konnte zur ersten Aktionärsversammlung einladen. Die Aktiengesellschaft wurde unter dem Namen «Vorbereitungs-Gesellschaft für die Jura-Gewässer-Correction» eingetragen. Die Aktionäre wählten Regierungsrat Schneider zum Direktor (Müller 2004: 144ff.).

Aktie von 1850 der Vorbereitungsgesellschaft für die Juragewässerkorrektion.

Richard La Niccas Auftritt

Schneider und Ochsenbein waren sich sicher, dass nur die Ableitung der Aare das Seeland künftig vor Überschwemmungen und weiterer Versumpfung schützen könne. Nicht so die übrigen Mitglieder der Vorbereitungsgesellschaft; sie misstrauten dieser Idee. In der Folge entschloss sich die Vorbereitungsgesellschaft, diese Frage gründlich abklären zu lassen und wurde zu diesem Zweck beim bekannten Bündner Kantonsingenieur Richard La Nicca vorstellig. Dieser reagierte positiv auf die Anfrage und legte bereits im November 1841 einen ersten und im März 1842 seinen definitiven «Bericht und Antrag zur Correction der Juragewässer» vor.

La Nicca zog denselben Schluss wie Tulla bereits eine Generation vor ihm: um sowohl die Entsumpfung des Mooses als auch eine Seespiegelabsenkung zu garantieren, empfahl er:

1. Die Aare von Aarberg durch den Hagneckkanal in den Bielersee abzuleiten und damit das Geschiebe im Bielersee zu versenken.
2. Die Zihl mit der Aare zu vereinigen und mit dem Bau des Nidau–Büren-Kanals den Abfluss aus dem Bielersee zu erhöhen.
3. Die Korrektion der Broye zwischen Murten- und Neuenburgersee (Broyekanal), der Zihl zwischen Neuenburger- und Bielersee (Zihlkanal) sowie der Aare zwischen Büren und der Emmemündung bei Luterbach, um Uferüberschwemmungen zu verhindern.
4. Im Grossen Moos und den angrenzenden Flächen Entsumpfungs- und Entwässerungsarbeiten auszuführen.

Richard La Nicca: Experte, Planer, Ingenieur.

La Niccas Plan begnügte sich aber nicht mit der Entsumpfung und der Seespiegelabsenkung. Mit der Geradelegung der Flüsse wollte er zudem die Bedeutung der Wasserstrassen im Seeland aufwerten.

Mit seinem Vorschlag, die Aare in Aarberg abzuleiten und diese bei Hagneck mit einem Durchstich durch den Seerücken – also durch den Hügelzug zwischen Hagneck und Bielersee – direkt in den Bielersee zu führen, stiess La Nicca indes nicht nur die Bevölkerung, sondern auch viele Techniker vor den Kopf. Die Idee war so radikal – um nicht zu sagen verrückt – dass mancher Zeitgenosse die Hände über dem Kopf verwarf: Es sei doch unlogisch, sagten die Kritiker, dem Bielersee mehr Wasser zuzuführen und gleichzeitig zu erwarten, der Seespiegel sänke ab. Es brauchte deshalb viel Überzeugungsarbeit, um der Bevölkerung verständlich zu machen, dass einzig und allein diese Vorgehensweise die Moose trocken legen und die Seespiegel absenken werde: Nur so lasse sich die Geschiebeproblematik ein für alle Mal aus der Welt schaffen und nur so können die drei Juraseen bei Hochwasser als Ausgleichsbecken dienen.

Die Vorbereitungsgesellschaft liess über 2000 Exemplare des La Nicca-Be-

Richard La Nicca (1794–1883)

Richard La Nicca war einer der bedeutendsten Schweizer Ingenieure des 19. Jahrhunderts. Nach einer kurzen Militärlaufbahn wurde er, 29-jährig, Oberingenieur Graubündens. In dieser Funktion initiierte er den Bau der Alpenstrassen über den Julier- und den Malojapass. Zu seinen grössten Leistungen als Wasserbauer gehörten die Korrektion des Hinterrheins im Domleschg, die zur grössten Kulturlandgewinnung im Graubünden führte sowie seine Mitwirkung bei den Nachbesserungen am Linthwerk und natürlich seine Arbeiten zur Juragewässerkorrektion. Leidenschaftlich widmete er sich auch der damals aufkommenden Eisenbahn. La Nicca brillierte nicht nur als Ingenieur. Auch die Qualität seiner Projektunterlagen ist legendär. Seine Zeichnungen, Skizzen und Pläne gelten heute als Kunstwerke (PSYCH. DIENSTE 2006).

Wichtige Lebensdaten:

1794	Geburt am 16. August in Tenna (Safiental, Graubünden)
1815	Offizier im piemontesischen Schweizer Regiment von König Vittorio Emanuel I.
1816–1818	Studium der technischen Wissenschaften an der Universität Tübingen
1818–1821	Assistent Giulio Pocobellis (1766–1843) beim Bau der Strasse über den San Bernardino
1820	Erste Heirat mit Ursula Fischer, diese stirbt bereits 1822
1822	Studienzeit in München, später zweite Heirat mit Cäcilia Hössli
1823	Erster Bündner Kantonsingenieur, bleibt während 31 Jahren im Amt
1826	Geniehauptmann im Generalstab
1828	Erste Pläne für eine Rheinkorrektion im Domleschg
1840–1862	Technischer Leiter des Linthwerks
1840	Erste Pläne für die Juragewässerkorrektion, diese wird später unter seiner Leitung ausgeführt
1853	Technischer Direktor der Südostbahn, widmet sich ab 1858 einem Fusionsprojekt der Gotthard- mit der Lukmanierbahn
1883	Tod am 27. August in Chur

(SPEICH 2006: 66)

William Fraisse.

richts verteilen und holte zahlreiche Stellungnahmen ein. Namentlich seien die Antworten von Guillaume-Henri Dufour (1787–1875) – dem späteren General während des Sonderbundskriegs – und jene des waadtländischen Kantonsingenieurs William Fraisse (1803–1885) erwähnt. Beide äusserten sich positiv. Am 19. November 1843 nahm die Vorbereitungsgesellschaft La Niccas Plan unverändert an. 1847 beauftragte sie den Bündner mit der Ausarbeitung eines detaillierten Projektes und 1850 reichte sie bei der Berner Regierung ein Konzessionsgesuch ein.

Die Pläne lagen also auf dem Tisch, und die Experten hatten ihre Meinung abgegeben; jetzt sollte eigentlich zur Schaufel gegriffen und zur Tat geschritten werden. Noch aber fehlte der Segen der Regierung zum Konzessionsgesuch. Das Warten war vergebens. Das erhoffte Einverständnis kam nicht!

All jene, die damals meinten, nun sei alles unter Dach und Fach, hatten sich gewaltig geirrt. Der erste Spatenstich liess noch einmal ganze 23 Jahre auf sich warten!

Erneute Wassernot im Seeland

Zum näheren Verständnis müssen wir uns in Erinnerung rufen, in welcher politischen Situation sich die Schweiz damals befand: Die Spannungen zwischen den liberalen und den konservativen Kantonen spitzten sich zu und entluden sich schliesslich in den Freischarenzügen und im Bürgerkrieg von 1847. Auch innerhalb der Kantone kam es zu politischen Auseinandersetzungen zwischen Liberalen, Radikalen und

Gegend beim Häftli im Winter: Was als Anblick heute zu gefallen mag, galt früher als wertloser Landstrich.

Konservativen (siehe auch S. 64). Da mag es kaum erstaunen, dass das Geschäft «Juragewässerkorrektion» verschleppt wurde.

Die Zeit der gewalttätig ausgetragenen politischen Debatten wussten die Gegner des Projektes indes gut zu nutzen. Sie führten technische wie finanzielle Argumente ins Feld und wollten von einer Gesamtkorrektion gemäss La Niccas Plan überhaupt nichts wissen.

Als 1850 in Bern überraschend die Konservativen die Wahlen gewannen, blieb das Projekt endgültig stecken. Die Juragewässerkorrektion, so der Geograf Martin Grosjean, wurde zum «Spielball politischen Blockdenkens» (GROSJEAN 2004: 5).

Mit der Wahl von 1850 verlor auch Schneider sein Amt als Regierungsrat und damit vorübergehend auch seinen politischen Einfluss im Kanton Bern. Seine Enttäuschung darüber war unüberhörbar. Noch drei Jahre nach seiner Abwahl beklagte er sich, er sei *«in einem Moment einer öffentlichen Stellung entrückt worden [...], die er einst einzig dieser Sache wegen angenommen, in welcher er einzig für dieselbe mit Erfolg glaubte wirken zu können»* (MÜLLER 2004: 149).

Manch ein Zeitgenosse hätte in diesem Moment die «Sache» wohl am liebsten ad acta gelegt. Doch die Naturkräfte lassen sich nicht im Aktenschrank einschliessen; sie nehmen keine Rücksicht auf parteiische, egoistische, kleinkrämerische Politiker und Meinungsführer. Meist wirken sie belebend und schenken uns Nahrung, Licht und Wärme. Doch jederzeit können die Naturelemente ungeheure Zerstörungskraft ent-

Murten 1865: Alter Hafenplatz mit Gasthaus «Schiff» vor der Ersten Juragewässerkorrektion. Noch reicht der Murtensee bis an die Häuser heran (siehe auch Abb. S. 109).

wickeln und uns alles, was wir mühsam aufgebaut und errichtet haben, wieder wegnehmen.

In den frühen 1850er-Jahren rollte Hochwasserwelle um Hochwasserwelle durch das Seeland. Die Fluten gaben eindeutig zu verstehen, dass im Seeland nicht für zweierlei Platz sei: entweder ein wildes Flusssystem mit Sümpfen, Auenwäldern, artenreicher Fauna und Flora oder ein von sesshaften Menschen bewohnter Landstrich, mit gezähmten Flüssen und trockengelegten Mooren.

Hilferufe aus dem Seeland

Die 1850er-Hochwasserereignisse fegten die letzten Hoffnungen beiseite, dass sich das Problem irgendwie von selber lösen könnte. Das Gegenteil war der Fall: das Katastrophenereignis von 1852 stellte alle bisherigen Überschwemmungen in den Schatten!

Und wie reagierte die Seeländer Bevölkerung auf die schrecklichen Ereignisse? Viele resignierten und versanken in Hoffnungslosigkeit, andere aber gaben nicht auf; sie brachten laut und deutlich ihren Willen zum Ausdruck, das Übel endlich an seiner Wurzel zu packen.

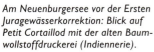

Am Neuenburgersee vor der Ersten Juragewässerkorrektion: Blick auf Petit Cortaillod mit der alten Baumwollstoffdruckerei (Indiennerie).

Die DS «Jura» um 1859 im alten Hafen Neuenburg vor der Ersten Juragewässerkorrektion.

Der Regierungsstatthalter von Büren schilderte die Stimmung von 1852: «*Die Bevölkerung sei von äusserstem Missmuth ergriffen, da sie alle Jahre beinahe die Produkte ihres Fleisses einen Raub der Ueberschwemmungen werden sehen, indem sich die schönen Hoffnungen der Abhülfe dieses stets wiederkehrenden Nothstandes durch eine Aarkorrektion nie erfüllen.*»

Die wachsende Armut und das Heer auswanderungswilliger Familien waren untrügliche Zeichen für die desolate ökonomische Situation. Der Bürener Regierungsstatthalter warnte deshalb, «*dass, wenn nicht ohne Verzug Vorsorge gegen wiederholte ähnliche Heimsuchungen getroffen, das heisst die Aarcorrection nicht bald in Angriff genommen wird, der Mittelstand dahin ist*».

Am 31. Oktober 1852 versammelten sich in Gottstatt 200 Männer und verlangten vom Grossen Rat, «*dass entweder die Correction der Juragewässer ohne Verzug nach Anträgen und Plänen des Herrn La Nicca in Vollziehung gesetzt werde, wenn dieselben ausführbar seien – oder aber dass den immer wiederkehrenden Verheerungen ohne Zögern auf andere Weise zu begegnen suche*».

Nur zwei Monate später erreichte die Regierung ein weiterer Hilferuf – dieses Mal aus den Einwohnergemeinden Worben, Studen, Schwadernau, Scheuren und Meienried: «*Und wahrlich der Nothstand, die Verschuldung und die Mutlosigkeit der Bewohner zu Wiederbestellung der preisgegeben Felder haben in den beiden letzten Jahren ihren Höhepunkt erreicht. Ohne schleunige Lösung der schon so lange schwebenden Jura-Gewässer-Correction ist der Ruin der genannten Gegend binnen kurzer Zeit vollends.*» Die Gemeinden verlangten von der Berner Regierung, dass sich diese endlich über die lokalen Grenzen hinweg zusammenraufe und eine Führungsrolle übernehme: «*Die letztjährige Ueberschwemmung hat indessen durch Zerstörung dieser Dämme auf vielen Stellen bewiesen, dass der Zweck schlechterdings nur durch vereintes, planmässiges Zusammenwirken erreicht werden kann. Dieses letztere aber ist bei den in einem so vielköpfigen Complex sich geltend machenden Lokalinteressen einerseits, und bei der durch die vorletzt und letztjährigen Ueberschwemmung vermehrten Armuth aller betheiligten Gemeinden andererseits, ohne Leitung und Unterstützung des Staats geradezu unmöglich.*» (MÜLLER 2004: 149ff.).

Schützenhilfe erhielten die Seeländer von der liberalen «Berner Zeitung»: Unter dem Titel «*Bundesbetheiligung bei der Seelandentsumpfung*» riet die Zeitung dem jungen Bundesstaat, sich in dieser Sache zu enga-

Angekommen in der neuen Welt: Auswandererfamilie aus Arch in Kansas (USA) um 1880.

gieren. Die Artikelserie war nicht gezeichnet, also anonym. Mit grosser Wahrscheinlichkeit steckte dahinter aber niemand geringerer als Johann Rudolf Schneider. Der Bund, so die «Berner Zeitung», hätte eine einmalige Chance, seine Nützlichkeit unter Beweis zu stellen: *«Wegen keinem Wirken würde der Bund mehr gesegnet werden und die Ueberzeugung von seiner Wohltat tiefer ins's Volk eindringen, als diesem.»* (Berner Zeitung vom 17. Mai 1853). Das konservative «Vaterland» hielt dagegen und warnte vor einer Einmischung des liberalen Bundesstaates (Müller 2004: 152ff.).

Der Bund ebnet den Weg

Mit der Gründung des Bundesstaates hatte sich 1848 die politische Situation grundsätzlich geändert. Die liberalen und konservativen Kantone beäugten sich zwar nach wie vor kritisch. Und es dauerte noch Jahre, bis die tiefen politischen Gräben zwischen den Ständen zugeschüttet waren und der junge Bundesstaat sich einen Platz in den Herzen der Bürger erobern konnte. Anfangs fehlte es dem jungen Staatswesen zudem an Personal.

Doch mit Artikel 21 (später 23) der Bundesverfassung stand dem Bund ein neues und praktisches Instrument zur Verfügung.

Dieser so genannte Wohlfahrtsartikel verlieh dem Bund nämlich das Recht, *«im Interesse der Eidgenossenschaft oder eines grossen Teils derselben auf Kosten der Eidgenossenschaft öffentliche Werke zu errichten oder die Errichtung derselben zu unterstützen».*

Der Artikel schien wie geschaffen für die Juragewässerkorrektion – und das war kein Zufall: Johann Rudolf Schneiders damaliger Freund, Ulrich Ochsenbein, stand nämlich der Verfassungskommission vor. Schneider hatte also einen direkten Draht in die Kommission und konnte so einmal mehr seinen Einfluss geltend machen. Später sprach Schneider selber von seinem entscheidenden Anteil an der Entstehung dieses Artikels (Fischer 1963: 389).

Die Bedeutung des Artikels 21 erkannten aber nicht nur die Seeländer: Noch rascher waren die St. Galler, sich auf diesen zu berufen. Nachdem es im Juli 1853 im St. Galler Rheintal von Ragaz bis zum Mündungsgebiet am Bodensee zu schweren Überschwemmungen und Dammbrüchen gekommen war, riefen die betroffenen Rheintalgemeinden nach Bundeshilfe. Der Nationalrat beschloss, gestützt auf eben diesen Artikel 21 der Bundesverfassung, St. Gallen 50 000 Franken *«zur Herstellung der zerstörten Wuhren und Leitwerke am Rhein»* auszuzahlen.

«Für die Seeländer Lobbyisten war dies ein Schock», fasst der Historiker Reto Müller die Reaktionen im Seeland auf diesen Bundesbeschluss zusammen. «Während sie schreibend und redend für ihr Werk Werbung betrieben, zeigten ihnen die St. Galler Gemeinden keck vor, wie man Geld aus der Bundeskasse kriegt.» (Zit. in: DER BUND vom 21.10.2004).

Nun stand Bern unter Zugzwang. Am Ende konnte auch die Regierung nicht länger ihre Augen vor den vielen Petitionen und Hilferufen aus dem Seeland verschliessen. Als am 4. Juni 1853 im Seeland das Wasser erneut über die Ufer trat, und daraufhin sogar der konservative «Oberländer Anzeiger» der Regierung riet, Bundeshilfe in Anspruch zu nehmen, rang sich die konservative Berner Kantonsregierung endlich zu einem Entschluss durch: Am 23. September 1853 reichte sie bei der verhassten liberalen Bundesregierung ein Unterstützungsgesuch für die Juragewässerkorrektion ein (MÜLLER 2004: 158f.). Einen Monat später folgte der Kanton Freiburg, der beim Bund «une contribution directe de la confédération, proportionnée à l'importance de l'entreprise» beantragte.

Die Seeländer «rannten mit ihren Bittschriften in Bundesbern offene Türen ein» (Müller 2004: 160). Der Bund reagierte rasch: Es schien, als hätte er auf diese Eingabe gewartet – was auf gewisse Art und Weise auch zutraf. Denn mit einer aktiven Teilnahme an diesem grossen Werk konnte der Bund den Schweizerinnen und Schweizern vor Augen führen, zu welchen Taten er fähig war. Am deutlichsten brachte diesen Aspekt Bundesrat Friedrich Frey-Herosé (1801–1873), der Vorsteher des Handels- und Zolldepartementes, zum Ausdruck: Er hielt eine *«Betheiligung des Bundes nicht nur thunlich, sondern für gebeten und zeitgemäss»*. Mit Verweis auf den im Rheintal angewendeten Artikel 21, *«liege es in der Pflicht und der Stellung der Bundesbehörden, der Juragewässer-Correction ihre volle Aufmerksamkeit zu widmen und auf gründliche Heilung des vorhanden Uebels hinzuwirken»*.

Erhofften die Berner ursprünglich lediglich eine finanzielle Unterstützung seitens des Bundes, erkannte der Bundesrat in der Juragewässerkorrektion ein willkommenes Prestigeobjekt zur Legitimierung des Bundes (MÜLLER 2004: 160f.). Bundesrat Frei-Herosé machte daraus keinen Hehl. Er sprach offen aus, worum es ihm ging: *«Nie wird sich eine schö-*

Aarberg 1875: Die Aare vor der Ersten Juragewässerkorrektion.

> **Hochwasser macht Staat**
> Im 19. Jahrhundert haben Katastrophen in der Schweiz eine identitätsstiftende Funktion ausgeübt, meint der Historiker Christian Pfister. Nach Hochwasserereignissen oder Bergstürzen standen die Schweizer jeweils zusammen, gründeten Hilfskomitees und sammelten Liebesgaben (so hiessen früher die Spenden). Da die Schweiz im 19. Jahrhundert keine Kriege gegen ausländische Mächte führte, welche die Schweizer hinter der Flagge zu vereinen vermochten, waren es Naturkatastrophen und deren Bewältigung, die ein «Wir-Gefühl» ausgelöst haben (PFISTER, CHRISTIAN 2002.). Auf den ersten Blick sticht dieses Argument beim Hochwasser von 1852 nicht, denn vom Bund kam damals keine Hilfe. Der junge Bundesstaat war damals innerlich noch zerrissen und mit allerlei institutionellen Mängeln behaftet. Mit der Übernahme einer aktiven Rolle bei der Juragewässerkorrektion stellte er 1854 aber seine Nützlichkeit unter Beweis. Das stärkte in den Augen der Schweizer dessen Legitimation und schuf über die Kantonsgrenzen hinweg ein Zusammengehörigkeitsgefühl.

nere Gelegenheit den Bundes-Behörden bieten, der Schweiz. Nation [...] den thatsächlichen Beweis zu leisten, dass unter der gegenwärtigen Bundesverfassung das Glück der Schweiz festgegründet ist und die Bundesgewalt die Kraft und die Mittel besitzt, grössere Unternehmungen auszuführen, welche die materielle Wohlfahrt der Nation begründen.»

Im Januar 1854 kam die «Causa JGK» unter die «Oberleitung des Bundes», und im April desselben Jahres setzten sich die Delegierten des Bundes mit den beteiligten fünf Kantonen an einen Tisch.

Damit waren die Weichen gestellt. Aber einmal mehr kam der Zug nicht in Fahrt. Das Projekt blieb sprichwörtlich wieder im seeländischen Morast stecken! Denn erstens waren noch längst nicht alle offenen Fragen beantwortet, und zweitens tunkten die Kritiker schon wieder ihre Federkiele in die Tintenfässer, um unzählige Einwände und Expertisen gegen Schneiders und La Niccas Vision zu verfassen und diese doch noch zu Fall zu bringen.

Endkampf um das Projekt La Nicca

Der Bund machte klar, dass er das La Nicca-Projekt favorisierte. Damit stiess er aber auf heftige Kritik: Freiburg und Solothurn war der La Nicca-Plan zu teuer, während Bern bezweifelte, dass die budgetierten Kosten ausreichten. Die Waadt monierte derweil, das Projekt La Nicca bringe ihrem Kanton nichts und setzte sich für ein Teilprojekt ein. Auch die Delegierten des Bundes verfolgten eigene Interessen. Für sie stand nicht mehr die Hochwasserproblematik im Zentrum. Vielmehr rückten wirtschaftliche Motive in den Vordergrund, wozu die Schiffbarmachung der Broye, der Zihl und der Aare sowie der zu erwartende Gewinn an Kulturland gehörten.

Weil sich die Vertreter von Bund und Kantonen nicht einigen konnten, forderten sie eine weitere Expertise an. Diese sollte die Frage beantworten, ob nicht auch eine Partial-Korrektion der Juragewässer das Gewünschte gewährleisten könnte. Und tatsächlich, die angefragten Eidgenössischen Experten plädierten 1854 aus Kostengründen für eine Teilkorrektion. Damit war der Expertenstreit perfekt! Unzählige Fachleute – auch selbst ernannte – verfassten Gutachten und Gegengutachten, Projekte und Gegenprojekte und stritten sich über die Kostenverteilung.

Als Beispiel sei hier der Jugendnachbar von Johann Rudolf Schneider, Emmanuel Friedrich Zehender, erwähnt. Er hatte bereits 1852 eine kleine Schrift publiziert, worin er zu beweisen versuchte, dass der Plan La Nicca untauglich und horrend teuer sei. Wiederum entbrannte ein «Zeitungskrieg»: Der liberal-konservative «Seeländer Bote» stellte sich hinter Zehender und goss mit polemischen Artikeln zusätzlich Öl ins Feuer (GYGAX 1967: 34ff.). Das war damals ein durchaus üblicher Vorgang. Denn die meisten Zeitungen verstanden sich als politische Kampfblätter und nutzten jede sich bietende Gelegenheit, den politischen Gegner zu diffamieren – in diesem Fall eben den radikalen Politiker Johann Rudolf Schneider. Die radikale «Neue Jura-Zeitung» stellte sich schützend vor Schneider und seine Mitstreiter und reagierte heftig auf die giftigen Berichte im «Seeländer Boten».

Die Befürworter der Gesamtkorrektion standen keineswegs mit dem Rücken zur Wand. Auch sie erhielten Unterstützung; etwa vom Kanton Aargau, der vom 1852er-Hochwasser schwer getroffen worden war. Zu Recht befürchtete dieser Kanton, eine Teilkorrektion, welche die Geschiebeproblematik nicht löse, könnte die angespannte Hochwassersituation in seinem Gebiet zusätzlich verschärfen.

Zahlreiche Experten (Wehren, Rode, Wagner, Suchard, Chalandes) befürchteten jedoch, die völlige Ableitung der Aare in den Bielersee würde zu massiven Seespiegelschwankungen führen. Sie rieten deshalb zu Teilungsprojekten: Die einen schlugen vor, nur einen Teil des Aarewassers in den Bielersee zu führen, und das Restwasser entlang des alten Flussbettes direkt nach Büren fliessen zu lassen. Andere wollten lediglich die geschiebereiche Saane in den Bielersee ableiten. Etwas verwegen war die Idee, den Neuenburgersee gleich in den Genfersee abzuleiten.

> **Wirkungslose Arbeiten**
> Die eidgenössischen Experten Heinrich Pestalozzi (1790–1857), Johann Sauerbeck (1887–1861) und Friedrich Wilhelm Hartmann (1809–1874) plädierten 1854 für eine Teilkorrektion der Juragewässer. Aufgrund ihrer Vorschläge wurden Baggerungen an der Zihl bei Nidau und Brügg vorgenommen. Diese Arbeiten erwiesen sich beim Hochwasser von 1856 jedoch als völlig wirkungslos (VISCHER 2003: 110).

Ein neues Verkehrsmittel hält Einzug: Dampflokomotive um 1884.

> **Durch die Landschaft eilen**
> Auf der Grundlage von Kohle und Stahl wurde ab der zweiten Hälfte des 19. Jahrhunderts ein neuartiges Verkehrssystem aufgebaut. Das Eisenbahnnetz erhöhte die Transportleistung entscheidend und senkte gleichzeitig die Transportkosten radikal. Damit wurden die Voraussetzungen für grossräumige, arbeitsteilige Wirtschaftsräume geschaffen. Auch das Seeland profitierte von dieser Entwicklung.
>
> Die Eisenbahn hinterliess ihre Spuren in der Landschaft nicht nur in Form von Trassees, Stahlschienen, Bahnhöfen, Rauch und später Fahrleitungen. Vielmehr veränderte sie auch die Wahrnehmung der Umgebung. Mit dem Zug reisen bedeutete im 19. Jahrhundert ein völlig neues Erlebnis von Raum und Zeit. Die Landschaft eilte gleichsam als Kulisse an den Wagenfenstern vorüber – und Häuser, Felder und Bäume vermittelten als bunte Flecken bleibende Erinnerungen.

Schienenweg oder Wasserstrasse

Mitten in den Streit über die Juragewässer platzte die Eisenbahnfrage: War angesichts des herrschenden Eisenbahnbooms der Ausbau der Wasserstrassen in Zusammenhang mit der Juragewässerkorrektion tatsächlich nötig?

Die Situation wurde noch verfahrener, denn der Ausbau der Schifffahrt in der Dreiseenregion sollte zur Finanzierung des Werks beitragen. Vor diesem Hintergrund wurde eine Kombination von Schienen- und Wasserstrasse erwogen. Konrad Rappard aus Wabern schlug eine «schwimmende Eisenbahn» vor – also die Verladung ganzer Züge auf Schiffe. Der Bund lehnte den Antrag ab, da er dessen Rentabilität bezweifelte: Angesichts der damals wie Pilze aus dem Boden schiessenden Eisenbahnprojekte war dies ein vernünftiger Entscheid.

Mit dem Projekt Rappards wäre der Hochwasserschutz gegenüber der Verkehrsfrage noch weiter in den Hintergrund gerückt; zumal der «schwimmenden Eisenbahn» die günstigere Teilreduktion genügt hätte.

Die Schifffahrt geriet nun gegenüber der Eisenbahn zunehmend ins Hintertreffen. Davon profitierten allerdings wiederum die Befürworter der Gesamtkorrektion: Denn Trassees und Schienen konnten damals nicht einfach ohne weiteres in versumpften, hochwassergefährdeten Gebieten angelegt werden.

Die letzte Expertise

Im Sommer 1857 verlangte die Bundesversammlung deshalb eine erneute Überprüfung des Projektes La Nicca. Erstaunlicherweise beauftragte sie damit Richard La Nicca selbst! Damit der Interessenkonflikt nicht allzu deutlich ins Auge stach, stellte sie ihm die Ingenieure Müller, Gerwig, Hartmann und Culmann zur Seite (MÜLLER 2004: 172). Begutachtet ein Experte jedoch sein eigenes Projekt, so bringen seine Schlussfolgerungen selten Überraschendes ans Licht und so verteidigte La Nicca selbstverständlich sein Projekt. Dies führte wiederum zu Gegenexpertisen, die von den Kantonen Freiburg, Waadt und Neuenburg unterstützt wurden. Die kantonalen Interessenkonflikte blockierten somit einmal mehr die Ausführung der Juragewässerkorrektion.

Auch die Eidgenossenschaft liess das Geschäft nun schleifen und unternahm vorerst keine weiteren Schritte mehr. Es bedurfte zweier Motionen im Nationalrat, um den Bund wieder aufzurütteln. Der Bundesrat beauftragte einmal mehr La Nicca, nun zusammen mit dem

Bieler Ingenieur Gustav Bridel (1827–1884), die zahlreichen Projekte miteinander zu vergleichen. Dabei sollte berücksichtigt werden, dass die Schiffbarmachung der Kanäle gegenüber dem Ausbau des Eisenbahnnetzes keine Priorität mehr genoss.

La Nicca und Bridel kamen den Kritikern entgegen und änderten den ursprünglichen Plan: Gemäss ihrer Expertise vom 8. Juni 1863 sollte nun nicht das gesamte Aarewasser abgezweigt werden, sondern ein Teil des Aarewassers sollte weiterhin entlang des alten Flussbetts in Richtung Büren fliessen. Diese Entscheidung kam auch dem dort ansässigen Gewerbe entgegen, welches auf das Wasser angewiesen war. Damit wurde die «Alte Aare» für spätere Generationen gerettet

Gestützt auf diese letzte Expertise beantragte der Bundesrat am 20. Juli 1863 die Annahme des Projekts La Nicca-Bridel und unterbreitete den Vorschlag den beteiligten Kantonen zur Stellungnahme.

Wem gehört das Grosse Moos?

Die Kantone waren sich indessen nach wie vor uneinig. Während die Waadt, Neuenburg und Freiburg das Projekt La Nicca-Bridel torpedierten, stellten sich Bern und Solothurn hinter das Vorhaben. Folgender Artikel aus dem «Schweizer Handels-Courier» von 1865 vermittelt einen Eindruck über die verfahrene Situation. Hintergrund der Geschichte war das Defizit des Kantons Bern infolge des Eisenbahnbaus: *«Wie kann die Juragewässer-Correction im grossen Massstabe, d.h. mit Leitung der Aare in den Bielersee, ausgeführt werden, ohne dass die Ausführung zu drückend für die bernischen Finanzen wird? Diese Frage wird für den Kanon Bern um so*

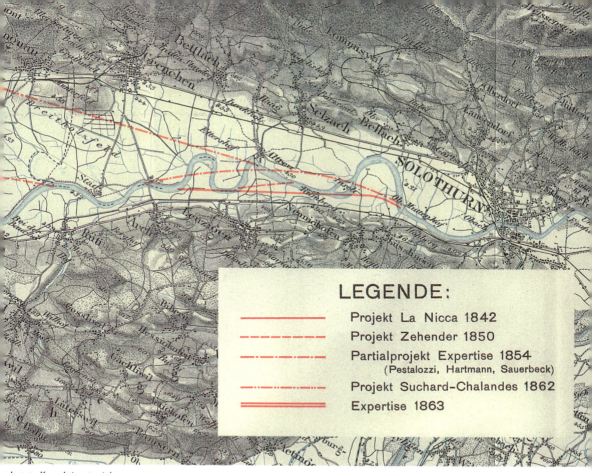

Letzte Korrektionsprojekte.

erheblicher, als der Kanton Waadt, trotz des Reichthums vieler seiner Bürger, dennoch thut, als wäre er zu arm um sich bei Betheiligung eines so gemeinnützigen Werkes im rechten Massstabe zu zeigen, als der Kanton Freiburg an seiner Eisenbahnlast genug zu studiren hat, als der Kanton Neuenburg sich eher fürchtet, es könnten bei der Tieferlegung der Seen einige Beschädigungen an den bisher erstellten Seeufermauern erfolgen, statt dass er sich des grossen Nutzens erfreut, welcher ihm durch die Erlangung einer unabsehbaren Fläche Strandbodens [...] erwachsen wird [...]» (SCHWEIZER HANDELSCOURIER vom 14.1.1865).

Wie bei einem Projekt dieser Grössenordnung auch heute noch an der Tagesordnung, gaben die Kosten am meisten zu reden, insbesondere deren Aufteilung zwischen Bund und Kantonen.

Da mit der Entsumpfung des Grossen Mooses auch mit einem lukrativen Gewinn an landwirtschaftlich nutzbarem Land gerechnet wurde, drängte sich auch die Frage auf, wem das Grosse Moos eigentlich gehört (siehe auch S. 52). Bislang war kaum Interesse am wertlosen Land auszumachen gewesen. Die Kantonsgrenze zwischen Freiburg und Bern wurde sogar erst 1835 endgültig festgelegt. Angesichts der Juragewässerkorrektion änderten sich die Verhältnisse aber grundlegend. Die Aussicht auf fruchtbaren Boden weckte allerorts Begehrlichkeiten.

Nur dank der Koordination des Bundes gelang es schliesslich, die komplizierten Nutzungs- und Eigentumsrechte zu entwirren. Bis 1857 konnte zwischen den Kantonen das gegenseitige Abtreten von Nutzungsrechten geregelt werden. In Bern gingen dann 1864 die Eigentumsrechte vom Kanton auf die Gemeinden über. Zuerst freuten sich die Kommu-

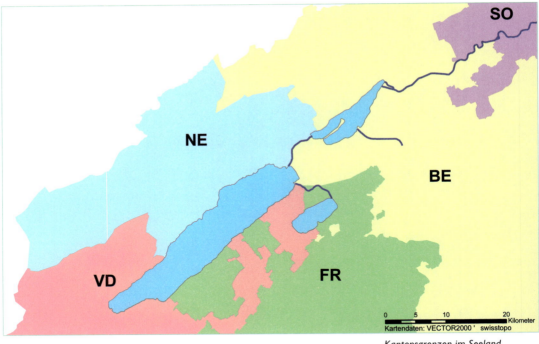

Kantonsgrenzen im Seeland.

nen darüber. Denn mit dieser einfachen Umwandlung von Nutzungs- in Eigentumsrechte waren sie plötzlich Besitzer des Mooslandes. Viele Seeländer rieben sich bereits hoffnungsfroh die Hände und träumten von blühenden Feldern und reichen Ernten. Doch diese Freude war verfrüht. Denn als Eigentümer befanden sich die neuen Besitzer nun auch in der unangenehmen Situation, die Juragewässerkorrektion mitfinanzieren zu müssen. Das führte in der Folge zu einer starken Verschuldung der Seeländer Gemeinden.

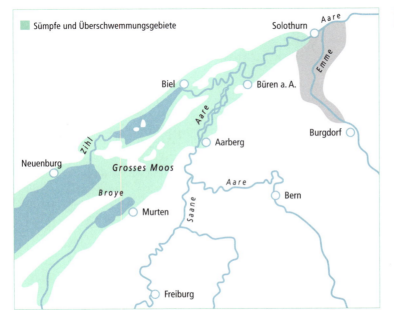

Die Gewässer des Seelandes vor der Ersten Juragewässerkorrektion.

Ulrich Ochsenbeins heimtückische Attacke

Besonders schweres Geschütz fuhr zuletzt noch General Ulrich Ochsenbein auf. Der frühere Freund und Mitstreiter Johann Rudolf Schneiders legte 1864 einen Bericht vor, worin er verlangte, das gesamte Korrektionsgebiet im damaligen Zustand zu belassen. Schon der beleidigende Titel der Schrift, *«Die Versumpfung des Gebietes der Juragewässer durch die Ausführung des Planes des Herrn eidgenössischen Oberst La Nicca zu Chur von 1863...»* zeigt, welche Kehrtwende Ochsenbein genommen hatte. Er griff damit nicht nur La Nicca frontal an, sondern auch Johann Rudolf Schneider (Hans Müller. In: FREY 1956: 30).

Ihren Höhepunkt fand die Auseinandersetzung, als Ochsenbein am 4. Mai 1866 im Restaurant «Gurnigel» in Nidau zu einer Versammlung lud. Im «Seeländer Boten» war am 8. Mai 1866 darüber zu lesen: *«Wer aber absichtlich einen 5 volle Stunden während Vortrag hielt, war der Herr General und als nach 4_ Stunden Hr. Dr. Schneider energisch seinen Unwillen über ein solches Verfahren äusserte, unterbrach ihn der Wirth [und Bruder Ulrich Ochsenbeins, Anm. des Autors] mit den Worten: Wen dir nit schwyget, so g'heit me Euch eifach use!»* Der Skandal war perfekt! Denn Ulrich Ochsenbein war nicht irgendwer, sondern damals eine der bekanntesten Persönlichkeiten in der Schweiz.

Johann Ulrich Ochsenbein.

Ulrich Ochsenbein: Ein tragischer Held

Hans Müller schrieb über Ulrich Ochsenbein die folgenden bemerkenswerten Sätze: «Das Tragische in Dr. J. R. Schneiders Geschick lag besonders darin, dass sein Jugendfreund aus dem Städtchen Nidau, der 1811 geborene Ulrich Ochsenbein, zuerst ein Förderer der Korrektion, später ihr heftigster Gegner wurde. Ochsenbein gehörte auch schon der Vorbereitungsgesellschaft an. Zuerst als Gemeindepräsident von Nidau friedlicher Tätigkeit zugewandt, stürzte sich der Feuergeist in die hochtreibenden Wogen der Politik, er wurde zum Bannerträger der politischen Freiheiten. Im Jahre 1845 Grossrat und Hauptförderer der bernischen Verfassungsrevision, war er zugleich Anstifter und Oberkommandant des zweiten Freischarenzuges nach Luzern und wurde deswegen von der Tagsatzung aus der Liste der Generalstabsoffiziere gestrichen. Im Jahre darauf kam er aber in den bernischen Regierungsrat und von da sogar in die Tagsatzung; 1847 führte er die bernische Reservedivision gegen den Sonderbund. Das Jahr 1848 sah ihn als Mitglied des Nationalrates, als Nationalratspräsident und Bundesrat, zu dem er als erster Berner am 16. November 1848 gewählt wurde. Einem aufsteigenden Kometen gleich, war Ulrich Ochsenbein aus dem Städtchen am See emporgestiegen zu den höchsten Ämtern und Ehren, aber bald ging es die absteigende Bahn wieder hinunter. Im Jahre 1854 wurde er als Bundesrat nicht wiedergewählt und ging in seiner Verbitterung nach Frankreich, wo er schon im darauffolgenden Jahre zum Brigadegeneral ernannt wurde. 1856 kehrte er nach Nidau zurück, ein enttäuschter und verbitterter Mensch, der nun seine Haupttätigkeit darin fand, in allen bernischen Angelegenheiten die Opposition zu vertreten.» (Zit. in: FREY 1956: 29).

Wer zahlt wie viel?

Nach langwierigen und zähen Verhandlungen einigten sich Bund und Kantone im Jahre 1863 endlich auf einen Verteilschlüssel. Der Bund übernahm seinerseits einen Drittel der gesamten Baukosten für die Juragewässerkorrektion. Nun musste noch entschieden werden, wer das Werk ausführen sollte – zur Debatte stand ein gemeinsames oder durch die einzelnen Kantone getragenes Vorgehen. Ob dieser Frage gerieten sich die Kantone abermals in die Haare.

Am 19. Juni 1867 fanden die Kantone schliesslich einen Kompromiss: Die Arbeiten an Broye und Zihl übernahmen die Kantone Waadt, Freiburg und Neuenburg. Bern oblag die Ableitung der Aare in den Bielersee sowie die Ableitung der vereinigten Aare- und Zihlgewässer durch den Nidau–Büren-Kanal nach Büren, während Solothurn für die Korrektion der Flussstrecke Büren–Solothurn verantwortlich zeichnete.

Erst mit dem Bundesbeschluss vom 25. Juli 1867 fanden die jahrelangen Auseinandersetzungen schliesslich ein Ende. Dieser setzte die

Aus dem Bundesbeschluss vom 25. Heumonat 1867

Die Bundesversammlung der Schweizerischen Eidgenossenschaft [...]; in Anwendung des Artikels 21 der Bundesversammlung beschliesst:

Art. 1. Es wird den Kantonen Bern, Freiburg, Solothurn, Waadt und Neuenburg zum Zwecke der Korrektion der Juragewässer ein Bundesbeitrag von 5 Millionen Franken bewilligt.

Art. 2. Die Korrektion ist auf Grundlage des Planes La Nicca, im Sinne des Gutachtens der bundesrätlichen Experten vom 8. Brachmonat 1863 auszuführen, und begreift in sich folgende Arbeiten:
a.) Ableitung der Aare von Aarberg in den Bielersee durch den Hagneckkanal;
b.) Ableitung der im Bielersee vereinigten Aar-Zihlgewässer durch den Nidau–Büren-Kanal nach Büren;
c.) Korrektion der Oberen Zihl zwischen dem Neuenburger- und Bielersee;
d.) Korrektion der Unteren Broye zwischen Murten- und Neuenburgersee;
e.) Ausführung der Korrektionsarbeiten auf der Flussabteilung Büren–Attisholz, soweit solche als notwendig erachtet werden.

Die Geburt des Subventionswesens

Zwar hatten schon die Rheintaler aufgrund des Artikels 21 vom Bund Unterstützung erhalten. Aber es war schliesslich die Juragewässerkorrektion, welche die Ära des Subventionswesens einläutete. 1867 entschied der Bund, von den budgetierten 14 Millionen Franken deren 5 zu übernehmen. Damit war das System des Kostenausgleichs zwischen Bund, Kantonen und Gemeinden geboren, welches bis heute – unter dem jeweiligen Getöse – zum erfolgreichen Bestehen des Bundesstaates beiträgt. Es ist diesem System zu verdanken, dass die politisch, kulturell, wirtschaftlich und religiös so unterschiedlichen Kantone nach 1848 zu einem funktionierenden Staat zusammenwachsen konnten.

Verteilung der Baukosten und der Bundessubventionen gemäss Bundesbeschluss vom 25.7.1867
in Franken

	Bern (Nidau–Büren-Kanal, Aarberg–Hagneckkanal)	Solothurn (Arbeiten zwischen Büren und Attisholz)	Freiburg, Waadt, Neuenburg (Korrektionsarbeiten an der Oberen Zihl und der Unteren Broye)
Baukosten	10 266 000	1 108 000	2 626 000
Wert des erwarteten Landgewinns	3 472 000	453 112	1 996 893
Tatsächlicher Aufwand	6 794 000	654 888	629 107
Bundesbeitrag	4 340 000	360 000	300 000
Aufwand total Kantone	2 454 000	294 888	329 107
Bundesbeitrag in % an den Baukosten	42	32	11

Verwendung der Bundessubventionen endgültig fest. Die Kostenverteilung beachtete nicht nur das Verhältnis der Baukosten, sondern auch den zu erwartenden Landgewinn. Da in den Kantonen Freiburg, Waadt und Neuenburg anteilsmässig ein grosser Landgewinn erwartet wurde, fielen dort die Subventionen entsprechend am geringsten aus (siehe Tabelle oben).

1868 konnten die Bauarbeiten für die Juragewässerkorrektion endlich in Angriff genommen werden. Seit Richard La Nicca erstmals ein Projekt vorgelegt hatte, waren 28 Jahre verstrichen!

Das Ende der Vorbereitungsgesellschaft
Mit Annahme des Bundesbeschlusses hatte auch die Vorbereitungsgesellschaft ihr Ziel erreicht und konnte aufgelöst werden. Die Mitglieder hatten über die Jahre viel eigenes Geld und ihre Arbeitskraft in das Projekt investiert. Sie stellten deshalb ein Gesuch an den Bundesrat um Vergütung dieser Auslagen. Die Landesregierung unterbreitete die Anfrage den Kantonen. Nach langem Hin und Her, und zur Enttäuschung der Gesellschaft, beschlossen die Kantone Ende der 1870er-Jahre, der Vorbereitungsgesellschaft nicht alle Auslagen zurückzuvergüten (PETER 1922: 38).

Der Wind peitscht die Wellen des Bielersees über die Ufermauer. Aufnahme von 1934.

> «J'ai recherché avec une sensibilité exquise la vue des beaux paysages; c'est pour cela uniquement que j'ai voyagé. Les paysages étaient comme un archet qui jouait sur mon âme.»
>
> STENDHAL, 1783–1842

Die Erste Juragewässerkorrektion

33 Jahre nach der Veröffentlichung seiner berühmter Schrift «Gespräche über die Überschwemmungen im Seelande der westlichen Schweiz...», nahm Johann Rudolf Schneiders kühne Vision endlich Gestalt an: Nun wurde in die Hände gespuckt, zur Schaufel gegriffen und mit Graben begonnen. Mit dem ersten Spatenstich zum Nidau–Büren-Kanal vom 17. August 1868, begann die Zähmung des wilden Aareteufels.

Die Oberaufsicht über die gesamten Korrektionsarbeiten lag in den Händen des Bundes: Richard La Nicca und der waadtländische Kantonsingenieur William Fraisse wurden als Bundesexperten eingesetzt. Die Berner Korrektion leitete von 1868 bis 1873 Gustav Bridel. Nach ihm übernahm Kurt Franz von Graffenried (1838–1919) die Leitung. Die Bauleitung der Berner Korrektion war in Nidau ansässig.

Die obere Korrektion (Broye- und Zihlkanal) wurde zuerst vom Neuenburger Ingenieur Henri Ladame (1838–1926) und später von seinem Landsmann Ingenieur François Borel (1842–1924) geleitet. Ihre Büros befanden sich nacheinander in Murten, Sugiez und Thielle.

Die Dimensionen des Projekts überstiegen alles bisher da Gewesene in der Schweiz. Nie zuvor hatte der Mensch derart massiv in eine Land-

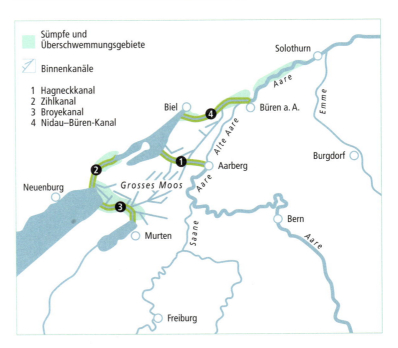

Die Erste Juragewässerkorrektion (1868–1891).

Frösche bitten die Mäuse auf Knien, ihnen doch noch einen Rest Wasser im Bielersee zu lassen: So karikierte der junge Künstler Léo Paul Robert (1851–1923) im Jahre 1869 die Folgen der Juragewässerkorrektion.

schaft eingegriffen. Mit der Ersten Juragewässerkorrektion brach eine neue Ära an: Nicht mehr die Naturkräfte modellierten die Landschaft, sondern der Mensch.

Der Nidau–Büren-Kanal

Bevor die Aarewasser in den Bielersee abgeleitet werden konnten, musste der Abfluss des Bielersees vergrössert werden. Ansonsten wäre es zu verheerenden Überschwemmungen gekommen. Die Arbeiten zur Juragewässerkorrektion begannen deshalb mit dem Bau des Nidau–Büren-Kanals. Bei seiner Fertigstellung mass er eine Länge von zwölf Kilometern und wies eine Sohlenbreite von 66 Metern sowie eine Tiefe von acht Metern auf.

Der Lauf des Nidau–Büren-Kanals folgte mehr oder weniger dem alten Zihlbett. Die Aareschlaufe beim «Häftli» wurde jedoch abgeschnitten und der neue Fluss in gerader Linie von Meienried nach Büren geführt.

Mit Dampf und Stahl

Die Seeländer rieben sich verwundert die Augen, als sie all die Maschinen sahen, die zum Bau des Nidau–Büren-Kanals zum Einsatz kamen. Anders als frühere Korrektionen, war dieses gigantische Werk nicht allein mit Muskelkraft zu bewerkstelligen. Erstmals wurde der Landschaft im grossen Stil mit Dampf und Stahl zu Leibe gerückt.

Oberingenieur Gustav Bridel war nicht nur Herr über Hundertschaften von Arbeitern, sondern verfügte auch über einen beeindruckenden Gerätepark sowie in Nidau über eine Werkstätte. Die Akten sprechen von vier Dampfbaggern, zwei Dampfkränen, zwei kleinen Dampflokomotiven, 60 Rollwagen, vier Kilometern Schienen, vier dampfbetriebenen Klappschiffen und 16 bis 20 hölzernen Kippmulden (PETER 1922: 44). Maschinen, Lokomotiven und Schienen stammten von jener französischen Firma, die auch die Baustelle am Suez-Kanal (1859–1869) beliefert hatte. Die Antriebe der Klappschiffe konstruierte Escher-Wyss in Zürich. Die Schiffskörper wurden in der Nidauer Werkstätte produziert. Die meisten Maschinen kamen später auch bei der oberen Korrektion zum Einsatz, zusätzlich bestellten die Verantwortlichen der oberen Korrektion fünf kleine Schleppdampfer (bei Escher-Wyss) und einen kleinen Dampfbagger (VISCHER 2003: 48).

Gustav Bridel.

Ein toter Frosch, ein Grabstein und die Eisenbahn im Hintergrund, symbolisieren den Sieg der Moderne über die Natur. Karikatur von Léo Paul Robert.

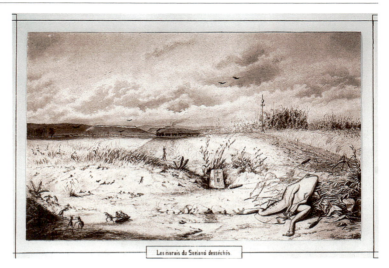

Ohne Kohle kein Dampf

Die bei der Berner Korrektion eingesetzten Dampfmaschinen verbrauchten monatlich rund 2200 Kilogramm Steinkohle, die teuer aus dem Ausland importiert wurde. Als aufgrund des Deutsch-Französischen Krieges von 1870/1871 die Kohlepreise stark anstiegen, mussten in den Monaten Februar und April 1871 die Arbeiten am Nidau–Büren-Kanal vorübergehend eingestellt werden (EHRSAM 1974: 13).

Über Wasser wurde, wie in früheren Zeiten, von Hand geschaufelt und gepickelt. Für den Aushub unter Wasser setzte man jedoch schwimmende Eimerkettenbagger ein (siehe Abb. S. 94). Der Aushub wurde mit Kränen entweder in Klappschiffe verfrachtet oder auf Rollwagen umgesetzt. Dieselben Schiffe und Wagen transportierten auch die massiven Steinblöcke aus den Steinbrüchen bei Tüscherz am Bielersee heran, welche für die Ufersicherungen nötig waren. Kleine Rollwagen wurden von Menschen oder Pferden gezogen, die grösseren von Lokomotiven.

Einen Teil des Aushubs verwendete man für seitliche Dämme, den grössten Teil schleppten die Klappschiffe aber in den See hinaus, wo das Material in die Tiefe versenkt wurde.

Im Oktober 1871 besuchte ein Korrespondent der «Berner Tagespost» die Baustelle. Angesichts der ungeahnten Möglichkeiten der Bagger geriet er, wie manch einer seiner Zeitgenossen, ins Schwärmen: «*Sie bieten ein grossartiges Bild dar. Da sind in Schwadernau zwei riesige Baggermaschinen beschäftigt, Material auszuheben und auf den dazu bestimmten Ablagerungsplatz zu bringen. [...] was man hier zu sehen bekommt, gehört zum Genialsten was der Menschengeist in der Mechanik zu Tage gefördert. Im Grund des Wassers füllen sich grosse Kisten mit Sand, Kies, Erde etc., heben sich in die Höhe, und werden auf ein bereit stehendes Schiff gestellt. Ist dieses angefüllt, so wird zum Ablagerungsplatz gefahren; dort ist eine ähnliche Maschine, welche diese Kisten in Empfang nimmt, sie in die Höhe hebt, überleert und mittelst einer Lokomotive dahin bringt, wo das Material bis auf Weiteres aufgeschichtet wird. Alles geht mit einer solchen Leichtigkeit und Pünktlichkeit von statten, das man wahrhaft darob erstaunen muss.*» (BERNER TAGESPOST vom 9. Oktober 1871).

Die Arbeiten gingen aber nicht überall so zügig voran. Insbesondere unterhalb von Gottstatt stiessen die Bagger immer wieder auf mächtige Eichenstämme, welche die Aushubarbeiten erschwerten und stark behinderten.

Als der Kanal bis Meienried erstellt war, sanken die Seespiegel rasch ab; in den Augen der Ingenieure zu rasch! Um ein weiteres Absinken der Seen zu verhindern, wurde deshalb bei Nidau ein provisorisches Absperrwerk errichtet, welches zwischen 1885 und 1887 durch ein äusserst umstrittenes Stauwehr ersetzt wurde (siehe auch S. 120).

Eimerkettenbagger und Transportschiff auf dem Nidau–Büren-Kanal, 1870 nach F. Landry.

Der Hagneckkanal

Als die Seespiegel abzusinken begannen, konnte 1875 das Herzstück der Juragewässerkorrektion in Angriff genommen werden: der Hagneckkanal. Anders als beim Nidau–Büren-Kanal, wo es sich um eine eigentliche Flusskorrektion handelte, entstand mit dem Hagneckkanal ein völlig neuer, künstlicher Fluss.

Der Hagneckkanal führt von Aarberg nach Hagneck, und hier durch den Seerücken in den Bielersee. Seine Gesamtlänge beträgt acht Kilometer.

Der 900 Meter lange und 34 Meter tiefe Durchstich des Seerückens bei Hagneck war eindeutig das Pièce de résistance dieses Bauabschnitts, ja der Juragewässerkorrektion insgesamt (VISCHER 2003: 113). Die oberste Schicht des Seerückens, der harte Sandstein, wurde teilweise weggesprengt. Die Sprengarbeiten waren sehr gefährlich. Der Fremdarbeiter Carlo Luchini aus Como bezahlte dafür mit dem Leben, wie wir aus dem

Ein Hügelzug als Pièce de résistance: Der Hagneck-Durchstich.

Dampfkran beim Entladen eines Transportschiffs am Nidau–Büren-Kanal, 1870 nach F. Landry.

«Seeländer Boten» vom 16. September 1876 erfahren: *«Am Einschnitt beim Hagneckkanal verunglückte am 11. d. beim Steinsprengen ein Arbeiter, Namens Luchini Carlo, von Comabbio, Provinz Como, indem er von einem gesprengten Stein derart an den Hinterkopf getroffen wurde, dass das Hirn herausspritzte und sofortiger Tod erfolgte. Der Verunglückte hinterlässt eine Witwe mit einem minderjährigen Kinde.»*

Nachdem das harte Gestein weggesprengt war, erfolgten die weiteren Aushubarbeiten per Hand. Insgesamt packten 300 Mann mit an. Für den Abtransport des Aushubs standen 70 Rollwagen und drei kleine Lokomotiven im Einsatz.

Das Journal de Genève beschrieb das emsige Treiben im tiefen Hagneckeinschnitt treffend: *«Man kann sich kaum vom menschlichen Ameisenhaufen abwenden, der in 34 m Tiefe arbeitet, und man ist vom Panorama dieser Liliputaner fasziniert, welche die von der Lokomotive zum See gefahrenen Züge beladen.»* (Zit. in: VISCHER 2003: 113f.).

Zwei frei gelegte Stollen

Beim Hagneckdurchstich kamen zwei Stollen zum Vorschein. Der eine war bekannt. Es handelte sich um den Torfstollen der Torfgesellschaft Hagneck. Bei den Betreibern dieses Unternehmens hielt sich die Freude am Hagneckkanal in äusserst engen Grenzen. Denn ihr Stollen, der erst seit 1857 dem Abtransport von Torf zu einem Verladesteg am Bielersee diente, wurde bei den Kanalarbeiten zerstört. Der Kanal zerschnitt zudem ihre Torffelder. Es wurden mehrere Gutachten zum Konflikt «Torfgesellschaft kontra Juragewässerkorrektion» verfasst. Die Gesellschaft lehnte jedoch alle Vorschläge ab und verlangte eine Geldsumme, die bei weitem überhöht war. Die Streitereien endeten in einem Vergleich, in welchem der Torfgesellschaft lediglich ein Drittel der von ihr geforderten finanziellen Entschädigung zugestanden wurde.

Ein wenig über dem Torfstollen wurde unerwartet ein weiterer Tunnel freigelegt. Der 670 Meter lange Stollen war römischen Ursprungs. Sein Zweck ist bis heute umstritten.

Arbeiten am Leitkanal auf der flachen Strecke des Hagneckkanals 1875–1878. Interpretation einer Skizze von A. Anker.

Der Durchstich des Seerückens war nicht nur wegen der gefährlichen Sprengarbeiten eine tückische Angelegenheit. Immer wieder löste das lockere Material Hangrutsche aus. Einem solchen fiel 1877 auch die erst zweijährige Hagneckbrücke zum Opfer. Zudem hielt sich die Aare beim Hagneckdurchstich nicht an die Vorstellungen La Niccas und Bridels. Sie räumte den Kanal viel tiefer aus als geplant. Mit dem Einbau von Querschwellen wurde versucht, weiteren Böschungsabbrüchen vorzubeugen. Eine nachhaltige Stabilisierung trat aber erst mit dem Bau des Kraftwerks Hagneck (siehe auch S. 111f.) und dem dazugehörenden regulierbaren Stauwehr ein (1897–1900).

Auch das obere Teilstück des Hagneckkanals wurde in Handarbeit ausgeführt. Hier behalf man sich jedoch mit einem Trick: Auf der rund sieben Kilometer langen Strecke hob man lediglich einen Leitkanal auf die volle Sohlentiefe aus. Das künftige Kanalprofil wurde mit Steinblöcken gesichert. Den Rest erledigte das ab 1878 sukzessive eingeleitete Aarewasser. Dieses schwemmte im Laufe der Jahre die Sedimente in den Bielersee und schuf sich so das neue Flussbett gleich selbst. Insgesamt verfrachtete die Aare ungefähr 2,4 Millionen Kubikmeter Material in den See. Das entspricht einem Würfel von 134 Metern Kantenlänge (MOSER 1991: 238).

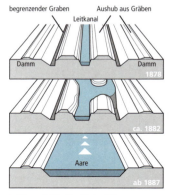

Leitkanal: Die Kraft des Wassers. Entwicklung des Hagneckkanals nach der Einleitung der Aare.

Die Hagneck-Zigarre

Der 17. August 1878 sollte der grosse Tag von Johann Rudolf Schneider werden. Kurz zuvor hatte er eine Einladung von der «Direktion der Entsumpfungen des Kantons Bern» erhalten. Darin wurde die «Eröffnung» des Hagneckkanals und die Einlassung der Aare durch die provisorische Schleuse *«behufs des Beginns der Abschwemmung»* angekündigt. Doch die Aare schlug den Menschen ein weiteres Mal ein Schnippchen. Der hochwasserführende Fluss hatte nämlich schon am Vorabend den neuen Weg «entdeckt». Als die Gäste am 17. August in Aarberg eintrafen, war der Kanal bereits gefüllt. Das hinderte Schneider aber nicht daran, eine alte Wette einzulösen: 1867, nach der Einigungskonferenz zwischen den Kantonen, hatte ihm ein Freund nämlich ein Paket Havanna-Zigarren geschenkt. Anstatt sich sofort eine solche anzuste-

Italienische Gastarbeiter

Für die Korrektionsarbeiten wurden zahlreiche italienische Gastarbeiter eingestellt. Der Zusammenprall zwischen der mediterranen und Seeländer Mentalität führte in den Dörfern indessen zu allerlei Gezänk. Lautes Gelächter, wildes Gestikulieren und vor allem das Glücksspiel «La Morra» der Italiener erregten bei den Einheimischen Unwillen. Tanzanlässe arteten regelmässig in wilde Schlägereien aus – einmal sogar mit tödlichem Ausgang. Um ihrer gerechten Strafe zu entgehen, suchten ein paar der Schläger das Weite und flüchteten via Le Havre nach Amerika (Hans Niklaus. In: GEMEINDEVERWALTUNG GALS 1985).

cken, schwor sich Schneider damals, damit zu warten, bis das Werk ausgeführt werde. Am 17. August war es dann soweit: Unter dem Beifall der Gäste rauchte Schneider seine Zigarre. Dabei konnte er beobachten, wie die gezähmte Aare – dem Willen der Ingenieure gehorchend – Richtung Bielersee strömte. Welche Genugtuung das für Johann Rudolf Schneider bedeutete, können wir heute wohl kaum mehr ermessen.

Die Medien berichteten breit darüber, wie die Aare das Programm der Feierlichkeiten zum ersten Durchlass in den neuen Kanal durcheinander brachte (GYGAX 1967: 48ff.).

Am 18. August 1878 stand im «Tagblatt der Stadt Biel»: *«Bei dem hohen Wasserstand wurde aber Freitag um neuneinviertel Uhr der Damm durchbrochen und die Fluth mit solcher Gewalt an die geschlossene Schleuse getrieben, dass die rechte Seitenwand nachgeben musste und nun ein grosser Strom dem Bielersee zuführt. Die zwischen den Schleusen beschäftigten Arbeiter konnten dem auf einmal hereingebrochenen Wasser kaum entrinnen. Die Aare hat im Lauf des Vormittags das Schleusenwerk umgangen und reisst mit furchtbarer Wuth die Grienbänke am rechten Ufer des Kanals mit sich fort.»*

Alte Brücke über den Hagneckkanal.

Der «Seeländer Bote» vom 20. August 1878 widmete dem Ereignis einen ausführlichen Artikel und wies darauf hin, dass die Aare schon oft bewiesen habe, *«dass sie sich um kein Festprogramm kümmert; deshalb wollen wir ihr auch dieses Mal nicht für Übel nehmen, sondern dafür sorgen, dass sie bald in ein reglementarisches Bett gelegt werde»*. Die Zeitung schilderte auch die bewegende Begegnung der beiden Pioniere der Juragewässerkorrektion: *«Es war rührend zu sehen, wie diese beiden Veteranen sich begrüssten. Herr La Nicca ist 84 Jahre alt und an seinem Geburtstage sollte der offizielle Durchlass stattfinden, wenn nicht Mama Aare, namentlich aufgestachelt durch die hochangeschwollene Saane vorwitzig selbst sich durchgeholfen hätte. Dem Papa Schneider, auch bereits 74 Jahre alt, mögen wir von Herzen die Satisfaktion gönnen, nach mehr als dreissigjährigem mühseligem Bestreben die Erfüllung seines innigsten Wunsches herangenaht, ja fast vollendet zu sehen.»*

Und am 22. August 1878 beschrieb das «Journal du Jura» wie Johann Rudolf Schneider schliesslich seine Zigarre rauchte: *«M. Schnyder a observé fidèlement son vœu et c'est samedi dernier, qu'il a pour la première fois, depuis 28 ans, fumé un cigarre.»*

Obere Korrektion

Parallel zu den Arbeiten am Hagneckkanal wurde die obere Korrektion, also die Arbeiten an der Unteren Broye und Oberen Zihl, in Angriff genommen. Diese waren zwar nicht so umfangreich wie jene der Berner Korrektion, für das Gesamtwerk aber von eminent wichtiger Bedeutung.

1874 machten sich die Arbeiter an der Broye ans Werk und heizten die Dampfkessel der Bagger ein. Der Fluss zwischen dem Murten- und Neuenburgersee wurde auf einer Länge von acht Kilometern ausgeweitet und begradigt. Streckenweise gruben sich Mensch und Maschine durchs trockene Land. Insgesamt waren drei solche Durchstiche nötig: bei Sugiez, Tour-de-Chêne und

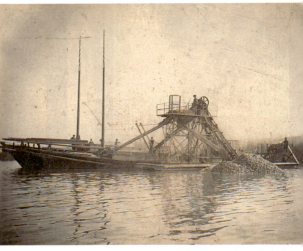

Baggerschiff «Les trois lacs»: Aufnahme eines Eimerkettenbaggers aus der Zeit der Juragewässerkorrektion oder kurz danach. Es handelt sich vermutlich um eine Improvisation. Auf eine bestehende Schiffshülle wurde ein Eimerkettenbagger-Werk aufgebaut.

Neue Brücken

Die Korrektionsarbeiten zerschnitten vielerorts alte Verbindungswege. Diese mussten auf Kosten des Unternehmens wieder hergestellt werden. An erster Stelle waren Brücken davon betroffen. Im Gegensatz zu früher wurden anstatt Holz- nun Eisenkonstruktionen errichtet:

Hagneckkanal:	Strassenbrücken bei Aarberg, zwischen Walperswil und Siselen sowie bei Hagneck; im oberen Teilstück des Kanals zudem eine Eisenbahnbrücke in Zusammenhang mit der sich im Bau befindlichen Broyetalbahn zwischen Lyss und Murten, die aber von der Bahngesellschaft bezahlt wurde.
Nidau–Büren-Kanal:	Neubau von vier grösseren Strassenbrücken – je eine bei Nidau, Brügg, Safnern und beim Häftli in Büren – sowie eine Eisenbahnbrücke bei Büren.
Obere Korrektion:	Strassenbrücken über die Broye in Sugiez und La Sauge und über die Zihl bei La Thielle; die Brücke von St. Johannsen konnte als Holzkonstruktion belassen werden.

Eisenbahnbrücke über den Hagneckkanal. Aufnahme nach 1916.

La Monnaie. Da die Flusssohle aus lockerem Boden bestand, gestalteten sich die Arbeiten an der Broye als relativ einfach.

An der Zihl, zwischen Neuenburger- und Bielersee, wurden 1875 die Arbeiten aufgenommen. Es waren Baggerungen nötig sowie zwei Durchstiche bei Cressier und Thielle zu bewältigen. Die Arbeiten waren etwas schwieriger als jene an der Broye. Die raschen Fortschritte der Arbeiten am Nidau–Büren-Kanal hatten zu einem starken Absinken des Bielersee-Seespiegels geführt. Auf der 8,5 Kilometer langen Kanalstrecke zwischen dem Neuenburger- und dem Bielersee nahm deshalb das Gefälle und damit auch die Strömung der Zihl zu, was zu Behinderungen beim Aushub führte.

Wie bei der Berner Korrektion, wurde auch das Baggergut der oberen Korrektion im See verklappt.

Und die Solothurner Korrektion?

Die aufmerksamen Leserinnen und Leser erwarten an dieser Stelle die Baubeschreibung der Korrektion der Aare zwischen Büren und Attisholz. La Niccas ursprünglicher Plan von 1842 sah auf dieser Flussstrecke drei Durchstiche vor: bei Arch, Bachmatt und Lüsslingen. Doch die dem Kanton Solothurn übertragenen Aufgaben wurden nicht ausgeführt. Das führte in den folgenden Jahren zwischen Bern und Solothurn zu Streitereien. Solothurn argumentierte mit Artikel 2, Punkt e des Bundesbeschlusses vom 25. Juli 1867: *«Ausführung der Korrektionsarbeiten auf der Flussabteilung Büren-Attisholz, soweit solche notwendig erachtet werden.»*

Neue Grenzen

Vor dem Bau des Zihlkanals bildete die alte Zihl die Kantonsgrenze zwischen Bern und Neuenburg. Wegen des Durchstichs bei Cressier kamen nun einige Orte von der rechten auf die linke Kanalseite zu liegen und umgekehrt. 1894 einigten sich die Kantone darauf, die neue Linienführung des Zihlkanals als Kantonsgrenze anzuerkennen. Damit wechselte etwa Thielle von Bern zu Neuenburg.

Natürliche Flussschlingen: Das Gebiet unterhalb von Büren blieb von der Ersten Juragewässerkorrektion unberührt. Aufnahme mit der sich im Bau befindenden Autobahn A5.

«Den Rettern des Seelandes aus grosser Not»
Die Seeländer Bevölkerung war Johann Rudolf Schneider und Richard La Nicca unendlich dankbar für die Erlösung von der grossen Wassernot. Am 18. Oktober 1908 wurde deshalb in Nidau ein Denkmal für die beiden Pioniere enthüllt.

Da mit der Berner- und der oberen Korrektion die Seespiegel erfolgreich abgesenkt worden seien, dränge sich derzeit keine Korrektion des Solothurner Abschnitts auf, so die Solothurner Regierung. Als es später trotzdem wieder zu Hochwasser in den drei Juraseen kam, meinten Solothurner, das sei nicht ihr Verschulden, sondern stehe mit der mangelhaften Schleusenanlage in Nidau in Zusammenhang – womit sie nicht Unrecht hatten (siehe auch S. 120).

Es ist also diesem «Versäumnis» zu verdanken, dass die natürliche Aarelandschaft zwischen Büren und Solothurn erhalten geblieben ist. Dazu Walter Moser: «Wer jemals vom Weissenstein das silberne Band der Aare im reflektierenden Licht eines schönen Sommertages bewundert hat, ahnt nicht, welche Gefahren der Zerstörung diesem Juwel im Zusammenhang mit den Juragewässerkorrektionen drohten.» Wären die Korrektionsarbeiten ausgeführt worden, so Moser weiter, böte die Aare heute zwischen Büren und Solothurn, «einen trostlosen Anblick. Eine Fahrt mit der ‹Romandie› wäre eine nüchterne Angelegenheit» (MOSER 1991: 245f.).

Binnenkorrektion

Mit den Flusskorrektionen war das Werk aber noch nicht beendet. Es stand noch die so genannte «Binnenkorrektion» an; also die Entwässerung der Moore. Die Absenkung der Seen allein entsumpfte die Gegend

Die Erste Juragewässerkorrektion in Kürze (1868–1891)

Berner Korrektion: 1868 Baubeginn; 1891 offizielle Abnahme
Nidau–Büren-Kanal: 12 Kilometer
Hagneckkanal: 8 Kilometer
davon 900 Meter Seerückendurchstich
Obere Korrektion: 1874 Baubeginn; 1886 offizielle Abnahme
Broyekanal: 8 Kilometer
Zihlkanal: 8,5 Kilometer
Seespiegelabsenkung: rund 2,5 Meter
Landgewinn Neuenburgersee: 23,3 km^2
Landgewinn Bielersee: 4,5 km^2
Landgewinn Murtensee: 3,7 km^2
Trockenlegung von rund 400 km^2 Moorlandschaft

nicht. Es musste deshalb ein Netz kleinerer Kanäle gegraben und Drainageröhren verlegt werden.

Für die Entwässerung war aber nicht das Unternehmen der Juragewässerkorrektion zuständig. Deren Ausführungsbestimmungen enthielten nur den Bau der grossen Kanäle. Die Entsumpfung war Sache der Grundeigentümer – also von Gemeinden und Privaten. Angesichts leerer Kassen standen jedoch viele Kommunen vor einem riesigen Problem. Vielen Gemeinden blieb nichts anderer übrig, als sich zu verschulden.

Auch fühlten sich öffentliche und private Eigentümer betrogen. Sie gingen bis vors Bundesgericht, um sich der drückenden Last der Binnenkorrektion zu entledigen. Die «Allgemeine Schweizer Zeitung» schreibt in ihrer Abendausgabe vom 2. Februar 1878: *«Eine grosse Zahl von Gemeinden und Privaten, deren Grundeigenthum im Entsumpfungsgebiet liegt, haben sich nämlich dem eidg. Bundesgerichte über die höchst willfährige Art und Weise beschwert, mit welcher die bernische Regierung sie [...] mit Entsumpfungskosten belastet. Man muthet ihnen nämlich nicht weniger zu, als dass sie zwei Drittheile derjenigen Summe für die Entsumpfung bezahlen sollen, die nach Abzug des eidg. Beitrages an die Entsumpfungskosten übrig bleibt. Diese Summe beläuft sich bereits auf mehrere Millionen Franken [...] Infolge dessen sieht man einer allgemeinen Verarmung des Seelandes resp. der betheiligten Gemeinden und Privaten entgegen. Sind doch schon jetzt eine grosse Menge Grundstücke um den Betrag der Entsumpfungskosten verkauft worden, und noch eine viel grössere Zahl derselben ist feil, ohne das sie um*

Übersichtsplan der Binnenkorrektion
im Grossen Moos.

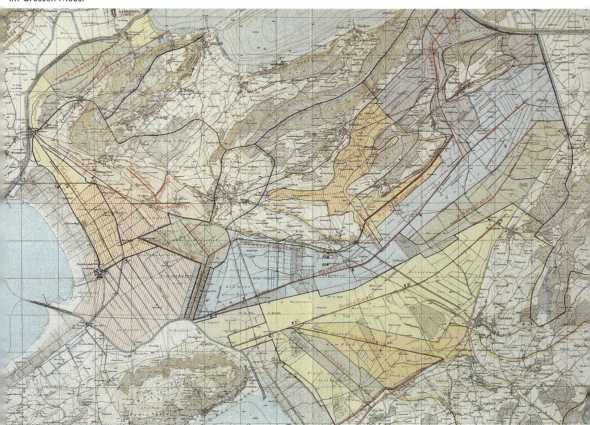

Das Grosse Moos wird trockengelegt: Entwässerungskanal.

den gleichen Preis Käufer finden. So wird das Werk der Entsumpfung, infolge der gewinnsüchtigen Cupidität [Gier, Anm. des Autors] und der unqualifteibaren (sic!) ehrgeizigen Kurzsichtigkeit seiner Urheber, zum Fluche statt zum Wohle des Seelandes [...]»

Die Moore verwandelten sich nach den Korrektionsarbeiten also keineswegs in Nullkommanichts in fruchtbares Ackerland. Über die Verhältnisse 1898 in Bellechasse lesen wir: «*A l'endroit où s'élève aujourd'hui Bellechasse, entouré de son grand domaine, s'étandait encore, en 1898, une vaste plaine morne, coupe de fonfrières et d'étangs, éventrée de bourbiers, de laques d'eau croupissantes et de tourbières abandonées. La region était peu salubre et déserte. Le silence y régnait, à peine troublé par le coassemendes grenouilles et les cris de la faune aquatique.»*

Die Binnenkorrektion zog sich über Jahrzehnte hinweg. Lange Zeit wurde sie vernachlässigt. Haupt- und Seitenkanäle wurden nur mangelhaft unterhalten. Erst mit der intensivierten Landwirtschaft der beiden Weltkriege im 20. Jahrhundert wurde die Erschliessung der ehemaligen Moose fortgesetzt (MOSER 1991: 240f.).

Und waren die Moore einmal trockengelegt, dauerte die Verwandlung des rund 400 km² grossen, neu gewonnenen Landes in den grössten Gemüsegarten der Schweiz länger als ursprünglich angenommen. Denn nach der Erstellung der Binnenkanäle, der Drainagen und später den Pumpwerken stand den Bauern keineswegs fruchtbares Ackerland zur Verfügung. Vor ihnen breitete sich Ödland aus. Die Böden der ehemals versumpften Gegenden eigneten sich ohne aufwändige Bodenverbesserungsmassnahmen nur bedingt für den Gemüseanbau. Mit Ausnahme der Molasse- und Moränegebieten, die zu den besten landwirtschaftlichen Böden der Schweiz gehörten, fanden sich im Grossen Moos vor allem wasserundurchlässige Ton-, saure Torf- und nährstoffarme Sandböden (GROSJEAN 2004: 6). Bevor darauf Getreide, Gemüse, Zuckerrüben oder Kartoffeln kultiviert werden konnten, mussten die Böden systematisch bearbeitet werden.

Witzwil und der Notar Witz

Wer heute «Witzwil» hört, denkt zuerst an die gleichnamige Strafanstalt. Doch manch einer fragt sich, was daran lustig sein soll? Hintergrund dieses eigenartigen Namens ist ein äusserst abenteuerliches Kolonisationsprojekt: Vielen Grundeigentümern waren die Entsumpfungsarbeiten im Grossen Moos zu teuer. Darin erkannte der Erlacher Unternehmer und Notar Friedrich Emanuel Witz (1819–1887) seine Chance. In den 1870er-Jahren erwarb er Parzelle um Parzelle, bis er schliesslich Herr über ein Gebiet von 834 Hektaren war. Dieses Land wollte er nun urbar machen. Allerdings hatte Witz

Friedrich Emanuel Witz.

die Rechnung ohne die Besonderheiten der Moorböden gemacht. Deren Eigenheiten traten rasch und drastisch zu Tage: Der teure Dampfpflug blieb im weichen Boden stecken, die zugekauften edlen Schafe verendeten, die Saat verkümmerte oder wurde weggeschwemmt, und die zugezogenen Pächter litten bittere Not. Am Ende scheiterte die Kolonisation des Notars aus Erlach kläglich, 1879 ging seine Aktiengesellschaft Konkurs. Mit sich riss Witz die Ersparniskasse Erlach-Neuenstadt und damit die ganze Region in den Ruin. 1881 schrieb der Armenverwalter Theophil Simmen: *«Es herrschte Jammer und Elend, eine grosse Kalamität, wie sie der Amtsbezirk Erlach noch nie erlebt hat. Alles schreit nach Bestrafung der Schuldigen.»* Witz selber kam ungeschoren davon, als Sündenbock musste dafür der Ersparniskassenverwalter Samuel Sigri herhalten. Darüber empörte sich Simmen: Witz sei *«ein Tyrann gegenüber den Geringen,*

Die Domäne Witzwil am Neuenburgersee, 1938 mit einmündendem Broyekanal. Die Anlage wird seit 1894 als Gefängnis genutzt und gilt heute mit 630 Hektaren Gesamtfläche als grösster Landwirtschaftsbetrieb der Schweiz.

> **Die wichtigsten Arbeiten zur Binnenkorrektion**
> Per Dekret vom 15. Juli 1875 übertrug der Grosse Rat die Ausführung der Berner Binnenkorrektion dem Unternehmen Juragewässerkorrektion. Das zu entsumpfende Gebiet umfasste 5468 Hektaren, wozu Teile des westlichen und östlichen Grossen Mooses, die Hintermöser von Brüttelen, Epsach, Hagneck und Walperswil, das Merzligen-Jens-, das Worben-, das Grissach- und das Leugenenmoos gehörten. Im Grossen Moos selber waren es namentlich das Seebodengebiet, das innere Moosgebiet (der Islerenkanalbezirk), das Schwarzgrabengebiet und das zwischen Ins und Gampelen gelegene Witzwilgebiet. Zur Entwässerung wurden zahlreiche Kanäle angelegt: Längrabenkanal (12 800 m), der Hauptkanal im Seebodengebiet (4050 m), Islerenkanal (4140 m), der Kanal im Schwarzgrabengebiet (1770 m), Kanäle in den Hintermösern sowie der Kanal zwischen Schwadernau und Merzligen.
>
> Freiburg legte gemäss Dekret vom 28. Mai 1869 den Grand Canal an (der von Fräschels her hinter Sugiez in den Broyekanal führte) sowie den Biberen- und den Galmizkanal.
>
> Neuenburg verbreitete bestehende Kanäle im Grissachmoos und führte Entwässerungsarbeiten bei Cressier, Saint-Blaise, Marin und Epagnier aus.
>
> Die oberen Kantone – insbesondere die Waadt – hatten aber schon vor der Juragewässerkorrektion Binnenkorrektionen durchgeführt (siehe auch S. 104ff.). An verschiedenen Orten wurden in Zusammenhang mit der Juragewässerkorrektion weiterführende Detailentwässerungsarbeiten ausgeführt (EHRSAM 1974: 16ff.).

aber ein gemeiner Kriecher gegenüber den Grossen». Er beschuldigte Witz, bei der Ersparniskasse illegal Geld abgezweigt zu haben. Dieser Vorwurf konnte zwar nie bestätigt werden, aber ganz offensichtlich hatten die staatlichen Kontrollinstanzen auf der ganzen Linie versagt.

1891 kaufte der Kanton Bern das ganze Gebiet auf und errichtete darauf die Strafanstalt, die Witz' zu Ehren heute eben «Witzwil» heisst (Bernhard Demmler. In: SEEBUTZ 2005: 91ff.).

Die Korrektionsarbeiten an Broye und Orbe

Der Bundesbeschluss von 1867 erwähnte nur die notwendigen Flusskorrektionen an der Aare, der Oberen Zihl und der Unteren Broye. Die Sanierung der Ebenen war Sache der Kantone. Das betraf nicht nur die Binnenkorrektion im Grossen Moos, sondern auch jene in der Broye- und der Orbeebene.

Obwohl die Arbeiten an der Mittleren Broye und der Orbe nicht Bestandteil der Juragewässerkorrektion waren, stehen sie mit ihr in Zusammenhang. Denn während der endlosen Debatten Mitte des 19. Jahrhunderts, welcher Kanton wie viel daran zu bezahlen habe, kamen diese beiden Korrektionen immer wieder zur Sprache. So schrieb etwa das «Berner Blatt» 1865: *«Waadt, von der Ansicht geleitet, dass die Entsumpfung seiner Mööser ohne Juragewässerkorrektion möglich sei, nahm vor mehreren Jahren schon im Broyebezirk und im Orbemoos kostbare Kanalbauten vor. Im Broyebezirk wurde theilweise der vorgesetzte Zweck erreicht; die gegen Murten zu gelegene Gegend hat jedoch nicht entsumpft werden können und scheint man nachgerade geneigt zu sein, den betreffenden Landstrich als ins Gebiet der Juragewässerkorrektion gehörend, zu erklären. Die Arbeiten im Orbemoos dagegen haben ein entschieden ungünstiges Resultat gehabt.*

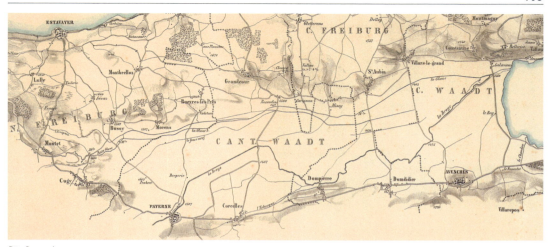

*Die Broyeebene.
Kartenausschnitt von 1854.*

Seitdem ein Kanal nach dem Neuenburgersee geführt worden, finden schon bei mittlerem Wasserstande Zurückstauungen und bei hohem Wasserstande Ueberschwemmungen statt. Bei dieser Sachlage ist es für Jeden einleuchtend, dass eine Tieferlegung der Seen eine Grundbedingung der Entsumpfung des Orbemooses ist.» (BERNER BLATT vom 30. September 1865).

Stimmen diese Vorwürfe an die Adresse der Waadt? Nimmt man die Situation etwas genauer unter die Lupe, so sind diese nicht von der Hand zu weisen.

Die Mittlere Broye liegt von Payerne bis zum Murtensee in einer breiten Talebene, die auch von der Petite Glâne und der Arbogne durchflossen wird. Die rund 13 Kilometer lange und bis zu vier Kilometer breite Broyeebene war stets von Überschwemmungen bedroht. Das Eidgenössische Oberbauinspektorat beschrieb 1916 die frühere Situation wie folgt: *«Die Broye floss hier infolge jahrhundertelanger Auflandung schon lange nicht mehr im Talweg der Ebene, sondern schweifte in zahlreichen Windungen mit schwachen Gefällen von einem Hochbord zum anderen, so dass die Geschiebe immer mehr liegen blieben, das Bett sich stets erhöhte und die Überschwemmungen häufiger wurden.»* (Zit. in: VISCHER 2003: 133).

*Die Orbeebene.
Kartenausschnitt von 1854.*

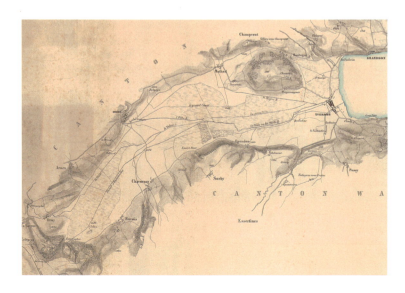

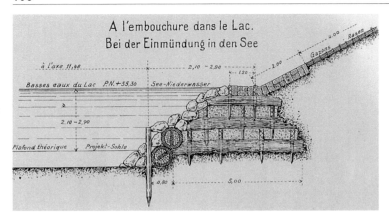

Skizze einer Uferbefestigung in der Broyeebene, ab 1891.

1853 wurden erste Korrektionsarbeiten an der Broye aufgenommen. Der Fluss bekam ein neues und gerades Bett. Auch die Petite Glâne wurde korrigiert.

Trotz zahlreicher Ausbesserungsarbeiten zeigte sich aber spätestens mit der Überschwemmung von 1876, dass die bisherigen Massnahmen ungenügend waren. Und 1888 setzte ein katastrophales Hochwasser die Gegend tagelang unter Wasser.

Ein Gesamtprojekt, das die Sohlenbreite der Broye von zwölf auf 16 bis 18 Meter und unterhalb der Einmündungen der Petite Glâne und der Arbogne sogar auf 24 Meter vergrössern wollte, scheiterte am Widerstand der Gemeinden. Immerhin brachte ein Teilprojekt eine gewisse Verbesserung der Situation. In den nächsten Jahren wurden weitere Teilkorrektionen ausgeführt, deren Wirkungen jedoch dem Jahrhunderthochwasser von 1910 nicht standhielten (VISCHER 2003: 132ff.).

Die Orbeebene ist rund 16 Kilometer lang. Die Breite variiert zwischen einem und vier Kilometer, wobei der breiteste Abschnitt beim Neuenburgersee liegt. In der Ebene vereinigt sich die Orbe mit dem Talent. Von hier weg bis zur Mündung in den Neuenburgersee wird der Fluss «Zihl» genannt.

Über lange Jahre war Yverdon von Sümpfen umgeben; immer wieder wurde die Ebene überschwemmt. 1851 beschloss der Kanton Waadt deshalb, das Gebiet zu entwässern. Dieser Beschluss fiel indes exakt in jene Zeit, während der in Bern und in den Kantonen hart um die Juragewässerkorrektion gerungen wurde. Diese unkooperative Haltung der Waadt kommentierte Arthur Peter 1922 wie folgt: «*Statt das Gesamtunternehmen zu fördern, welches die eigentlichen Entwässerungsarbeiten bedeutend erleichtert hätte, suchte man im Jahre 1851 diese Teilarbeiten zu realisieren.*» (PETER 1922: 128). Zwischen 1856 und 1864 wurden die Korrektionsarbeiten ausgeführt, welche eben nicht die gewünschten Resultate zeigten. Grössere Korrektionsarbeiten wurden erst während und nach der Ersten Juragewässerkorrektion durchgeführt. Sämtliche Flüsse in der Orbeebene wurden kanalisiert. Mit den Seitenkanälen der Zihl, dem Canal Occidental und dem Canal Oriental, wurden sie entwässert.

Zusammenfassend kann festgehalten werden, dass die Waadt mit ihren vorgezogenen Korrektionsarbeiten das Gesamtwerk zwar nicht behindert hat, es fehlte dem Kanton aber der Wille zur Zusammenarbeit mit den anderen Kantonen und dem Bund.

> «Les fleurs du bord du champ ne sont plus des fleurs, ce sont des taches ou plustôt des raies rouges ou blanches; plus de point, tout devient raie...»
>
> Victor Hugo, 1802–1885

Vom Ufer weggerückt

Neuland nach der Seeabsenkung

Die Senkung der Seen um rund 2,5 Meter, die Begradigung und Kanalisierung der Flüsse sowie die fortschreitende Entwässerung der Moorlandschaften veränderten das Antlitz der Landschaft völlig. Wie der Rücken eines Wales hob sich zum Beispiel der alte Heidenweg aus dem Bielersee. Dessen Name geht auf die Sage zurück, laut der vor 2000 Jahren die Römer – eben die Heiden – trockenen Fusses auf die St. Petersinsel gewandert seien. Mit der Absenkung des Bielersees wurde die ehemalige Insel inmitten des Bielersees wieder zur Halbinsel.

Entlang des Südufers des Neuenburgersees tauchte eine mehrere 100 Meter breite Sandbank auf, die von den aus dem Grossen Moos vertriebenen Tieren und Pflanzen rasch besiedelt und bewachsen wurde. Die Grande Cariçaie ist heute das grösste zusammenhängende Schilf- und Riedgebiet der Schweiz und erstreckt sich über eine Distanz von 40 Kilometern Länge.

Heute sind sowohl der Heidenweg als auch die Grande Cariçaie Naturschutzgebiete.

Nach der ersten Juragewässerkorrektion war Naturschutz im heutigen Sinn aber noch kein Thema. Im Gegenteil: Jetzt hatten die Menschen der Natur endlich das Land abgetrotzt. Ihr Interesse galt nun der Urbarmachung der den Seen abgerungenen Strandböden und den entwässerten Mooren.

Von der Insel zur Halbinsel: Seit der Absenkung des Bielersees nach der Ersten Juragewässerkorrektion ist die St. Petersinsel trockenen Fusses erreichbar.

Dem Auenwald geht das Wasser aus

Als 1878 das frühere Aarebett zur «Alten Aare» wurde und schliesslich nur noch ein Rinnsaal von Aarberg nach Büren floss, ging den Bäumen das Wasser aus. Die das Ufer säumenden Eschen, Weiden und Erlen waren auf periodische Überschwemmungen angewiesen. Fielen diese aus, fehlten den Bäumen die nötigen Nährstoffe. Langsam starb der Auenwald ab (PETER 1922: 77).

Davon profitierten die Anrainer. Dort, wo die alten Flussarme austrockneten und das Flussbett immer schmaler wurde, konnten der Boden nun bearbeitet, Häuser gebaut oder Strassen angelegt werden.

Doch glücklicherweise starb der Auenwald aber nicht gänzlich ab. Die übrig gebliebenen Reste bilden heute ein Auengebiet von nationaler Bedeutung.

Ein Geschenk für Flora und Fauna: Mit dem Rückzug des Wassers nach der Ersten Juragewässerkorrektion entstand die Grande Cariçaie, heute ein bedeutendes Naturschutzgebiet am Südufer des Neuenburgersees.

Murten um 1880: Der See hat sich zurückgezogen. Ab 1876 verlandete der alte Hafen. Das imposante, später abgebrannte Gasthaus «Schiff» steht nicht mehr direkt am See (siehe auch Abb. S. 77).

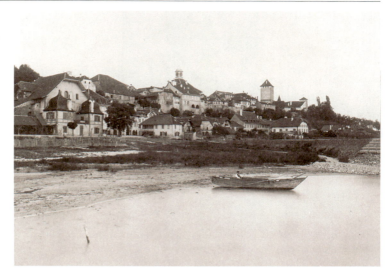

Neue Häfen

Schon über viele Generationen hatten die Menschen an den Gestaden der drei Seen gelebt und gearbeitet, Städte und Dörfer gebaut, schützende Ufermauern hochgezogen und Hafenanlagen errichtet. Als Folge der Seeabsenkung rückten nun diese Siedlungen vom Ufer weg. Einerseits tauchten Strandböden auf, die zum Verkauf ausgeschrieben wurden, andererseits waren nun die Hafeneinfahrten aber plötzlich zu seicht. So mussten am Bielersee sämtliche Landestellen umgebaut werden, am Murtensee jene von Murten. Am mit Abstand grössten Gewässer, dem Neuenburgersee, spielte die Schifffahrt von alters her eine grössere Rolle, als auf den anderen beiden Seen. Seine grosse Fläche machte die Umfah-

Zwei neue Häfen in Murten

Bis zum Bau der Broyetal-Eisenbahnlinie (eingeweiht 1876) war für Murten der Wasserweg über den Murtensee und die Broye eine lebenswichtige Ader. Mit der «Industriel» legte 1835 sogar erstmals ein Dampfschiff in Murten an. Sie konnte aber keinen regelmässigen Fahrplanbetrieb aufnehmen. Führte die Broye zu wenig Wasser, musste die «Industriel» draussen, also auf dem Neuenburgersee, bleiben. Darum – aber auch weil das Städtchen Murten wie so viele andere Gemeinden unter den Überschwemmungen litt und dazu auch Ländereien im Grossen Moos besass – befürwortete es die Juragewässerkorrektion. Insofern überraschte es, dass die Murtener in den 1850er-Jahren einen neuen Hafen verlangten, wussten sie doch, dass mit der Korrektion die Seen abgesenkt würden. Nichtsdestotrotz wurden die Mole verlängert, das Becken vertieft und der Hafenplatz ausgebaut. Der Kanton Freiburg übernahm einen Drittel der Kosten. In der Folge kam es, wie es kommen musste: 1876, knapp 15 Jahre später, sank der Seespiegel des Murtensees; der «neue» Hafen verlandete. Nochmals knapp 20 Jahre später, am 21. Juni 1895, konnte der neue «neue Hafen» mit einem grossen Seefest eingeweiht werden (RUBLI 2004).

Der neue «neue Hafen» von Murten 1898.

Der neue Uferverlauf verlangt entsprechende Massnahmen: Bau einer Uferschutzmauer bei Twann, um 1880.

rung während langer Zeit fast unmöglich. Die Erhaltung der Hafenanlagen am Neuenburgersee war darum äusserst wichtig.

Die Absenkung der Seen führte vielerorts auch zu Ufereinstürzen: In Bipschal am Bielersee rutschte zum Beispiel ein halber Rebhang von zirka 3400 m² in den See. Ufereinstürze wurden auch aus Twann und zwischen Vingelz und Tüscherz gemeldet. In La Neuveville kam es zu Terrainsenkungen (PETER 1922).

Aufgetaucht: Eine Region entdeckt ihre Vergangenheit

Am 8. November 1877 berichtete die in Le Locle/NE herausgegebene Zeitung «Le Peuple» über die Absenkung des Neuenburgersees: *«Elles sont nombreuses et variées les conséquences qui découlent de l'abaissement de notre lac, tant au point de vue économique qu'au point de vue pittoresque et scientifique. [...] Il y a plusieurs semaines déjà que l'on voit sur la plage de St-Blaise une couche de tourbe, qui se présente sous la forme d'une grande tache noir, parallèle au bord actuel de l'eau. [...] Mais ce qui est plus significatif au point de vue de l'histoire du lac, c'est que dans ce banc de tourbe se trouvent enfois une quantité de troncs d'arbres [...]»*

Aus dem See ragende Pfähle waren jedoch nichts Neues. Schon 1581 hatten sich die Fischer in Estavayer am Neuenburgersee beim Magistrat darüber beschwert: An diesen Pfählen würden ihre Fischernetze andauernd zerreissen. 1767 berichtete der Nidauer Stadtschreiber Abraham

Das zurückgewichene Wasser brachte es ans Licht: Überreste einer Pfahlbau-Siedlung bei Mörigen am Bielersee.

Fundstücke aus Vinelz am Bielersee.

Pfahlbauten für die junge Schweiz

Im Frühsommer 1854 besuchte der bekannte Zürcher Historiker Ferdinand Keller den Bielersee. Schwab und Müller zeigten ihm dort die Fundstellen der von ihnen entdeckten prähistorischen Siedlungsresten. Noch unter dem Eindruck ähnlicher Funde im Zürichsee stehend, verfasste Keller im gleichen Jahr sein klassisches Werk «Die keltischen Pfahlbauten in den Schweizerseen». Keller erfand damit den Begriff der «Pfahlbauten». Für die junge Eidgenossenschaft waren diese keltischen Pfahlbauten ein Glücksfall, zumal damit eine gemeinsame Geschichte der Schweizer bis zurück in die Urzeit konstruiert werden konnte. Dieser Identifikationsmythos demonstrierte vorzüglich die Einheit und die historische Dimension des Bundesstaates (Albert Hafner. In: SEEBUTZ 2004: 29).

Pagan auch von Pfählen im Bielersee (Albert Hafner. In: SEEBUTZ 2004: 29). Und 1846 erzählte der Petersinsel-Schaffner Wilhelm Irlet von Twann dem Bieler Oberst Friedrich Schwab, *«es befinde sich in der Bucht von Mörigeneggen eine erhöhte Stelle mit Pfählen, wo man Vasen, meistens Bruchstücke, finde»* (Zit. in: Annelise Zwez. In: W. GASSMANN AG 2000: 35).

Bei tiefen Wasserständen waren also bereits vor der Ersten Juragewässerkorrektion Einblicke in die Urzeit möglich. Auch wurden damals die ersten prähistorischen Fundstücke geborgen. Während dieser Zeit legten Oberst Friedrich Schwab aus Biel und der Notar Emanuel Müller aus Nidau den Grundstock zu ihren berühmten privaten Sammlungen. Schwabs Fundus erregte auch international grosses Aufsehen; etwa an der Weltausstellung in Paris im Jahre 1867.

So richtig griff das Pfahlbaufieber aber erst während der Juragewässerkorrektion um sich. Die Korrektionsarbeiten führten zu einem drastischen Absinken der Seespiegel im Murten-, Neuenburger- und Bielersee. Erstmals konnten die Siedlungsreste nun trockenen Fusses erreicht werden. Seeanwohner, Fischer und Bauern liessen sich das nicht entgehen: Auf den freigelegten Strandabschnitten durchwühlten sie den Schlamm auf der Suche nach prähistorischen Ruinen und Gegenständen. Ihre Fundstücke verschacherten sie gleich korbweise auf dem Pfahlbaumarkt in Neuenstadt. Die Nachfrage war derart gross, dass sogar gefälschte Objekte angeboten wurden. 1873 schritten die Berner Behörden schliesslich ein und verboten fortan das Sammeln von «alterthümlichen Gegenständen».

Eduard Will.

Der Pfahlbau-Raubzug während der Ersten Juragewässerkorrektion hatte aber auch sein Gutes, denn ohne die privaten Sammler wäre manches wertvolle Fundstück verloren gegangen. Heute weiss man, dass die Erosion die ungeborgenen Artefakte in der Zwischenzeit längst in den Seegrund verfrachtet hätte.

Die Kraft, die im Wasser steckt

Im späten 19. Jahrhundert war die Elektrotechnik so weit fortgeschritten, dass mit Turbinen und Generatoren im grossen Stil Strom erzeugt werden konnte. An der Elektrifizierung des Kantons Bern war das Seeland massgeblich beteiligt. Das bedeutsamste Kraftwerk nahm im Juli 1900 in Hagneck den Betrieb auf. Das Aarewasser wurde im Kanal gestaut und ein Gefälle von 9 Metern zur Stromproduktion genutzt. 1903 wurde das Kraftwerk unter der Leitung des Nidauers Eduard Will (1854–1927) mit dem Kanderwerk vereinigt, woraus später die Bernischen Kraftwerke (BKW) entstanden (heute: BKW FMB Energie AG).

Das Kraftwerk Hagneck.
Ansichtskarte von 1932.

1913 nahm das Kraftwerk Kallnach, das dank eines unterirdischen Stollens 20 Meter Gefälle nutzen kann, seinen Betrieb auf.

Die flächendeckende Nutzung der Elektrizität setzte sich enorm rasch durch. Strommasten und -leitungen setzten neue Akzente in der Landschaft. Die Mechanisierung und Elektrifizierung der Industrie ermöglichte erstmals die standortunabhängige Massenproduktion von Waren aller Art.

Auch im Alltag setzte die neue Energieform Zeichen: So machte beispielsweise die elektrische Strassenbeleuchtung den Laternenanzünder arbeitslos.

Während des Ersten Weltkriegs stiegen die Preise für Kohle stark an. Das elektrische Licht verdrängte nun das aus Kohle gewonnene Leuchtgas endgültig. Auch die Elektrifizierung von Industrie und Gewerbe, der Landwirtschaft und der Eisenbahn wurde rasch vorangetrieben.

Erste Strommasten in Siselen: Aufnahme nach 1910, als die Elektrifizierung im Seeland fortschritt.

> «Die Geschichte des Menschengeschlechts ist auch die seines Verhältnisses zu der Natur.»
>
> Johann Wilhelm Ritter, 1810

Dunkle Wolken am Horizont

Der Boden senkt sich

Nun war das grosse Werk vollbracht und der Aareteufel endlich gezähmt. Mit der Ersten Juragewässerkorrektion konnte das Seeland entwässert werden; die stetige Hochwassergefahr schien beseitigt. Die Seuchengefahr war gebannt und entsprechend verbesserten sich die Lebensverhältnisse. Im ehemaligen Sumpfland sprossen nach und nach Gemüse, Kartoffeln, Korn oder Zuckerrüben. Und wo früher nur mageres Riedgras wuchs, breiteten sich allmählich saftige Wiesen aus.

Die gesamte Bevölkerung profitierte von dieser Entwicklung. Einst armselige Dörfer verwandelten sich mit der Zeit in wohlhabende, schmucke Ortschaften. Das Gewerbe blühte auf, neue Industrien siedelten sich an und die Landwirte sahen einer rosigen Zukunft entgegen.

Allerdings stellte die Entwässerung der Moore zu Beginn für die Bauern eine herbe Enttäuschung dar: Einerseits waren die Böden schwierig zu kultivieren und mussten noch mit geeigneten Massnahmen verbessert werden, andererseits kamen den Bauern immer wieder alte, steinharte Eichenstämme aus der längst vergangenen Epoche des frühzeitlichen Urwalds in die Quere und beschädigten die Pflüge (Werner Moser. In: Gemeinden des Amtes Erlach 1974: 323).

Mit Abstand am erschreckendsten war aber folgendes Naturereignis: Vor den Augen der Bauern sackten die Torfböden in sich zusammen. Die Böden im Grossen Moos senkten sich rund einen Meter ab – ja stellenweise wurden Absenkungen von bis zu vier Metern gemessen (Burri 1995: 214). Erhöhte Wege in den Gemüsefeldern legen bis heute Zeugnis dieses Vorgangs ab.

> **Ein Prozent**
>
> Mit der Ersten Juragewässerkorrektion konnten rund 400 km² Boden urbar gemacht werden. Das entspricht fast einem Prozent der gesamten Fläche der Schweiz (41,285 km²).

Unliebsame Überraschung: In den trockengelegten Mooren tauchten zahlreiche alte Eichenstämme auf und erschwerten die Kultivierung des Bodens.

Ein kapitaler Brocken: Ein aus der Aare geborgener alter Eichenstamm.

Obwohl dieses Phänomen bereits von Richard La Nicca vorausgesagt worden war, fühlten sich viele Bauern betrogen. Denn mit dieser Senkung der Böden verringerte sich die Differenz zwischen den Seespiegeln und den ehemaligen und nun bewirtschafteten Mooren. So nahm die Überschwemmungsgefahr bei hohen Wasserständen wieder zu.

Auch die Besitzer der Strandböden waren verärgert. Sie hatten sich in trügerischer Sicherheit gewiegt und nach dem Absenken der Seen das trockengelegte Land bis dicht an die neue Uferlinie zu kultivieren begonnen. Bei jedem auch nur geringen Hochwasser wurden ihre frischen Kulturen überschwemmt und vernichtet. Erstmals war dies 1891 so weit: An allen drei Jurarandseen standen die Strandböden unter Wasser.

Ursachen für die Bodenabsenkung
1. Die torfhaltigen Böden waren nicht mehr mit Wasser getränkt, die lockere Torfstruktur sackte deshalb in sich zusammen.
2. Die in den Torfböden enthaltenen Humusanteile zersetzten sich beim Kontakt mit Luft in Wasser und Kohlendioxid (CO_2).
3. Die ausgetrockneten Torfböden – da der Grundwasserspiegel ja gesunken war – zerkrümelten, worauf der Wind die trockene Krume davon wehte.

Die Seeabsenkung trägt Früchte: Getreideernte bei Witzwil, 1918.

Güterzerstückelung

Die Natur stellte den Bauern viele Hindernisse in den Weg, und der Ausbau der Landwirtschaft im Grossen Moos kam nur schleppend voran. Viele Probleme waren jedoch auch hausgemacht: Insbesondere das komplizierte Erbschaftsrecht erschwerte im Seeland die zügige Modernisierung der Landwirtschaft. Bei jedem Erbgang wurde das Land unter den Erbberechtigten aufgeteilt, wozu auch die Töchter zählten. In anderen Regionen erbte jeweils der älteste Sohn (örtlich auch der jüngste) den Bauernbetrieb. Die im Seeland praktizierte so genannte «Realteilung» führte zu einer absurden Form der Güterzerstückelung mit kleinsten schmalstreifigen Ackerflächen, die sehr schwer zu bewirtschaften waren. Das von Alfred Scheurer (siehe auch S. 46) von seinem Onkel erworbene Heimwesen im Gampelen von 23,4 Hektaren wies beispielsweise 90 verschiedene, in fünf Gemeinden gelegene Parzellen auf! Als 1911 in Ins ein landwirtschaftlicher Betrieb versteigert wurde, kamen über 50 Parzellen unter den Hammer (Werner Moser. In: GEMEINDEN DES AMTES ERLACH 1974: 327).

Fischbestände schwinden und die Reben wollen nicht gedeihen

Kaum jemand machte sich vor und während der Ersten Juragewässerkorrektion Gedanken über den Erhalt der Umwelt. Der Schutz der Menschen vor den wilden Naturkräften, der Gewinn von trockenen Landwirtschaftsflächen und die aufkommende Wasserkraftnutzung hatten absoluten Vorrang; Vorkehrungen zum Schutz der Fauna und Flora wurden deshalb keine getroffen.

Dabei wirkte sich die Umgestaltung der Landschaft massiv auf das ökologische System aus. Deutlich erkennbar war der Rückgang oder gar das Verschwinden vieler Tiere und Pflanzen in den trockengelegten Mooren. Aber auch das Leben unter Wasser wurde von diesem immensen Eingriff nicht verschont: So meldeten die Fischer am Bielersee schon während der Bauarbeiten am Hagneckkanal, und vermehrt noch nach Beendigung der Korrektionsarbeiten, einen dramatischen Rückgang des Fischbestands. Daran seien die Korrektionsarbeiten schuld, monierten die um ihre Existenz bangenden Berufsfischer. Zuerst hätte der Bau des

Der Fischer Johann Bendicht Anker bei der so genannten «Netzhänki» in Lüscherz. Aufnahme um 1900.

Hagneckkanals im Bielersee jahrelang eine Trübung des Wassers verursacht, dann sei das kalte Aarewasser aus dem Hagneckkanal für die Fische zu einer Gefahr geworden und schliesslich hätten die starken Seespiegelschwankungen zur Zerstörung der Laichplätze geführt. Arthur Peter (1882–1953), Verfasser des Berichts der bernischen Baudirektion zur Juragewässerkorrektion (PETER 1922), widersprach allerdings den Fischern. Auch an anderen Seen seien die Fischbestände zurückgegangen. Immerhin räumte er ein, dass durch die Absenkung der Seen ehemalige Laichplätze trockengelegt worden und die neuen Flachwasserzonen lange Zeit ohne Vegetation gewesen seien (Jörg Ramseier. In: SEEBUTZ 2005: 105ff.).

Unterstützung erhielten die Fischer von den Rebbauern am Bielersee, die einen Ernterückgang beklagten. Dieser sei auf das kalte Aarewasser zurückzuführen (siehe auch S. 119).

Gefährdete Reben: Die Winzer machten die Juragewässerkorrektion für Ernterückgänge verantwortlich.

Zu wenig Wasser unter dem Kiel

Die Erste Juragewässerkorrektion hatte viele Probleme aus der Welt geschaffen – aber nicht alle! Da das erste Korrektionsprojekt keine Regulierung vorsah, schwankten die Pegelstände in den Seen und Flüssen nach wie vor stark. So floss aus dem Bielersee entweder zu viel oder zu wenig Wasser ab. Das hatte nicht nur bedrohliche Hochwasser zur Folge, es kam in den Seen, Kanälen und Flüssen auch immer wieder zu extremen Niedrigwasserständen.

Nicht immer genug Wasser unter dem Kiel: Die DS «Jura» in La Sauge auf dem Broyekanal.

Letztere waren insbesondere für die Schifffahrtsunternehmungen inakzeptabel. Denn bei jedem Niedrigwasser blieb den Schiffen zu wenig Wasser unter dem Kiel.

Viele Hausbesitzer bliesen ins gleiche Horn. Demnach bedrohten die tiefen Wasserstände ihre Häuser. Da etwa in Biel, Neuenburg oder Solothurn ganze Quartiere gewissermassen «auf Wasser gebaut waren», standen viele alte Gebäude auf Holzpfählen. Gemäss dem Bieler Ingenieur Hans Pletscher halten solche Pfähle normalerweise zwar Jahrhunderte, jedoch «vorausgesetzt, sie sind nicht der Luft ausgesetzt» (BIELER TAGBLATT vom 26. Juli 2006). Genau hier lag aber das Problem: Aufgrund der tiefen See- und Flussspiegel senkte sich auch das Grundwasser. Die Pfähle gelangten an die Luft und begannen in der Folge zu faulen. Dieses Problem bereitet Baumeistern und Architekten bis heute Kopfschmerzen.

Eine der ältesten noch erhaltenen Fotografien des Dorfes Erlach von 1880 mit trockengelegten Flächen nach der Ersten Juragewässerkorrektion.

Wassermangel in den Turbinen

Bei der Planung und Durchführung der Ersten Juragewässerkorrektion war die Nutzung der Wasserkraft zur Stromproduktion technologisch noch nicht möglich. Erst 1900 nahm das Kraftwerk in Hagneck den Betrieb auf. Später folgten weitere Werke unterhalb des Bielersees. Damit kam nun ein weiterer Akteur ins Spiel: die Kraftwerkbetreiber.

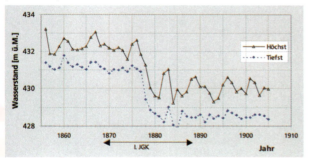

Wasserstand des Neuenburgersees: Jahresmaxima und Jahresminima (1856–1905).

Die Kraftwerke, die unterhalb des Bielersees den Betrieb aufgenommen hatten, waren auf eine regelmässige Wasserführung angewiesen. Vor allem im Winter war diese aber nicht gewährleistet. Wegen akuten Wassermangels musste die Stromproduktion jeweils stark zurückgefahren werden, was zu empfindlichen Einbussen und entsprechenden Reklamationen der Kraftwerkbetreiber führte. Wegen ihrer volkswirtschaftlichen Bedeutung nahmen Regierung und Behörden diese Kritik sehr ernst.

Forderungen nach der Ersten Juragewässerkorrektion

- Die Landwirtschaft verlangte einen vollständigen Schutz vor Überschwemmungen und Versumpfung.
- Die Strandbodenbesitzer begehrten, dass ihr Land nicht bei jedem Hochwasser überschwemmt wird.
- Die Kraftwerkbetreiber forderten eine gleichmässige Wasserführung und insbesondere einen höheren und regulierten Abfluss des Bielersees im Winter.
- Die Fischer verlangten kleinere Niveauschwankungen der Seespiegel und konstante Pegel während der Laichzeit, damit der Laich nicht trockengelegt wird.
- Die Schifffahrt forderte möglichst hohe Wasserstände, damit der Wasserweg von Yverdon bis Solothurn jederzeit befahrbar bleibt.
- Die Hausbesitzer wünschten sich ebenfalls hohe Wasserpegel, damit das Grundwasser nicht weiter absinkt.

Der Umwelthistoriker François Walter kommentiert die zahlreichen Begehren und kritischen Äusserungen, die nach der Ersten Juragewässerkorrektion aufkamen, treffend: «Wie gewohnt interpretierte jeder die Umweltveränderungen ausgehend vom Nutzen, den er aus der Natur zog.» (WALTER 1996: 53).

Schwankende Seespiegel: Die unterschiedlichen Pegelstände haben auf der Seeufermauer bei Ligerz ihre Spuren hinterlassen.

Schwankende Wasserspiegel

Zwar konnten mit der Ersten Juragewässerkorrektion die Pegelschwankungen der Aare und der Juraseen verringert werden, die Unterschiede der Wasserstände blieben aber gleichwohl gross. So lag in Solothurn der maximale Schwankungsbereich der Aare vor der Korrektion bei fast sieben Metern und danach etwa bei der Hälfte, was aber immer noch zu viel war. Auch die mittleren jährlichen Schwankungsbereiche der Juraseen waren nach den ersten Korrektionsarbeiten noch sehr gross, wie untenstehende Angaben dokumentieren (MOSER 1991: 287ff.).

	Mittlerer Schwankungsbereich vor 1. JGK in Metern	Mittlerer Schwankungsbereich nach 1. JGK in Metern
Murtensee	5	3,56
Neuenburgersee	5	3,01
Bielersee	5,1	3,31

Fleisch, Milch und Zucker

Um 1900 erwachte in den rasch wachsenden Städten der Fleischhunger; auch die Nachfrage nach Milchprodukten nahm stetig zu. Die Bauern reagierten auf diese veränderten Konsumgewohnheiten mit einer Ausdehnung ihrer Nutztierbestände. Das förderte wiederum die Ausbreitung von Wiesland. Zwar hielten die Bauern im Seeland trotz tiefen Getreidepreisen länger als ihre Ostschweizer Kollegen am Getreideanbau fest. Allmählich gewannen Milchwirtschaft und Fleischproduktion aber auch hier an Boden.

Dieser Strukturwandel wirkte sich nachhaltig auf das Landschaftsbild aus. Die ehemals «gelbe» Schweiz (Kornland) verwandelte sich nach und nach in eine «grüne» Schweiz (Wiesland).

Der Ackerbau blieb im Seeland indessen sehr bedeutsam. Aber auch hier verschoben sich die Gewichte. Traditionelle Nutzpflanzen verloren an Bedeutung: Emmer, Einkorn und Hirse verschwanden vollends, der Anbau von Dinkel und Gerste ging zurück. Im gesamten Mittelland, und damit auch im Seeland, wurden vermehrt Weizen und Hafer sowie Hackfrüchte – etwa die Kartoffel – angebaut. Auch verdrängte die importierte Baumwolle den heimischen Hanf und Flachs, so dass beide bald kaum mehr kultiviert wurden.

Eine der letzten Hanfernten im Seeland: Die importierte Baumwolle verdrängte zunehmend den heimischen Hanf.

Empfindliche Einbussen musste der Rebbau einstecken. Einerseits bekam die Weinproduktion die zunehmende Konkurrenz durch Bier und Obstmost als Alltagsgetränke zu spüren, andererseits führten nasskalte Sommer und aus den USA eingeschleppte Schädlinge (Falscher Mehltau und Reblaus) zu gravierenden Ernteausfällen. Allein im bernischen Rebareal schrumpfte die Anbaufläche zwischen 1885 und 1915 auf einen Viertel (PFISTER 1995, Im Strom der Modernisierung: 209ff.)!

Die süsse Versuchung

Zucker galt früher als Luxusartikel, der ausschliesslich den reichen Familien vorbehalten war. Als in der zweiten Hälfte des 19. Jahrhunderts billige Zuckerimporte in die Schweiz gelangten, verwandelte sich der Süssumstoff in ein Massenkonsumgut. An diesem einsetzenden Boom wollten auch die Schweizer Bauern teilhaben. Doch alle Versuche, in der Schweiz Zucker aus Zuckerrüben zu gewinnen und lukrativ zu vermarkten, schlugen fehl. Im Vergleich zur Importware blieben die Herstellungskosten stets zu hoch.

Obwohl die Voraussetzungen somit alles andere als ideal waren, wurde 1899 in Aarberg eine Zuckerfabrik gegründet. Anfangs standen dem Unternehmen zu wenig Rüben zur Verfügung. Ab 1903 kaufte und pachtete die Zuckerfabrik Aarberg deshalb Landparzellen und liess diese bewirtschaften. Schliesslich wurden zwischen Grenchen und Payerne sowie im Gürbetal auf 500 Hektaren Zuckerrüben angepflanzt. Meist handelte es sich dabei um Flächen aus Meliorationen (siehe auch S. 165ff.), die vorher noch nie bewirtschaftet worden waren (PFISTER 1995, Im Strom der Modernisierung: 211). Daher spielte die Zuckerfabrik Aarberg bei der Nutzbarmachung ehemals versumpfter Gebiete eine äusserst bedeutsame Rolle.

Nach mehreren Rückschlägen (1909 Konkurs, 1912 Fabrikbrand) begann die Zuckerfabrik langsam schwarze Zahlen zu schreiben. Allerdings war das nicht allein ein Verdienst der Fabrikanten. Vielmehr hatte sich das Verhältnis zwischen Staat und Zuckerwirtschaft nach dem Ersten Weltkrieg grundlegend gewandelt. Die öffentliche Hand schuf mittels Markteingriffen nach und nach günstige Rahmenbedingungen für die einheimische Zuckerindustrie.

Für die Zuckerrübenproduktion wurden ehemalige Sumpfgebiete urbar gemacht: Entlad von Zuckerrüben in der Zuckerfabrik Aarberg.

Und wieder steht das Seeland unter Wasser

1910 kam es zur ersten grossen Überschwemmung seit der Juragewässerkorrektion. Das gesamte Seeland und die Aareebene standen unter Wasser. Die beiden Hochwasser von 1910 (Januar und Juli) führten den Verantwortlichen deutlich die schwächste Stelle des Werkes vor Augen: das alte Wehr in Nidau. Dieses war nicht nur baufällig, sondern vor allem auch unzweckmässig, vermochte es die Wassermassen doch schlicht nicht zu meistern und versperrte vielmehr den Abfluss. Bei hohen Wasserständen konnte das Wehr sogar mehrmals nicht geöffnet werden. Als im Katastrophenjahr die Seen über die Ufer traten und die Ebenen überfluteten, telegrafierten die Kantone Freiburg, Neuenburg und Waadt verzweifelt nach Bern und verlangten die sofortige Sprengung des Bauwerks. Der damalige bernische Baudirektor Karl Könitzer (1854–1915) hingegen, war für eine solche Verzweiflungsmassnahme nicht zu haben. Er reagierte besonnen und kabelte treffend zurück: *«Nume nid gschprängt.»*

Nicht auszudenken, welche Verheerungen die in Sekundenschnelle frei gelassenen Wassermassen in den Kantonen Solothurn und Aargau angerichtet hätten, wäre er dem ultimativen Begehren nachgekommen.

Anstatt das alte Wehr zu sprengen, wurde es von 1911 bis 1915 saniert. Letztlich gab das Hochwasserereignis von 1910 aber den endgültigen Anstoss für eine Zweite Juragewässerkorrektion (EHRSAM 1974: 22f.).

Das umstrittene alte Wehr in Nidau.

Neue Korrektionsprojekte

1912, noch ganz unter dem Eindruck des Hochwasserjahres 1910, gaben die Kantone Freiburg, Neuenburg und Waadt eine Studie über eine Neuordnung der Juragewässerkorrektion in Auftrag. Der Verfasser der Studie, der Lausanner Ingenieur Louis Deluz, legte 1914 sein Projekt vor. Darin ging er insbesondere auf die Wasserspiegelschwankungen und die Höchstwasserstände ein: beide sollten verringert werden. Er schlug daher vor, das Wehr in Nidau umzubauen. Deluz kritisierte zudem, dass das Wehr in Nidau nur den Nidau–Büren-Kanal kontrollierte, nicht aber die Zihl. Deshalb empfahl er, auch in der Zihl eine Anlage zu errichten. Ferner plante er die Korrektion des Nidau–Büren-Kanals respektive der Aare zwischen Nidau und Willihof/SO sowie Baggerungen im oberen Zihlkanal. Um künftig extreme Niedrigwasserstände vor und in Solothurn zu verhindern, wollte Deluz unterhalb der Emmemündung ein bewegliches Wehr bauen (PETER 1922: 12ff.).

Leider konnte das später auch vom Berner Ingenieur Arthur Peter positiv gewürdigte Projekt nicht umgesetzt werden. Denn nur wenige Wochen nachdem Deluz sein Projekt vorgestellt hatte, brach in Europa der Erste Weltkrieg aus und Deluz' Pläne mussten zurückgestellt werden.

Bereits 1918, kurz nach Kriegsende, griff die Politik das Geschäft aber wieder auf. Der Aarberger Grossrat Gottfried Müller (1870–1936) verlangte in einer Motion an die Berner Regierung eine Zweite Juragewässerkorrektion. Aufgrund seines Vorstosses schuf der Kanton Bern die spezielle Abteilung «Juragewässerkorrektion». Deren Chef wurde Arthur Peter, der sich sofort daran machte, ein neues Projekt auszuarbeiten. Bereits 1921 lag dieses vor. Peter dachte dabei in grossen Dimensionen: Ihm schwebte die totale Beseitigung der Überschwemmungsgefahr und die Förderung der Wasserkraftnutzung durch die Aare- und Rheinkraftwerke vor. Als Sofortmassnahme empfahl er, das Nidauer Wehr zu ersetzen und bei dessen Neubau auch die Zihl mit einzubeziehen (Hans Müller. In: FREY 1956: 49ff.).

Arthur Peter.

Die von Peter budgetierten Kosten von zirka 45 Millionen Franken sprengten allerdings die finanziellen Möglichkeiten von Bund und Kantonen.

Ebenfalls an der Kostenfrage scheiterte das redimensionierte Projekt einer vom Bundesrat eingesetzten interkantonalen technischen Kommission. Dieses Korrektionsvorhaben hätte «nur» 34 Millionen Franken gekostet. Dem Bund wäre davon lediglich die Hälfte und den Kanto-

Keine Zeit für neue Korrektionspläne: Bieler Landsturm in der Taubenlochschlucht zu Beginn des Ersten Weltkriegs, 1914.

Die grosse Wirtschaftskrise

Die Umsetzung der neuen Korrektionspläne scheiterte nicht zuletzt an den Wirtschaftskrisen. So meldete Biel bereits 1921/1922 bis zu 3000 Arbeitslose. Nach dem Börsencrash in New York vom Oktober 1929 verschärfte sich die Situation dramatisch. Zuerst wurden Hunderte von Uhrenarbeitern auf die Strasse gestellt, danach war das Metall- und Baugewerbe von Massenentlassungen betroffen. Im Jahre 1933 erreichte die Krise ihren Höhepunkt. In Biel waren beinahe 5000 Menschen arbeitslos – dies bei einer Wohnbevölkerung von 38 000 Einwohnern. Damals existierte noch keine Arbeitslosenversicherung. Viele erwerbslose Väter wussten nicht mehr, wie sie ihre Familien ernähren sollten (Stefan Rohrbach. In: W. GASSMANN AG 2000: 94).

Keine Arbeit.

nen ein Viertel der Kosten in Rechnung gestellt worden. Die restlichen 25 Prozent hätten die Kraftwerke zu tragen gehabt.

Vor dem Hintergrund der Wirtschaftskrisen in den 1920er- und 1930er-Jahren kam aber auch dieses Projekt nicht über die Planungsphase hinaus.

Als vorgezogene Massnahme zur Zweiten Juragewässerkorrektion konnte immerhin ein Vorschlag Arthur Peters verwirklicht werden. Der Kanton Bern nahm sich dem baufälligen Wehr in Nidau an. Mit Bundeshilfe und unter der Leitung Peters wurde zwischen 1936 und 1940 ein neues Wehr errichtet. Dieses Bauwerk ersetzte die alte Anlage in Nidau. Die Regulieranlage wurde unterhalb der Einmündung der Zihl in Port gebaut und ist das Kernstück der gesamten Korrektionsarbeiten des 20. Jahrhunderts geblieben (EHRSAM 1974: 23).

Das Hochwasser von 1944

Am 25. November 1944 berichtete das «Bieler Tagblatt» (der frühere «Seeländer Bote»): «*See, Aare, Zihl und Schüss treten über die Ufer – Die Liegenschaften in der Nähe des Sees fast völlig überschwemmt – grosser Sach- und Kulturschaden längs des Bielersees – grösste Ueberschwemmung seit Menschengedenken. […] Einwohner unserer Stadt mögen sich erinnern, dass die letzte Ueberschwemmung im Jahre 1910 zu verzeichnen war.* Nach

Vorgezogene Massnahme: Das Regulierwehr in Port, um 1940.

Die Aare tritt über ihre Ufer. Flugaufnahme während des Hochwassers 1944 unterhalb von Büren.

den behördlichen Feststellungen steht aber das Wasser heute schon 23 cm höher als damals und die Differenz des Wasserstandes gegenüber einem Normalstand beträgt 1,50 Meter. Es ist aber klar, dass nicht nur der See, sondern auch alle Flussläufe des bernischen Seelandes, wie die Aare (bei Altreu in der Gegend von Grenchen), die Zihl bei Nidau und die Schüss an verschiedenen Orten über die Ufer treten, genau wie auch die Saane bei Gümmenen. Die Überschwemmungen in der Gegend von St. Johannsen sind so stark, dass dort ein grosser Teil des Gebietes unter Wasser steht und schwerer Kulturschaden entstanden ist. Dass heute die sonst aus dem Neuenburger- in den Bielersee fliessende Zihl wieder in den Neuenburgersee zurückfliesst, gibt ein anschauliches Bild dieser verzweifelten Situation.»

Die Hochwasserkatastrophe von 1944 war die schwerste seit Abschluss der Arbeiten zur Ersten Juragewässerkorrektion. Ein Föhneinbruch löste eine verfrühte Schneeschmelze aus. Als in der Folge auch noch Dauerregen einsetzte, war das Unglück perfekt. Vom 24. bis zum 26. November lag der Pegel der Aare in Bern 1,8 Meter über dem Normalstand. Unterhalb der Eisenbahnbrücke von Gümmenen riss die Saane 40 Meter des Flussdammes weg und zerstörte den Damm bei Wileroltigen. Am 24. November flossen bei Hagneck pro Sekunde 1500 Kubikmeter Wasser in den Bielersee. Das Wehr bei Port vermochte aber nur 700 Kubikmeter pro Sekunde passieren zu lassen. Fazit: Pro Sekunde flossen 800 Kubikmeter in den Bielersee und durch den Zihlkanal auch in den Neuenburgersee zurück, was entlang der Seen und Kanäle zu schweren Überschwemmungen führte.

Hochwasser 1944:
Muttenhof oberhalb von Solothurn.

Die Situation verschärfte sich am 8. Dezember nach einem heftigen Gewitter über der Broyeregion zusätzlich (RÖTHLISBERGER 1991: 85). 60 Prozent des Kulturlandes von Witzwil waren danach überschwemmt. Im freiburgischen «Le Rondet» an der Broye stand das Wasser stellenweise 1,7 Meter hoch. Die Strafanstalt St. Johannsen wurde zur eigentlichen Insel. Auch rund um die Strafanstalt Bellechasse entstand ein riesiger See. Ebenfalls schwer betroffen war die Aareebene zwischen Büren und Solothurn; hier richteten die Überflutungen grossen Sachschaden an (EHRSAM 1974: 23ff.).

Einen Monat lang schien es, als wäre das ursprüngliche Seeland wieder auferstanden. Die Seen, Kanäle und Flüsse befreiten sich aus ihren zu engen Korsetts und beanspruchten mit Nachdruck mehr Raum. Wie einst vor der Ersten Juragewässerkorrektion, breiteten sich zwischen den Juraseen und im Aaretal weite Wasserflächen aus.

Mit dem Hochwasser kehrten auch die Tiere zurück. So fanden am Rande der Überflutungen im Grossen Moos abertausende Möwen reichlich Nahrung und die Schwäne konnten ohne einen einzigen Flügelschlag gemächlich zwischen den Seen hin und her schwimmen.

Das überschwemmte Nidau während der Hochwasserkatastrophe von 1944.

*Ernte mit Eispickel:
Überfrorenes Zuckerrübenfeld
in Witzwil nach dem Hochwasser
von 1944.*

Gleichzeitig fuhren die Bauern mit Booten auf ihre Felder und erblickten entsetzt den angerichteten Schaden. Dieser war immens; durch die Katastrophe war ein grosser Teil ihrer Ernte vernichtet worden.

Besonders schwer waren die Zuckerrübenbauern vom Hochwasser betroffen, deren Rüben bereits in Haufen aufgeschichtet zum Abtransport bereit lagen. Rund drei Viertel der Ernte fielen darauf den Wühlmäusen zum Opfer. Und was diese übrig gelassen hatten, erfror beim Einbruch des Winters.

Da das Wasser vielerorts wochenlang stehen blieb und gefror, entstanden auch bei anderen Kulturen grosse Schäden (EHRSAM 1974: 25). Dies hatte für die ganze Schweiz schwerwiegende Konsequenzen, denn die landwirtschaftlichen Produkte aus dem Seeland spielten während des Zweiten Weltkriegs eine wichtige Rolle in den Kriegsernährungsplänen. Darüber hinaus war das Grosse Moos mit seinen fruchtbaren Feldern während der Kriegszeit im Rahmen der so genannten «Anbauschlacht» ein Symbol für die Selbstversorgung und damit für die Unabhängigkeit (DER BUND vom 18. Dezember 2004).

«Land unter».

> «Die Rede von ‹Naturkatastrophen› führt in die Irre. Das Katastrophale an Naturgewalten sind ihre Folgen, das Ausmass dieser Folgen hängt wesentlich von der Verfassung der jeweiligen Gesellschaft ab, in der sie sich zerstörerisch auswirken.»
>
> Wolf R. Dombrowsky, 2005

Rufe nach einer Zweiten Juragewässerkorrektion

«Land unter»

Den Verheerungen von 1944 folgten regelmässig weitere Überschwemmungen, so 1948, 1950, 1952, 1953 und 1955. Vor allem das Hochwasser von 1955 nahm besonders bedrohliche Ausmasse an. Einmal mehr stand das Wasser in Kellern, Ställen und Wohnräumen und überflutete die Felder und Weiden. Wiederum entstand ein riesiger Sachschaden und Teilen des Seelandes drohte die erneute Versumpfung.

Sachschaden in Witzwil und St. Johannsen 1944–1955
in Franken

	1944/45	1948	1850	1951	1952	1953	1955
Witzwil	160 100		173 163				117 246
St. Johannsen	100 000	60 000	50 000	30 000	70 000	80 000	70 000

Die zahlreichen schweren Überschwemmungen machten deutlich, dass mit der Ersten Juragewässerkorrektion das Werk keineswegs vollendet war. Offenbar hatten sich die Juragewässer nicht so einfach überlisten lassen, es waren eindeutig weiterführende Korrekturmassnahmen nötig. Mit jedem Hochwasser wurden deshalb die Rufe nach einer Zweiten Juragewässerkorrektion lauter.

Das Seeland stand noch unter Wasser, als Nationalrat Arnold Seematter (1890–1954) am 12. Dezember 1944 in der Grossen Kammer eine «kleine Anfrage» einreichte, um zu erfahren, wo der Bundesrat in Sachen Juragewässerkorrektion stehe. Am 27. Februar 1945 nahm die Landesregierung dazu wie folgt Stellung: «*Es würde dem Sinn und Geist der eidgenössischen Wassergesetzgebung entsprechen, wenn die interessierten Kantone einen von ihnen damit betrauen würde, Vorschläge zu machen, wie die heutigen Verhältnisse mit angemessenen Mitteln verbessert werden könnten. Der Bund wäre bereit mitzuarbeiten.*» (Arnold Seematter. Zit. in: Frey 1956: 7f.).

Derweil nahmen die Politiker die wachsende Beunruhigung in der Bevölkerung vermehrt auf. Gleich drei Vorstösse wurden 1950 auf eidgenössischer Ebe-

Das Grissachmoos bei Gals unter Wasser, im November 1944.

1950 wurden die Felder im Seeland wieder überschwemmt.

ne eingereicht: eine Interpellation vom Freiburger Nationalrat Armand Droz (1903–1976) sowie je ein Postulat der Nationalräte Dewet Burri (BE, 1901–1995) und Paul-René Rosset (NE, 1905–1977). Alle drei Vorstösse wurden von Bundesrat Josef Escher (1885–1954) am 18. September 1951 beantwortet. Er vertrat die Ansicht, dass es Sache der Kantone sei, die Initiative zur Zusammenarbeit zu ergreifen (EHRSAM 1974: 25; FREY 1956: 75).

Dieser Aufforderung kamen die Kantone Bern, Freiburg, Neuenburg, Solothurn und Waadt in der Folge nach. Am 22. August 1952 unterbreiteten sie dem Bundesrat ein gemeinsames Projekt. Der Plan sah folgende

Zum Gedenken an Johann Rudolf Schneider: Einweihung der Erinnerungsstätte in Meienried, im September 1956.

Ein neues Initiativkomitee

Am 23. Oktober 1954 jährte sich der 150. Geburtstag von Johann Rudolf Schneider. Zum Gedenken an den «Retter des Seelandes» versammelten sich in Nidau bei dessen Denkmal 1200 Seeländer. Nationalrat Hans Müller ergriff an der Feier das Wort. Er schlug vor, *«den 150. Geburtstag von Dr. Schneider zum Anlass der Grundsteinlegung für die II. Juragewässerkorrektion zu nehmen und ein Initiativkomitee zu bilden, das die Pläne vorantreiben und eine interkantonale technische Kommission ins Leben rufen sollte»* (EHRSAM 1974: 26). Die Idee wurde mit Begeisterung aufgenommen. Dem Berner Vorbild folgten bald darauf die anderen Kantone, in denen ähnliche Komitees gegründet wurden. Schliesslich schlossen sich die kantonalen Komitees zu einer «Interkantonalen Vereinigung für die II. Juragewässerkorrektion», unter der Leitung von Hans Müller, zusammen.

Erneutes Hochwasser im Jahre 1954: Hafen von Tüscherz-Alfermée.

Massnahmen vor: die Erweiterung des Broye- und des Zihlkanals sowie die Sohlenvertiefung des Nidau–Büren-Kanals; die künstliche Entwässerung mit Pumpstationen auf der Strecke Büren–Emmemündung, die Errichtung von Hochwasserdämmen, die Beseitigung des Emmeriegels und ein Stauwehr bei Luterbach. Die Kosten wurden auf 52 Millionen Franken veranschlagt, davon sollten der Bund 50, die Kantone 40 und die Aarekraftwerke 10 Prozent übernehmen.

Nachdem der Aarberger Nationalrat Hans Müller (1893–1971) am 10. Dezember 1953 mit einer Interpellation nachgedoppelt und diese am 18. März 1954 umfassend begründet hatte, erklärte sich der Bundesrat grundsätzlich mit dem Projekt einverstanden (EHRSAM 1974: 25f.).

Mahnende Worte

1952 erinnerte alt Bundesrat Rudolf Minger (1881–1955) die Berner Regierung mit eindringlichen Worten an ihre Verantwortung und mahnte diese, sich einer zweiten Korrektion der Juragewässer anzunehmen: «*Jede Gewähr ist vorhanden, dass der wirtschaftliche Aufschwung im Seeland auch in Zukunft prächtige Resultate ergeben wird, sofern es gelingt, die düstere Wolke, die sich immer mehr über der Gegend des Mooses ankündigt, recht-*

Hans Müller und die Juragewässerkorrektion

Die Korrektion der Juragewässer war Hans Müller gewissermassen in die Wiege gelegt worden. Sein Grossvater war während der Ersten Juragewässerkorrektion als Arbeiter zuerst am Nidau–Büren- und danach am Hagneckkanal beschäftigt. Auch Müllers Vater Gottfried arbeitete als junger Mann am Hagneckkanal. Später gründete dieser ein Baugeschäft und stieg in die Berner Politik ein. Als Grossrat gab Gottfried Müller 1918 jene Motion ein, über welche er eine Zweite Juragewässerkorrektion verlangte (siehe auch S. 121).

Hans Müller.

In seinem Sohn Hans fand die Zweite Juragewässerkorrektion einen unentwegten Verfechter, der das Projekt entschlossen vorantrieb (Markus F. Rubli. In: EINWOHNERGEMEINDE AARBERG 1999: 249ff.).

Sein ihm nicht verwandter Namensvetter Robert Müller, der später die Zweite Juragewässerkorrektion leitete, erinnerte sich mit folgenden Worten an Hans Müller: «*[Er] übernahm das Erbe seines Vaters. Er wusste von den Sorgen der Bevölkerung wegen der wieder häufiger auftretenden Überschwemmungen. Als Bauingenieur beschäftigte er sich mit den kantonalen und eidgenössischen Studien und Projekten [...]. [1962 hatte] Hans Müller, nach Jahrzehnte dauernden Bemühungen, das von seinem Vater angestrebte Ziel erreicht. Auch während der Bauausführung gab Hans Müller als Präsident der Interkantonalen Vereinigung bis zu seinem Lebensende der II. Juragewässerkorrektion den Rückhalt. Er wirkte als Bindeglied zwischen der Bevölkerung und den Ausführenden, half Missverständnisse zu klären und erleichterte so die Durchführung der Arbeiten. [...] Die II. Juragewässerkorrektion ist das grosse, bleibende öffentliche Werk, mit dem der Name des verstorbenen Bauingenieurs und Politikers verbunden bleiben wird.*» (aus Robert Müllers Nachruf auf Hans Müller. Zit. in: MÜLLER 1974, Abschliessender Bericht: 38f.).

zeitig zu verscheuchen. [...] Nicht nur die Menschen, sondern auch die Naturkräfte sind ständig an der Arbeit. Heute stehen wir vor der Tatsache, dass wegen Sand- und Kiesablagerungen die Abflussverhältnisse der Aare eine besorgniserregende Verschlimmerung erfahren haben, so dass bei Wassergrössen der Rückstau schon heute gewaltige Schäden verursacht. Dieser Zustand lastet wie ein Alpdruck auf weiten Kreisen der seeländischen Bevölkerung. Um diese Sorge kommt sicher auch die Berner Regierung nicht herum. Mit Recht darf sie heute auf unser Seeland stolz sein. Wenn sie aber will, dass dieser Stolz auch ihren Nachfahren erhalten bleibe, dann wird sie mit Beschleunigung an die Behebung der drohenden Uebelstände herantreten müssen.» (Zit. in: SEEBUTZ 1952).

Rudolf Minger.

Auch Neuenburg verlangte eine Korrektion und insbesondere die Vermeidung extremer Niedrigwasserstände. Der Neuenburger Regierungsrat Pierre-Auguste Leuba gab den Tarif klar durch: «*Nous sommes donc, nous Neuchâtelois, entièrement acquis au projet de deuxième correction des eaux du Jura, mais à la condition primordiale que la question du niveau minimum des eaux des lacs jurassiens, spécialement du lac de Neuchâtel, soit réglée de façon très claire et très nette. Nous devons avoir la garantie absolue que, sous aucun prétexte, on ne descendra dorénavant au-dessous de ce niveau minimum, dont la cote devra être fixée en tenant compte de la pleine sauvegarde de nos intérêts les plus légitimes.*» (Pierre-August Leuba. In: FREY 1956: 64).

Der Bundesrat antwortet

Zwar hatte der Bundesrat die Eingabe der Kantone von 1952 grundsätzlich begrüsst. Doch steckt der Teufel bekanntlich im Detail. So war es einerseits zweifelhaft, ob die Zweite Juragewässerkorrektion den Aarekraftwerken tatsächlich nützen und sich deren Beteiligung am Werk auszahlen würde. Andererseits stand die Frage der Schifffahrt im Raum. Sollten daher die Korrektionsarbeiten «auf Vorrat» die Bedürfnisse einer späteren Grossschifffahrt berücksichtigen? (siehe auch S. 152ff.). Und nicht zuletzt wünschte der Bundesrat eine Kostenreduktion. In seiner Antwort vom 2. Juni 1955 kam der letzte Punkt klipp und klar zum Ausdruck. Das Projekt war der Landesregierung zu teuer! Sie stellte einen Bundesbeitrag von maximal 40 Prozent an den Gesamtkosten in Aussicht.

Während sich der Bundesrat in Zurückhaltung übt, heben die Bauern im Grossen Moos Gräben aus, damit das Wasser abfliessen kann.

Der Bundesrat bemerkte, dass die Arbeiten, die einer künftigen Grossschifffahrt dienen würden, zurückzustellen und die Kosten teilweise auf die anstossenden Grundeigentümer zu überwälzen seien. Auch müsse der Uferschutz zwischen Büren und Solothurn reduziert werden.

Für die Kantone war der Bescheid aus Bern eine herbe Enttäuschung. Einmütig lehnten sie eine Kostenreduktion und eine Vereinfachung des Projekts ab. Sie beschlossen, ein Wiedererwägungsgesuch einzureichen.

Am 7. September 1956 hiessen die Kantonsvertreter den Entwurf eines «interkantonalen Vertrages über die gemeinsame Vorbereitung und Durchführung des Unternehmens der II. Juragewässerkorrektion» einstimmig gut. Nachdem die fünf Kantonsregierungen ebenfalls zugestimmt hatten, gewann dieser die Rechtsnatur eines Konkordats.

Wie in der Bundesverfassung vorgeschrieben, musste dieses staatsrechtliche Abkommen zwischen den Kantonen vom Bundesrat genehmigt werden. Die Genehmigung erfolgte erst am 8. Mai 1959 (EHRSAM 1974: 26ff.).

Robert Müller: Der neue Mann an Bord

Als sich im Sommer 1956 die Kantonsvertreter einmal mehr gegenüber sassen, wartete der Berner Baudirektor Samuel Brawand (1898–2001) mit einer Überraschung auf. Er teilte seinen Kollegen mit, dass er mit dem ETH-Professor für Hydraulik, Robert Müller (1908–1987), Kontakt aufgenommen habe. Dieser wäre durchaus zur Übernahme der Projektierungs- und Bauleitung der Zweiten Juragewässerkorrektion bereit, so Brawand. Der Vorschlag stiess auf reges Interesse. Die Kantonsvertreter beschlossen die baldige Schaffung eines Projektierungs- und Bauleiterbüros und boten dessen Leitung Robert Müller an.

Robert Müller (links) 1967 im Gespräch mit dem Berner Regierungsrat Erwin Schneider.

Dieser packte die einmalige Gelegenheit beim Schopf und nahm das Angebot kurzentschlossen an, denn was könnte es für einen Flussbauexperten Interesanteres geben, als die graue Theorie bei der grössten und komplexesten Gewässerkorrektion der Schweiz in die Praxis umzusetzen? Für diese verantwortungsvolle Aufgabe gab Robert Müller seine Professur an der ETH auf und trat bereits am 3. Januar 1957 die neue Stelle in Biel an. Mit seiner zehnköpfigen Familie zog er nach Bellmund, wo er bis zu seinem Tod wohnhaft blieb (EHRSAM 1974: 27ff).

Als Samuel Brawand zum ersten Mal mit Robert Müller in Kontakt trat, ahnte er wohl kaum, dass er damit in der Geschichte der Juragewässerkorrektionen ein neues Kapitel aufgeschlagen hatte. Denn mit Müller kam ein Mann an Bord, der sich fortan mit ganzer Kraft der Zweiten Korrektion der Juragewässer widmete.

Mit grossem Elan studierte Müller die bisherigen Projekte und arbeitete in Windeseile einen ersten, eigenen Korrektionsvorschlag aus. Darin skizzierte er die wichtigsten Korrektionsziele und -arbeiten.

Die von den Kantonen geschaffene interkantonale Baukommission hiess das Projekt gut und beauftragte Robert Müller mit der Ausarbeitung eines generellen Projekts. Am 30. Juni 1958 – also nur rund anderthalb Jahre nach Annahme des Mandates – legte Müller seinen dritten, umfassenden Bericht vor. Darin enthalten war auch eine erste Kostenschätzung.

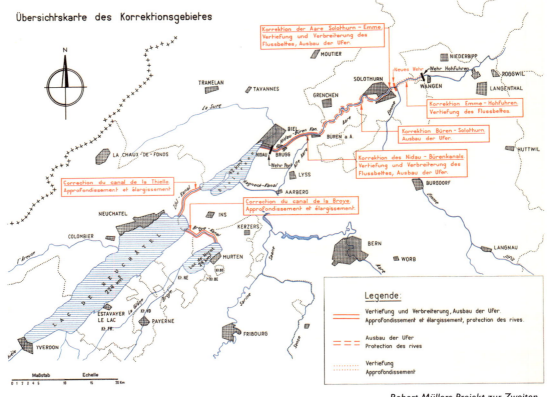

Robert Müllers Projekt zur Zweiten Juragewässerkorrektion.

Ob den genannten Baukosten von total 106 Millionen Franken (davon 8 Millionen für Landerwerbungen und Anpassungsarbeiten) rieben sich die Bundesbeamten in Bern allerdings verwundert die Augen. Sie äusserten ihre Zweifel und brachten diverse Änderungsvorschläge vor. Die interkantonale Baukommission hingegen beharrte auf Müllers Plänen und kam den Bundesvertretern nur insofern entgegen, als dass sie die von Müller vorgeschlagenen Ufersicherungen bei der Aare und den Kanälen redimensionierten. Dadurch reduzierte sich der Kostenvoranschlag auf 88,7 Millionen Franken. In den Augen der interkantonalen Baukommission war damit jedoch die Grenze des technisch Verantwortbaren erreicht (EHRSAM 1974: 35ff).

Am 6. März 1959 reichten die fünf Baudirektoren der beteiligten Kantone das Projekt beim Bundesrat ein. In einer blauen Mappe, worauf in deutsch und französisch der Titel «II. Juragewässerkorrektion» in goldenen Lettern prangte, lagen der 43-seitige Bericht Müllers, ein Beilagedossier und die von den jeweiligen kantonalen Regierungspräsidenten und Staatsschreibern unterzeichnete Eingabe betreffend Subventionierung der Arbeiten der Zweiten Juragewässerkorrektion. Die Kantone beantragten eine Bundeshilfe von 50 Prozent. Die Kostenbeteiligung der Kraftwerke war weggefallen (EHRSAM 1974: 39ff).

Der Bundesrat antwortete am 29. Juli 1959 mit einer Milchbüchleinrechnung: Die veranschlagten Kosten ergäben pro Kopf der Bevölkerung der betroffenen Region (200 000 Einwohner) einen Betrag von 400 Franken. Das sei unverhältnismässig viel, urteilte die Landesregierung und ersuchte die Kantone, die Kosten zu senken. Eine Beteiligung von 50 Prozent käme zudem überhaupt nicht in Frage; der Bund beteilige sich höchstens mit 40 Prozent an den Kosten (EHRSAM 1974: 41).

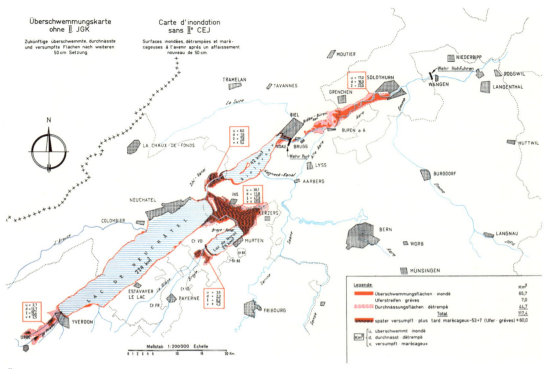

Überschwemmungsszenario ohne Zweite Juragewässerkorrektion.

Lobbyarbeit in Bern

Die Kantone liessen sich von der abschlägigen Antwort des Bundesrats nicht entmutigen. In ihrer Replik machten sie den Bundesrat auf folgende Situation aufmerksam: Ohne eine zweite Korrektion der Juragewässer würden 80 km² des Seelandes der dauernden Überschwemmung oder Durchnässung preisgegeben. Auf weiteren 7 km² Seeuferstreifen und 33 km² Boden im Aaretal wäre mit periodischen Überflutungen zu rechnen. Es sei davon auszugehen, dass auf rund 12 000 Hektaren, also 120 km², wertvolles Kulturland für immer verloren gehe. Nur eine Zweite Juragewässerkorrektion, die diesen Namen auch verdient, vermöge dies abzuwenden, so die Kantone. Die Sicherung von 51 Kilometern Kanal- und Flussufer, die Verminderung der Seespiegelschwankungen und damit der Schutz von 300 Kilometern Seeufer sei langfristig für die Wirtschaft von enormer Bedeutung und rechtfertige deshalb die hohen Kosten.

Die Abstimmung in den Kantonen

Kanton Waadt:
Einstimmiger Grossratsbeschluss vom 22. Februar 1961
Kanton Bern:
Volksbeschluss vom 5. März 1961, 114 077 Ja gegen 30 971 Nein
Kanton Neuenburg:
Volksbeschluss vom 26. März 1961, 12 869 Ja gegen 3076 Nein
Kanton Solothurn:
Volkbeschluss vom 26. März 1961, 11 269 Ja gegen 4167 Nein
Kanton Freiburg:
Einstimmiger Grossratsbeschluss vom 25. Mai 1961

(Ehrsam 1974: 49)

Robert Müller (1908–1987)

Robert Müller machte sich früh einen Namen als Flussbauexperte. Als Mitarbeiter des berühmten Professors Eugen Meyer-Peter (1883–1969) war er an dessen Entwicklung der heute weltbekannten Geschiebeformel beteiligt, die in den Lehrbüchern zwar «Meyer-Peter-Formel» heisst, von eingeweihten Fachleuten aber «Meyer-Peter-Müller-Formel» genannt wird. Mit seinen Publikationen und seiner Lehrtätigkeit zu Flussbau, Wildbachverbau und flussbaulicher Hydraulik stellte er im Wissenschaftsbetrieb sein Wissen und Können unter Beweis. Dafür spricht auch die Tatsache, dass er bereits 1938 einen Lehrauftrag erhielt, noch bevor er eine Dissertation eingereicht hatte.

Als Chef der Juragewässerkorrektion war Müller bei den Arbeitern sehr beliebt. Dazu hat sicherlich auch sein stets auf Hochglanz polierter brauner Rover 3500 beigetragen, der bei den Arbeitern legendär wurde. Aber auch bei seinen Vorgesetzten genoss er grosses Vertrauen.

Während der Projektierungsphase der Zweiten Juragewässerkorrektion kam ihm sein Verhandlungsgeschick zu Gute. Müller gelang es, Experten und Politiker von der Korrektheit seiner Konzepte und Pläne zu überzeugen. Seine Überzeugungskraft und Zielstrebigkeit, die oft jeden Widerspruch verunmöglichten, stiessen indessen nicht bei allen auf Gegenliebe. *«Meine Berechnungen stimmen, die Ausführung erfolgt genau nach Plan»*, war eine seiner oft wiederkehrenden Aussagen. Damit beeindruckte er zwar die einen, die anderen stiess er hingegen umso mehr vor den Kopf.

Für die Zweite Juragewässerkorrektion von nachhaltiger Bedeutung war zudem seine Gabe, die verschiedensten Aspekte in seine Überlegungen und Pläne zu integrieren. So war Umweltschutz für ihn – anders als für viele seiner Zeitgenossen – kein Schimpfwort. Seine Umsicht zeigte sich auch in der unkomplizierten Unterstützung der archäologischen Grabungen während der Bauarbeiten. Diese brachten eine Fülle ausserordentlich wertvoller Fundgegenstände ans Tageslicht (siehe auch S. 156f.).

Über sein Familienleben wissen wir wenig. «*My home is my castle*», hiess seine Devise. Eine seiner Töchter, die Künstlerin Susanne Müller, erinnert sich indes an einen innig geliebten Vater (Vischer 1988: 135ff.).

Wichtige Lebensdaten:

1908	Geburt am 7. Januar in Baden
1931	Privatassistent an der Versuchsanstalt für Wasserbau
1934	Wissenschaftlicher Mitarbeiter an der Versuchsanstalt für Wasserbau an der ETH Zürich
1934	Heirat mit Elsa Zimmermann, mit der er eine Tochter hatte
1938	Leitung der hydraulischen Abteilung der erweiterten Versuchsanstalt für Wasserbau und Erdbau an der ETH Zürich
1939–1945	Während des Zweiten Weltkriegs Genieoffizier; zuerst als Pontonierleutnant und dann als Hauptmann eines Zerstörungsdetachements
1941	Nach der Scheidung von Elsa Zimmermann Heirat mit Luise Wyss, mit der er weitere sechs Töchter und einen Sohn gross zog
1942	Dissertation über «theoretische Grundlagen der Fluss- und Wildbachverbauungen»
1944	Habilitation zum Thema Flussbau und flussbauliche Hydraulik
1947	Ernennung zum ausserordentlichen Professor für Hydraulik durch den Bundesrat
1947–1954	Gemeindeammann (Präsident) von Würenlos
1953–1957	Grossrat in Aargau als Vertreter des Landesrings der Unabhängigen
1956	Aufgabe der ETH-Professur auf Ende Jahr
1957	Übernahme der Projektleitung der Zweiten Juragewässerkorrektion, Umzug der zehnköpfigen Familie von Würenlos nach Bellmund
1962–1973	Leitung der Bauarbeiten zur Zweiten Juragewässerkorrektion
1987	Tod am 10. November

(Vischer 1988: 135ff.)

Die Ingenieure Sterchle, Müller und Durisch (von links) während einer Projektbesprechung.

1960 wurde sowohl eine ständerätliche als auch eine nationalrätliche Kommission bestellt. Jetzt war gutes Lobbying gefragt. Die Parlamentarier (Parlamentarierinnen gab es in der Schweiz damals noch keine!) mussten vor allem davon überzeugt werden, dass die vom Bundesrat in Aussicht gestellten 40 Prozent Bundessubventionen nicht ausreichten. Allen voran lobbyierte Nationalrat Hans Müller für das Projekt. Es wäre interessant zu erfahren, was er seinen Ratskollegen in der Wandelhalle des Bundeshauses oder in den Restaurants der Berner Altstadt alles erzählt hat und wie er es schliesslich erreichte, eine Mehrheit für das Projekt zu gewinnen. Wir wissen nur, dass er den National- und Ständeräten die Forderung nach 50 Prozent Bundessubventionen eingehend begründet hat.

Auch Robert Müller blieb nicht untätig. Er informierte die parlamentarischen Kommissionen bestmöglich über die Vorteile seines Projekts. Vom 17. bis 21. Mai 1960 führte er die ständerätliche Kommission in die Gebiete von Murten bis Solothurn. Er erklärte die hydrologischen Zusammenhänge, wies ins Gelände und beschrieb die notwendigen Massnahmen, um die bedrohte Region integral und definitiv vor künftigen Überschwemmungen zu schützen.

Letztendlich war die intensive Überzeugungsarbeit von Erfolg gekrönt. Gestützt auf Artikel 23 der Bundesverfassung (ehemals Artikel 21, siehe auch S. 79f.) sicherte die Bundesversammlung am 5. Oktober 1960 den Kantonen Bern, Freiburg, Solothurn, Waadt und Neuenburg einen Bundesbeitrag von 50 Prozent zu (EHRSAM 1974: 35ff.).

Da Abklärungen ergeben hatten, dass die Konkordatserklärung von 1956 nicht nach allen Bestimmungen des Staatsrechts abgeschlossen worden war, kam es 1961 in den einzelnen Kantonen noch zu Abstimmungen. Ende Mai 1961 lagen aus allen Ständen die positiv ausgefallenen Abstimmungsergebnisse vor. Der Bauausführung stand nun nichts mehr im Weg (EHRSAM 1974: 43f., 49).

Aus dem Bundesbeschluss vom 5. Oktober 1960
Die Bundesversammlung der Schweizerischen Eidgenossenschaft […], gestützt auf Artikel 23 der Bundesverfassung […], beschliesst:

Art. 1 ^{1} Den Kantonen Bern, Freiburg, Solothurn, Waadt und Neuenburg wird für die II. Juragewässerkorrektion ein Bundesbeitrag zugesichert.
^{2} Die Korrektion umfasst
– die Erweiterung der Verbindungskanäle zwischen den Seen; des Broye- und Zihlkanals,
– die Erweiterung des Nidau–Büren-Kanals,
– die Korrektion der Aare auf der Strecke von Büren flussabwärts bis zum bestehenden Wehr Hohfuhren,
– die Erstellung eines Wehrs unterhalb Solothurn.

[…]

Art. 2 ^{1} Der Bundesbeitrag beträgt 50% der wirklichen subventionsberechtigten Kosten, höchstens aber 44 350 000 Fr. der Voranschlagssumme von 88,7 Mio. Fr.

Die Konsumgesellschaft oder das Ende der Bescheidenheit

Sowohl die Projekt- als auch die Bauphase der Zweiten Juragewässerkorrektion fielen in eine wirtschaftlich stürmische Zeit. Nach dem Zweiten Weltkrieg setzte in der Schweiz ein bislang einmaliges Wirtschaftswachstum ein. Einerseits profitierte das Land vom wachsenden Welthandel und vom schnellen Wiederaufbau des westeuropäischen Wirtschaftssystems. Andererseits befand sich die Schweiz am Ende des Kriegs – dank ihres intakten Produktionsapparats und ausreichender Kapitalreserven – gegenüber den kriegsgeschädigten Ländern im Wettbewerbsvorteil.

Das preiswerte Erdöl etablierte sich in dieser Zeit als neuer Energieträger, welcher die kostspielige Kohle verdrängte. Die neue Lebensweise veränderte Handel, Produktion und Konsum von Grund auf. Kunststoffe

General Motors in Studen: Neuwagen warten auf ihre Käufer. Aufnahme von 1971.

Biel 1959: Mit dem Roller unterwegs Richtung Konsumgesellschaft.

eroberten den Markt, billiges Erdöl machte die Menschen «auto-mobil», in der Küche hielt die Kälte in Form von elektrischen Kühlschränken Einzug und die Werbung pries die Vielzahl neuer Konsumgüter in den schönsten Farben an. Zwar standen die ersten Jahre der Konsumgesellschaft noch unter dem Eindruck von traditionellen Tugenden wie des Sparens, des Verzichts und der Bescheidenheit. Allmählich setzte sich aber ein neuer Lebensstil durch: 1948 wurde in Zürich der erste Selbstbedienungsladen eröffnet, 1953 begann das Fernsehzeitalter, 1955 wurde das erste Autobahnteilstück dem Verkehr übergeben und 1962 kam die Pastmilch im Tetrapack auf den Markt. Plötzlich schien alles machbar, die Menschen wurden von einer Aufbruchstimmung erfasst, die erst mit der Ölkrise von 1973 jäh unterbrochen wurde.

Gleichzeitig nahm der Druck auf Natur und Umwelt stetig zu und hinterliess tiefe Narben im Landschaftsbild: Immer mehr Strassen durchschnitten das Land, ehemals feste Siedlungsgrenzen fransten aus, Gewerbe und Industrie liessen sich vermehrt ausserhalb der Städte nieder. Seit 1950 hat sich in der Schweiz die überbaute Fläche mehr als verdoppelt. Allein von 1950 bis 1990 wurde ebensoviel natürlicher Boden überbaut und damit irreversibel verändert wie während sämtlichen Generationen zuvor (Hans Flückiger. In. PFISTER 1995, 1950er Syndrom: 336).

Die Schattenseiten dieser Entwicklung machten sich sehr bald bemerkbar. Flüsse und Seen waren grässlich verschmutzt, ehemals ruhige Dörfer litten unter dem Verkehrslärm und die Schadstoffbelastung der Luft nahm mit der Zeit immer bedrohlichere Ausmasse an.

Broyekanal: Aushub der letzten Verengung bei der alten Brücke Sugiez.

> «Kein Wort in der menschlichen Sprache
> ist vieldeutiger als Natur.»
>
> JOHANN GOTTFRIED HERDER, 1744–1803

Die Zweite Juragewässerkorrektion

Die zwischen 1962 und 1973 nach Robert Müllers Plänen ausgeführte Zweite Juragewässerkorrektion hatte folgende Ziele:
- Die Absenkung der Höchststände der Jurarandseen um einen Meter.
- Die Anhebung der Niedrigstände der Seen.
- Schaffung einer hydraulischen Einheit, bestehend aus Murten-, Neuenburger- und Bielersee.
- Die Absenkung der Hochwasserspiegel in der Aare zwischen Büren und der Emmemündung um etwa 1,5 Meter.
- Die Einhaltung geeigneter Niedrigwasserspiegel auf dieser Aarestrecke (KÜHNE 2004: 66).

Für das Erreichen dieser Ziele waren folgende Massnahmen nötig:
- 2- bis 3-fach grössere Querschnitte in Broye- und Zihlkanal, um zu gewährleisten, dass das Bielerseewasser bei hohen Wasserständen über

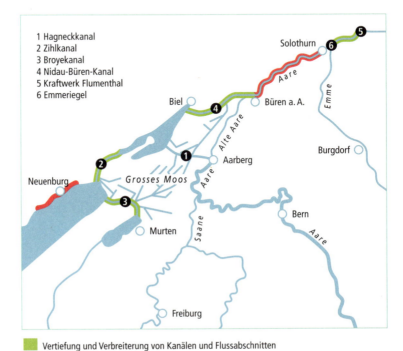

Die Zweite Juragewässerkorrektion (1962–1973).

den Zihlkanal in den Neuenburgersee (und darüber hinaus über den Broyekanal in den Murtensee) fliessen kann.
- Vertiefung des Nidau–Büren-Kanals um 5 Meter, um zu ermöglichen, dass aus dem Bielersee mehr Wasser abfliessen kann.
- Ufersicherung der Aare zwischen Büren und Solothurn, wodurch die Erosion der Uferböschung gestoppt und Überschwemmungen verhindert werden sollten.
- Verbreiterung und Vertiefung der Aare unterhalb von Solothurn bis nach der Emmemündung sowie Entfernung des Emmeriegels, womit auch diese Strecke vor künftigen Überschwemmungen geschützt werden sollte.

Vorbereitend zur Zweiten Juragewässerkorrektion musste zuerst die Schleuse beim Regulierwehr Port vertieft werden. Ohne diese Massnahme wären die künftig auszuführenden Materialtransporte bei niedrigen Wasserständen jährlich während zwei bis drei Monaten unterbrochen worden. Diese Arbeiten waren am 21. Mai 1961 abgeschlossen. Nun konnten die eigentlichen Korrektionsarbeiten in Angriff genommen werden. Die Bauarbeiten wurden in Lose aufgeteilt und an verschiedene Unternehmungen vergeben.

Los 1: Broyekanal

Der Broyekanal vermochte bei Hochwasser jeweils nicht genug Wasser aus dem Murtensee in den Neuenburgersee abzuführen. Deshalb stieg bei hohen Wasserständen der Pegel des Murtensees jeweils 50 bis 80 cm über denjenigen des Neuenburgersees an, was im Grossen Moos wiederum zu Überschwemmungen führte.

Die Korrektionsarbeiten an der Broye hatten deshalb die Verbreiterung und Vertiefung des Kanals zwischen Murten- und Neuenburgersee zum Ziel.

Die Zweite Juragewässerkorrektion nimmt Gestalt an: Arbeiten bei der Mündung des Broyekanals in den Neuenburgersee bei La Sauge.

Bevor das Unternehmerkonsortium Broyekanal (UKB) 1962 die eigentliche Korrektion in Angriff nehmen konnte, musste zuerst Platz geschaffen werden und zwar für die geplante Verbreiterung der Broye und für den Installationsplatz Sugiez. Hierfür mussten im freiburgischen Chablais-Wald Abholzungen vorgenommen werden. Dieser noch junge Wald am nordöstlichen Ufer des Murtensees war erst während der Ersten Juragewässerkorrektion als Windschutz und Uferstabilisator angelegt worden.

Als der Installationsplatz mit Zufahrtsstrasse fertig gestellt, Büros, Unterkunftsräume und Kantinen für die 80 bis 90 Arbeiter sowie der Hafen von Sugiez errichtet waren, konnte mit Hilfe von Eimerketten und Raupenbaggern sowie Schiffen mit den Aushubarbeiten begonnen werden (EHRSAM 1974: 52ff.).

Mit dem Raupenbagger wurde zuerst die Humus- und Torfschicht ausgehoben und entlang den Kanalufern verteilt oder deponiert. Danach konnte die Kanalsohle bearbeitet werden. Auf der korrigierten Strecke von 8,8 Kilometern Länge (inklusive verlängerte Molen) betrug der Aushub insgesamt 1,96 Millionen Kubikmeter Material, der grösstenteils im Murtensee versenkt wurde (siehe auch S. 151).

Die für die Ufersicherung benötigten Kalksteine – es ist von total 237 470 Kubikmetern Steinmaterial die Rede – wurden in den Steinbrüchen von Cornaux und Hauterive gewonnen (KÜHNE 2004: 68).

Los 2: Zihlkanal

Der Zihlkanal hätte schon gemäss der Promotoren der Ersten Juragewässerkorrektion die Aufgabe übernehmen sollen, Spitzenzuflüsse der Aare in den Bielersee rückwärts in den Neuenburgersee abzuleiten. Das gelang aber nur teilweise. Bei Hochwasserereignissen wie jenem von 1944 reichte die Kapazität des Kanals nicht aus.

Wellenbrecher zum Schutz der Einmündung: Verlängerung der Molen vor La Sauge.

> **«Seegfrörni» 1962/1963**
> Kurz vor Weihnachten 1962 holten viele Erwachsene und Kinder ihre Schlittschuhe hervor und eroberten die gefrorenen Seen. Was die einen freute, stiess bei anderen auf wenig Begeisterung: Durch Eisschichten von 50 cm Dicke wurde jeglicher Schiffsverkehr verhindert. Deshalb blieben die Klappschiffe der Juragewässerkorrektion während der «Seegfrörni» in den Häfen vertäut, und die Arbeiten verzögerten sich entsprechend.

«Seegfrörni» am Bielersee 1962/1963.

Damit der Zihlkanal bei Hochwasser die Rückströmung vom Bielersee zum Neuenburgersee gewährleisten konnte, musste er verbreitert und vertieft werden. Ein grösserer Zihlkanal hatte zudem dafür zu sorgen, dass sich bei normaler Fliessrichtung – also vom Neuenburger- in den Bielersee – der Seestand des Neuenburgersees schneller als bisher absenkte.

Die Arbeiten am Zihlkanal wurden im Sommer 1965 aufgenommen und ebenfalls von der UKB (nun UKBZ genannt) ausgeführt. Ihre Bauerfahrung und das eingespielte Team kamen der Projektausführung zu Gute.

Der Aushub von rund 2,36 Millionen Kubikmetern aus dem 8,5 Kilometer langen Zihlkanal wurde in die Altläufe der Zihl geschüttet, auf dem anstossenden Land verteilt oder im See versenkt. Für die Ufersicherung wurden insgesamt 235 883 Kubikmeter Steine und Blöcke aus den Steinbrüchen von Cornaux, Hauterive und La Cernia verbaut.

Verbreiterung des Zihlkanals zwischen Neuenburger- und Bielersee (oben).

Fertig gestellter Zihlkanal bei der Raffinerie Cressier.

Ferner mussten zusätzliche Molenbauten und Baggerungen im Neuenburgersee sowie zahlreiche Anpassungen an den Ufern und bei den Brücken von Thielle und St. Johannsen ausgeführt werden (EHRSAM 1974: 66ff.).

Los 3: Nidau–Büren-Kanal

Die Erhöhung des Abflussvermögens aus dem Bielersee war die wichtigste Massnahme der Zweiten Juragewässerkorrektion. Nur so konnte das Ziel, die Höchststände in den Seen um einen Meter abzusenken, erreicht werden.

Die Arbeitsgemeinschaft Nidau–Büren-Kanal (ANB) nahm die Arbeit 1963 auf. Im Vergleich zu den Korrektionsarbeiten am Broye- und am Zihlkanal war die Arbeit am Nidau–Büren-Kanal schwieriger. Da diese Korrektionsstrecke nicht um 2,3 Meter wie beim Broye- und Zihlkanal, sondern um 5 Meter vertieft wurde, stiessen die Bagger nicht mehr nur auf sandig-lehmigen Boden, sondern auf die feste Grundmoräne des ehemaligen Rhonegletschers, stellenweise sogar auf harten Molassefels. Mit Maschinen, wie sie beim 1. und 2. Los im Einsatz standen, war dem hiesigen Boden nicht mehr beizukommen. Die geologischen Verhältnisse verlangten modernste Grossgeräte. Die Zeit war reif für den US-amerikanischen Riesenbagger «Manitowoc»!

Ein Ungeheuer frisst sich durch den Nidau–Büren-Kanal: Der US-amerikanische Riesenbagger «Manitowoc».

Zwar war der Anblick grosser Baumaschinen durchaus nichts Neues. Denn während des in den 1950er-Jahren eingesetzten Baubooms und der Autobahneuphorie der 1960er-Jahre waren Bagger, Kräne und Lastwagen vielerorts zu sehen. Doch der «Manitowoc» schlug alle Rekorde und versetzte das Publikum in allerhöchstes Erstaunen. Ein solches Ungetüm hatte in der Schweiz vorher noch niemand gesehen. Der 615 Tonnen schwere, 45 Meter lange und 11 Meter breite schwimmende Riesenbagger war sogar mit einer Kantine und eigenen Unterkünften ausgestattet. Unermüdlich grub sich das Ungetüm vorwärts durch den Nidau–Büren-Kanal in Richtung Büren und später darüber hinaus: In sieben Jahren vertiefte «Manitowoc» den Kanal

Eine Zeitungsente

Das Erlebnis, dem «Manitowoc» bei der Arbeit zuzuschauen, wollte sich auch ein «Bund»-Journalist nicht entgehen lassen. Was er aber darüber zu berichten wusste, entpuppte sich als klassische Zeitungsente. Am 24. Februar 1963 informierte der «Bund» seine Leserschaft über folgende ergreifende Geschichte: «Wer am 20. Februar, um 16 Uhr auf der Brücke über den Aarekanal zu Nidau friedlich Möwen fütterte oder auch nur über den für Fussgänger reservierten Brettchen-Gehstreifen schlenderte, konnte das Ungeheuer kommen sehen. Schwer, massig, monströs kam es unendlich langsam und drohend auf die Brücke zu [...] Man hatte den Riesenbagger der Zweiten Juragewässerkorrektion vor sich! Männer mit Schwimmwesten standen, die Hände in den Hosentaschen vergraben, auf Deck herum. Hoch ragte der Kapitän aus der Kommandobrücke. ‹Er wird seinen Kopf etwas neigen müssen, sobald die Maschine unter der Brücke durchfährt, sonst ist es um ihn geschehen›, war mein erster Gedanke. Doch jeder Laie hegte ernsthafte Zweifel, wie es die wackere Besatzung fertig bringen würde, das Brückenhindernis zu nehmen, denn es war offensichtlich – entweder war die Brücke zu niedrig oder der Bagger war zu hoch. [...] Und dann – oh nein, dann wurden nicht die Pfeiler gerammt, denn der Superbagger gab auf, schwamm rückwärts, änderte seinen Kurs. [...].

Moral der Geschichte: Hätten es sich die Ingenieure oder wer immer da führender Kopf ist, nicht rechtzeitig überlegen können, ob der Bagger unter der Brücke durchkommen werde? [...] Eine Rechnung für Primarschüler. Doch wer nicht Kopf hat, hat Bagger mit Rückwärtsgang!» (DER BUND vom 24. Februar 1963).

Der «Bund»-Redaktion flatterte postwendend ein Schreiben der ANB ins Haus: «*Sehr geehrter Herr Chefredaktor [...] Die Naivität, wie sie in diesem Artikel zum Ausdruck kommt, hätte der zuständige Redaktor Ihrer Zeitung doch wohl bemerken sollen. [...] Der für die Aushubarbeiten im Nidau–Büren-Kanal einzusetzende Schwimmbagger ist sozusagen nach Mass bestellt worden [...] Das Baggerschiff kann durch zusätzlichen Wasserballast bist fast auf Deckhöhe ins Wasser eintauchen [...] Das Baggerschiff ist am 20. Februar von Brügg durch die Schleuse zur Schiffstation Nidau und vor dem Anlegen zur Brücke gefahren worden [...] Nachdem das Schiff am folgenden Tage mit Treibstoff [...] aufgetankt und mit der nötigen Wassermenge belastet wurde, hat es, wie vorausgeplant, seine Fahrt unter der Brücke zum Kanaleinlauf fortgesetzt und lag bei Erscheinen des Artikels längst am neuen Montageort verankert.*» (Schreiben der ANB vom 27. Februar 1963. In: ANB).

615 Tonnen schwer, 45 Meter lang und 11 Meter breit: Der «Manitowoc» im Nidau–Büren-Kanal.

Der Nidau–Büren-Kanal in Nidau mit dem Regulierwehr Port im Hintergrund.

durchgehend um 5 Meter und hob 2,5 Millionen Kubikmeter Material aus. Der Riese kapitulierte weder vor Findlingen und Grundmoränen noch vor Molassefels. Nur in Brügg war für kurze Zeit Halt geboten, als zuerst zirka 24 000 Kubikmeter besonders harte Molasse gesprengt werden mussten.

Den Korrektionsarbeiten am Nidau–Büren-Kanal war voller Erfolg beschieden, und das gesteckte Ziel wurde erreicht: Konnten vor der Zweiten Juragewässerkorrektion bei einem Seestand von 429,14 Meter nur rund 350 Kubikmeter pro Sekunde aus dem Bielersee abfliessen, waren es nach Abschluss der Arbeiten am Nidau–Büren-Kanal 538 Kubikmeter pro Sekunde (EHRSAM 1974: 59ff.; MOSER 1991: 260ff.).

Lose 4 und 5:
Von Büren über die Emmemündung bis nach Flumenthal

Während der Ersten Juragewässerkorrektion wurden von Büren aareabwärts keine Arbeiten ausgeführt (siehe auch S. 99f.). Diese Unterlassung rächte sich beim Hochwasser von 1944, als das Aaretal weiträumig überflutet wurde.

Überhaupt nahm die Hochwassergefahr stetig zu, denn über die Jahre hinweg hatte die Emme immer mehr Geschiebe in die Aare ver-

Seilbahn bei Twann für Transporte von Kalksteinblöcken zur Ufersicherung.

Umstrittener Steinbruch bei Twann

Zur Ufersicherung und teilweise auch für die Kanalsohle benötigte die ANB 315 000 Kubikmeter Kalksteine. Für die Beschaffung des Materials wählte sie den Steinbruch oberhalb von Twann. Zum Transport der Steinblöcke wurde eigens eine Transportseilbahn geplant. Die Twanner waren von dieser Idee aber überhaupt nicht angetan. Unter anderem befürchteten sie, dass die Sprengungen im Steinbruch die Bergfluh ins Rutschen bringen und so das Dorf bedrohen könnten. Langwierige geologische Untersuchungen ergaben aber, dass dem Dorf keine Gefahr drohe. Die Bergfluh sei ein absolut stabiles Felsmassiv. Emil Ehrsam, der im Auftrag der interkantonalen Baukommission der II. Juragewässerkorrektion den Schlussbericht verfasst hat, vermutete, dass es den Einsprechern *«weniger um die Seilbahn [ging] als um die Ausbeutung des Steinbruches, den sie mit allen Mitteln zu verhindern suchten»* (EHRSAM 1974: 61). Schliesslich wurde die Seilbahn installiert und während der ganzen Bauzeit kam es zu keinerlei Hangrutschen in diesem Gebiet.

Die Aare bei Altreu mit einer der Vogelschutzinseln.

frachtet. Dieses blieb bei der Einmündung liegen und staute die Aare auf. Zwischen Solothurn und der Emmemündung stellte sich der Aare zusätzlich ein Molassehügel – der so genannte Emmeriegel – in den Weg. Die Situation war offensichtlich: Beide Hindernisse mussten weg!

Doch die Arbeiten wurden nicht an dieser Stelle aufgenommen, sondern weiter flussaufwärts. Zuerst sollten die Ufer unterhalb Büren gesichert werden, denn hier weist die Aare zahlreiche Windungen auf, deren Aussenseiten steter Erosion ausgesetzt waren. Dadurch war das ufernahe Kulturland bei jedem Hochwasser von Überschwemmungen bedroht.

Die von der ANB ausgeführten Arbeiten begannen 1965 mit der Sicherung der Mäanderstrecke zwischen Büren und Solothurn: Namentlich wurden die Aussenseiten der Krümmungen von Rüti, Leuzigen, Arch, Nennigkofen und jene des solothurnischen Knies von Altreu gesichert. Die Strecke von Büren bis Staad wurde an beiden Ufern vor weiteren Erosionen geschützt.

Arbeiten bei der Emmemündung in die Aare.

Nachdem die untere Strecke gesichert war, stand noch der Emmeriegel im Weg. Bevor die Sprengmeister aber an ihr Werk gehen konnten, musste die Aare unterhalb der Emmemündung aufgestaut werden. Ohne eine solche Massnahme bestand die Gefahr eines extremen Niedrigwassers, das bei Fischern, Schifffahrtsunternehmungen und Grundbesitzern zu hellster Empörung geführt hätte.

Nach Fertigstellung des Kraftwerks Flumenthal (siehe auch S. 147f.) war es schliesslich soweit: Der Emmeriegel wurde gesprengt. Alarmsirenen heulten, und die Arbeiter brachten sich in Sicherheit. Laute Explosionen donnerten über die Landschaft hinweg und schreckten Menschen und Tiere auf.

Um die 61 000 Kubikmeter Molassefels des rund einen Kilometer langen Emmeriegels zu sprengen, waren 1030 Stellungen der Sprengbatterie mit durchschnittlich 24 Bohrlöchern nötig. Die Sprengarbeiten dauerten eineinhalb Jahre.

Nun gelangte der «Manitowoc» wieder zum Einsatz. Unermüdlich baggerte er das Sprenggut weg. Der grösste Teil des Materials wurde auf zwei Grossdeponien geschafft (EHRSAM 1974: 79; MÜLLER 1974, Korrektion des Nidau–Büren-Kanals: 35f.).

Nachdem der Emmeriegel dem Flussboden gleichgemacht war, standen zwischen der Rötibrücke in Solothurn und der Emmemündung, sowie zwischen der Emmemündung und dem Kraftwerk Flumenthal die letzten Korrektionsarbeiten an. Letztere gingen als Los 5 an die Aare-Tessin-Gesellschaft für Elektrizität (Atel).

Auch diese letzten Arbeiten der Zweiten Juragewässerkorrektion forderten Menschen und Maschinen das Letzte ab. So musste bei der Emmemündung das über Generationen hinweg angeschwemmte Geschiebe ausgebaggert und der Aushub deponiert werden.

Nach zehnjährigem Betrieb waren die Bagger und die weiteren Geräte aber langsam störungsanfälliger geworden, und es waren immer wieder Reparaturen nötig. Bei der Belegschaft machten sich hingegen keinerlei Ermüdungserscheinungen bemerkbar. Stolz wies Robert Müller darauf hin, dass die arbeitenden Menschen *«besser durchgehalten [haben] als die Maschinen. Ihnen ist es zu verdanken, ihrem Einsatz und der grossen Aufmerksamkeit, dass auch in diesem schwersten Abschnitt des Loses 4 und im Los 5 bis hinunter zum Kraftwerk Flumenthal, die vielgestaltigen Arbeiten der Zweiten Juragewässerkorrektion projekt- und programmgemäss bis Mitte 1973 vollständig abgeschlossen werden konnten»* (MÜLLER 1974, Korrektion des Nidau–Büren-Kanals: 37).

Das Kraftwerk Flumenthal

Von Anfang an war man sich beim Korrektionsprojekt von 1959 zur Sanierung der Verhältnisse im Aaretal bewusst, dass der Bau eines Regulierwehrs unabdingbar war – oder aber eines Kraftwerks, das die Aufgabe der Niedrigwasser-Regulierung der Aare ebenfalls übernehmen könnte.

1961 reichte Atel ein Konzessionsgesuch für den Bau eines Kraftwerks in Flumenthal ein. Atel sowie den Verantwortlichen der Zweiten Juragewässerkorrektion war aber klar, dass Bau und Betrieb eines solchen Kraftwerks an der Grenze der Wirtschaftlichkeit lagen. Die interkantonale Baukommission beschloss deshalb, Atel mit insgesamt 10 Millionen Franken zu unterstützen. Der Stromhersteller ging jedoch vorerst nicht

Das Kraftwerk Flumenthal im Bau.

auf das verlockende Angebot jedoch vorerst nicht ein, zumal sich die Teuerung und die Erhöhung des Zinsfusses negativ auf die finanzielle Situation von Atel ausgewirkt hatten. Zudem versprach man sich künftig von thermischen und nuklear betriebenen Kraftwerken relativ niedrige Energiepreise. Und nicht zuletzt hatte sich eine starke Opposition gegen den weiteren Ausbau der Wasserkraft formiert.

Das fehlende Regulierwehr, respektive das nicht gebaute Flusskraftwerk, verzögerten die Arbeiten an der Zweiten Juragewässerkorrektion. Der Emmeriegel konnte erst gesprengt werden, nachdem die Aare unterhalb der Emme gestaut worden war. Nun drohten Schadenersatzforderungen seitens der ANB. Die interkantonale Baukommission befand sich in einer Zwickmühle und unternahm alles, um Atel von deren Verzicht auf den Bau des Flusskraftwerks abzubringen. Die ANB erhöhte 1965 ihr Angebot auf 15 Millionen Franken. Das wirkte: Atel kam auf den Entscheid zurück und entschloss sich zum Bau des Kraftwerks Flumenthal (EHRSAM 1974: 74ff.).

Etwa zur gleichen Zeit wurde das alte Kraftwerk der Bernischen Kraftwerke (BKW) in Bannwil zwischen Wangen a. Aare und Aarwangen stillgelegt und durch ein neues ersetzt. Der Neubau stiess bei Umwelt- und Naturschutzorganisationen auf massive Kritik (WEHREN 1966: 7).

Unfälle und Havarien

Während den Korrektionsarbeiten kam es leider zu mehreren tödlichen Unfällen. Der erste ereignete sich am frühen Morgen des 3. Oktober 1962. UKB-Bauführer Heinz Rothenbühler erinnerte sich an diese Tragödie: *«Das Verklappen des Materials im Murtensee forderte das erste […] Todesopfer der elfjährigen Bauzeit. Im Nebel erkannte das Schiff einen Fischer zu spät. […] Ich war dabei, als man ihn geborgen hat. Das werde ich nie vergessen.»* (SOLOTHURNER ZEITUNG vom 25. Mai 1999). Die Leiche von Ernst Bula wurde noch am Unfalltag von Berufsfischern aus Muntelier geborgen. Sein Ruderboot war stark beschädigt und ein Ruder gebrochen.

Verlad von Aushubmaterial auf Klappschiff.

> **Sabotage**
> Der Verfasser des ANB-Bauberichts erinnerte sich mit Schrecken an die Nacht vom 1. auf den 2. Mai 1969: *«Kurz nach Mitternacht wurde ich vom Regierungsstatthalter von Büren telefonisch aus dem Bett gerufen und unverzüglich nach Lengnau beordert. Was war geschehen? Das Sprengstoffdepot des Steinbruches Lengnau war explodiert. Fast 4 t Sprengstoff waren zu diesem Zeitpunkt eingelagert. In Lengnau und Grenchen entstanden sehr grosse Gebäudeschäden. […] Die Explosionsstelle selbst bot ein wüstes Bild. Am Standort der Baracke befand sich ein etwa 2 m tiefer Trichter von 8–10 m Durchmesser. Im Umkreis von 20 m waren die Bäume entwurzelt. Die Randbäume entastet. Die im Abstand von ca. 10 m stehenden Baracken für Ammoniumnitrat und Zündmittel waren verschwunden. […] Die […] vom wissenschaftlichen Dienst der Stadtpolizei Zürich geleitete Untersuchung stellte einwandfrei Sabotage fest.»* (ANB) Die von der Kantonspolizei eingeleitete Fahndung nach den Tätern blieb jedoch ergebnislos (EHRSAM 1974: 81).

1968 musste die UKBZ zwei tödliche Unfälle melden. Beide Opfer waren italienische Gastarbeiter. Der erst 22-jährige Giuseppe Pasquale verunfallte im Steinbruch von Cornaux. Der Familienvater Domenico Giordanelli stürzte in den Zihlkanal und ertrank.

Auch die ANB hatte drei Todesopfer zu beklagen: Am 15. August 1966 fiel der italienische Gastarbeiter Egidio Pricchetti vom «Manitowoc», wurde abgetrieben und ertrank. Am 12. Mai 1969 fand der Baggerführer Werner Graf in den Fluten den Tod. Der letzte tödliche Unfall geschah am 17. August 1972. An diesem Tag rammte ein Schiff der ANB bei Altreu das Fischerboot von Paul Engelberger. Er hinterliess Frau und sechs Kinder.

Andere Havarien und Unfällen liefen glücklicherweise glimpflicher ab, oftmals entstand jedoch ein grosser Sachschaden.

Im Sommer 1963 verletzten sich bei der Explosion einer Gasrechaudflasche zwei Personen leicht, die Schiffkabine wurde dabei zerstört.

Etwa zur gleichen Zeit gab bei Twann der Seegrund nach und eine provisorische Verladestelle versank im See, wobei ein Teil der Ländtemauer mitgerissen wurde. Robert Müller war an diesem Tag zufällig in Twann und von diesem Ereignis tief beeindruckt: *«Ein Erdbeben mit grollendem Lärm und so grossen unsichtbaren Kräften, dass wegen der Seilverankerungen der 600 Tonnen schwere ‹Manitowoc›-Schwimmbagger in wenigen Sekunden etwa 100 Meter in den See hinaus gerissen wurde.»* (MÜLLER 1974, Abschliessender Bericht: 37).

Im Januar 1963 kenterte in Nidau ein Klappschiff. Das Ladegut sank auf den Kanalboden, und es floss eine grosse Menge Diesel aus.

Einen teuren Nachtbubenstreich leisteten sich Unbekannte im Dezember 1965. Oberhalb der Ziegeleibrücke in Büren lösten sie die Vertäuung einer Steinschüttbatterie, die unter anderem Pontonelemente, einen Schüttewagen, einen Teleskopbagger, vier Seilwinden und eine Notstromgruppe umfasste. Unkontrolliert trieb die 800 000 Franken teure Batterie den Kanal hinunter und blieb an der alten Holzbrücke von Büren hängen, welche dem Aufprall zum Glück standhielt.

Nur zwei Monate später, im Februar 1966, rammte eine Barke die Aarebrücke im Häftli und im Oktober des gleichen Jahres eine weitere den Mittelpfeiler der Eisenbahnbrücke in Nidau. Die Biel–Täuffelen–Ins-Bahn musste daraufhin den Betrieb für längere Zeit einstellen (ANB; EHRSAM 1974: 56, 64ff.).

Die Bauarbeiten benötigten viel Raum: Installationsplatz Grenchen.

Schwieriger Landerwerb

Eine besondere Herausforderung stellte der Landerwerb dar, zumal die Kanalufer ja keineswegs ungenutzte Gebiete waren. So machten etwa die Grundeigentümer in der Zihlebene, die zur gleichen Zeit auch noch Land für die künftige Nationalstrasse N5 (heute die A5 Biel–Neuenburg) sowie für die Zufahrten der neuen Brücken in Thielle und in St. Johannsen abtreten sollten, ihre Interessen geltend (SONNTAGS-ILLUSTRIERTE DER BERNER ZEITUNG vom 15./16. Mai 1971).

Der Kanton Neuenburg musste in den Gemeinden Marin-Epagnier, Thielle-Wavre, Cornaux, Cressier und Le Landeron total 179 799 m² Land erwerben, der Kanton Bern in den Gemeinden Gampelen und Gals 93 085 m² (EHRSAM 1974: 70).

Dasselbe wiederholte sich im Kanton Solothurn. Allein zwischen Solothurn und der Emmemündung mussten über 30 000 m² Land erworben werden. Nach der Planauflage erhoben fünf von sieben betroffenen Grundeigentümern Einsprachen. Sie verlangten pro m² zwischen 25 und 60 Franken, was der Solothurner Regierungsrat als reine Spekulationspreise abtat.

Diese überrissenen Forderungen passten gut in die damalige Zeit. Während des Baubooms in den 1950er- und 1960er-Jahren schossen die Bodenpreise in der Schweiz vielerorts in teils exorbitante Höhen und mancher Spekulant rieb sich damals vergnügt die Hände.

Auf Gutachten folgten Gegengutachten – schliesslich nahmen sich Anwälte dem Problem an. Bei drei Grundeigentümern verfügte der Kanton Solothurn eine Landenteignung; über die Höhe der Entschädigung entschieden die Richter (EHRSAM 1974: 79f.).

Versenkung von Aushubmaterial im See verursacht Polemik

Wohin mit dem Aushubmaterial? Für die Bauleitung stellte sich diese Frage nicht. Gemäss Projekt- und Bauverträgen sollte das meiste davon in den Seen versenkt werden – was auch plangemäss ausgeführt wurde.

Aber egal ob der Aushub im Murten-, Neuenburger- oder Bielersee verklappt wurde, diese Praxis stiess überall auf heftige Kritik. Das sei eine unnötige Seeverschmutzung, klagten die Seeanwohner. Die Presse heizte die Stimmung zusätzlich an: *«Der Bielersee und seine Fischer sind in Gefahr.»* oder *«Soll der Bielersee mit dem Schmutz des Nidau–Büren-Kanals verdorben werden?»*, titelten die Zeitungen. Bauern monierten, sie könnten diese Erde gut für ihre Felder brauchen, während die Fischer ihre Fangbestände bedroht sahen.

Am 4. April 1963 berichtete die «Neue Zürcher Zeitung» (NZZ) von einer Versammlung der Fischereiverbände des Kantons Bern in Twann: Es *«wurden Befürchtungen laut, dass die Versenkung von Aushubmaterial der Zweiten Juragewässerkorrektion den Fischbestand gefährde. 2,7 Millionen Kubikmeter Aushubmaterial aus dem Nidau–Büren-Kanal sollen zwischen Ipsach und Sutz versenkt werden.»* An der Versammlung wurde auch der in Österreich liegende Mondsee erwähnt. Dieser wurde durch Abraummaterial vom Autobahnbau schwer geschädigt. Die Bielerseefischer sahen nun für den Bielersee dasselbe Schicksal voraus. Sie befürchteten, so die NZZ weiter, *«dass künftig durch eine Sedimentierungsschicht alle Planktonbildung verhindert und der Edelfischbestand zugrunde gehen werde, so dass das pflanzliche und tierische Leben auf Jahre hinaus absterben würde»*.

Im gleichen Artikel nahm Robert Müller zu den Vorwürfen Stellung. Zum Mondsee meinte er: *«[Es] sei vor einigen Tagen bekannt geworden, dass auch Ölstoffe und Asphaltprodukte im Mondsee versenkt worden seien. Im Bielersee werde es nicht zu einem Fischsterben kommen.»* Gemäss Müller brächte die Aare *«jährlich zehnmal so viel Feinstoffe in den Bielersee, als durch die Versenkung des Abraummaterials verteilt werde. Seit dem Bestehen des Hagneckkanals seien ungefähr 40 Millionen Kubikmeter Feinstoffe in den Bielersee geschwemmt worden. Jedes Jahr kommen rund 500 000 Kubikmeter Schlamm und Feinstoffe dazu.»*

Die Opposition kam aber erst dann zur Ruhe, als zwei Gewässerschutzexperten eingesetzt wurden, welche den Zustand der Seen periodisch zu untersuchen hatten (E<small>HRSAM</small> 1974: 54ff., 62f., 68f.).

Polemische Karikatur im Nebelspalter vom 23. Mai 1962 nach der Versenkung von Aushubmaterial im Murtensee.

Als Tankeranlegeplatz ungeeignet: Zihlkanal vor dem Schloss Thielle 1947.

Schifffahrt tut Not

Mit seiner direkten Art machte sich Robert Müller nicht nur Freunde, vielmehr rief er damit auch Gegner auf den Plan – zum Beispiel das «Bieler Tagblatt». Am 15. Mai 1971 schrieb der damalige Chefredaktor des «Bieler Tagblatts», Fritz Probst: *«Leider gibt es jemanden, der uns nicht liebt. Das ist Professor Dr. Robert Müller, Bauleiter der II. Juragewässerkorrektion. Er hat mir neulich bei der feierlichen Eröffnung des Zihlkanals klar und deutlich gesagt, dass unsere Zeitung komplett aufs falsche Pferd gesetzt habe, darum habe er das BT nicht gern. Wer gegen eine transhelvetische Güterschifffahrt und gegen einen Flugplatz im Grossen Moos opponiere, der lebe nicht mit der Zeit, geschweige denn mit der Zukunft. Es liegt mir fern, Professor Dr. Robert Müller in irgendeiner Form zu beleidigen [...] Die Verdienste dieses Mannes sind unermesslich. Die II. JGK ist – wir glauben es – sein Leben. Nun hat diese II. Juragewässerkorrektion neben der primären Aufgabe, das Dreiseengebiet vor Überschwemmungen zu bewahren, auch noch für etwas anderes gesorgt. Man sagte es nie so recht, aber gewisse Leute denken immer daran. Planung und Ausführung brachten es eindeutig ans Tageslicht: die Flussläufe müssen breit genug, die Uferverbauungen stark genug und die Brücken hoch genug sein, um eventuell einer späteren transhel-*

Für viele Seeländer eine Schreckensvision: Basler Rheinhafen.

vetischen Güterschifffahrt, wie es unsere lieben Freunde in der Westschweiz schon lange wünschen, Tür und Tor zu öffnen.»

Das war grobes Geschütz. Hatte der Redaktor mit seinen Vorwürfen Recht oder stammten diese aus der Gerüchteküche?

Zumindest so viel entspricht den Tatsachen: 1908 wurde ein Artikel in die Bundesverfassung aufgenommen, wonach bei der Wasserkraftnutzung die Binnenschifffahrt zu berücksichtigen sei. 1910 entstand der Schweizerische Rhone–Rhein-Schifffahrtsverband, der sich die Schiffbarmachung auf möglichst allen Flüssen, welche dies zuliessen, auf die Fahne geschrieben hatte. Gleichzeitig waren einige Mitglieder dieses Verbandes bekannte Verfechter einer Zweiten Juragewässerkorrektion, namentlich Arthur Peter und Gottfried Müller (Frey 1956: 83).

1957 – also mitten während der Planungsphase zur Zweiten Juragewässerkorrektion – reichte eine nationalrätliche Kommission ein Postulat ein, über welches unter anderem die Prüfung der Schiffbarmachung der Aare, der Juraseen und eine Verbindung zwischen Neuenburger- und Genfersee verlangt wurden. Kurz darauf setzten die Regierungen Deutschlands und der Schweiz eine Kommission ein, die ein gemeinsames Projekt für die Schiffbarmachung des Hochrheins prüfen sollte. Noch bevor diese Kommission ihren Bericht abgeliefert hatte, trat eine Werbefirma auf den Plan und propagierte den «Transhelvetischen Kanal». Die Flussstrecke zwischen Bielersee und Aaremündung in den Rhein sei in 14 Staustufen einzuteilen um damit die Frachtschifffahrt zu ermöglichen. Hinter dieser Werbeaktion steckte die Transhelvetica AG. Die Aktivitäten der Verfechter einer transhelvetischen Schifffahrt gaben 1964 unmittelbaren Anlass zur Gründung der interkantonalen Arbeitsgemeinschaft zum Schutze der Aare (ASA), die solche und ähnliche Projekte unbedingt vermeiden wollte. Zwar stufte der Schweizer Wasserwirtschaftsverband den Aareausbau kurz darauf als nicht verwirklichungsfähig ein; die Option «Rhone–Rhein-Kanal» hielt sich nichtsdestotrotz auf der politischen Agenda. Entsprechend wachsam blieb die Opposition. Schützenhilfe erhielt die ASA unter anderen vom Rheinaubund und der Interessengemeinschaft Bielersee. 1970 wurde von 33 Organisationen die Aqua viva, die nationale Aktionsgemeinschaft zur Erhaltung der Flüsse und Seen, aus der Taufe gehoben (Schmidhauser 1999: 44ff.).

Der Bundesrat blieb ambivalent. Er zeigte sich ausserstande, einen konkreten Entscheid betreffs der Freihaltung von Wasserstrassen für die Güterschifffahrt zu fällen. Bis heute existiert kein Freihaltegesetz, nur eine Verordnung von 1993 regelt die Freihaltung von Wasserstrassen. Darin ist die Strecke eines «Transhelvetischen Kanals» nicht erwähnt. Doch ein kurzer Blick in die Geschichte zeigt: eine Verordnung lässt sich in der Regel sehr viel einfacher revidieren als ein Gesetz.

Auch beim Nidauer Pädagogen und Lehrer Rudolf Wehren erregte die Juragewässerkorrektion «Verdacht und Misstrauen». Er fand es «sonderbar», dass etwa das Kraftwerk in Bannwil ursprünglich in den Plänen zur Juragewässerkorrektion nirgends auftauchte, «wohl aber in denjenigen des ‹Transhelvetischen Kanals›!» (Wehren 1966: 7).

Robert Müller wies die Anschuldigung von sich, wonach die Zweite Juragewässerkorrektion ein gewaltiges Tarnunternehmen sei und unter falscher Flagge fahre (Wehren 1966: 5). Er war zwar ein bekennender Befürworter der Binnenschifffahrt, und zweifellos erkannte er die Möglichkeiten, welche die Zweite Juragewässerkorrektion dem Güterverkehr auf Flüssen, Kanälen und Seen bot. Müller betonte aber stets, dass die Zweite Juragewässerkorrektion keine geheimen Vorarbeiten für eine

Werbebroschüre für den «Transhelvetischen Kanal» von 1967.

> **Rhone–Rhein-Kanal beerdigt**
> Auch die Kantone glauben nicht mehr an die Realisierung des Rhone–Rhein-Kanals. Nachdem bereits Aargau, Bern und Solothurn die benötigten Grundstücke umgezont haben, zog auch die Waadt nach. Am 26. September 2006 beschlossen die Waadtländer Kantonsparlamentarier die für den Transhelvetischen Kanal vorgesehenen Landstriche raumplanerisch wieder freizugeben (Bieler Tagblatt vom 27. September 2006).

transhelvetische Schifffahrt leiste. Die Korrektion der Juragewässer lasse sich bis in die letzten Einzelheiten ohne die Binnenschifffahrt rechtfertigen (Vischer 1988: 138).

Die Episode zeigt zweierlei: Erstens kann eine Idee über Generationen hinweg die Fantasie der Menschen anregen. Denn bereits Mitte des 17. Jahrhunderts hatten kühne Pioniere versucht, eine Wasserstrasse vom Neuenburger- in den Genfersee zu graben (siehe auch S. 28f.).

Zweitens ist dieser Streit ein klassisches Lehrstück schweizerischer Gesellschafts- und Politikgeschichte: Seit den späten 1960er-Jahren organisierten sich nämlich immer mehr Bürgerinnen und Bürger ausserhalb der traditionellen Parteienlandschaft. Diese neue Opposition agierte spontan und wusste die Massenmedien geschickt für ihre Zwecke einzuspannen. Vor allem bei jungen Menschen waren diese «Neuen Sozialen Bewegungen» äusserst populär. In den 1970er-Jahren entwickelte sich aus den verschiedenen Oppositionsgruppen eine «grüne» Bewegung.

Ingenieure, Beamte, Bauleiter und Politiker, die hinter dem Ausbau der Binnenschifffahrt standen, wurden von den Nachkriegsgeborenen als Vertreter der «alten» Generation wahrgenommen, die mit ihrer Ingenieurskunst und ihrem Machbarkeitswillen die Natur bezwingen wollten. Damit kamen sie unweigerlich mit der «jungen» und «bewegten»

Links:
Broyekanal vor der Zweiten Juragewässerkorrektion.

Rechts:
Broyekanal nach der Zweiten Juragewässerkorrektion.

Generation in Konflikt, welche argumentierte, dass die «Grenzen des Wachstums» erreicht seien. Vehement setzten sich deren Anhänger für den Erhalt der Umwelt ein und bekämpften den weiteren Raubbau an der Natur.

Fraglos sind heute viele Seeländer darüber froh, dass das monströs anmutende Projekt nie zur Ausführung gelangte. Die Landschaft hätte sich aus ihrer Sicht in kaum auszudenkender Weise verändert. An einer zur blossen Fahrrinne degradierten Aare, so ihre Befürchtungen, hätten gigantische Schleusenwerke die Höhendifferenz für unzählige Frachtschiffe meistern lassen. Die Entwicklung, hin zur totalen Industrielandschaft, wäre an den Ufern der Aare und den Juraseen kaum aufzuhalten gewesen.

Allerdings muss hier erwähnt werden, dass der seit den 1950er-Jahren explosionsartig angewachsene Güterverkehr heute zu einem grossen Teil über die Strassen rollt, was in einigen Gegenden der Schweiz ebenfalls zu unübersehbaren Veränderungen in der Landschaft und zu schweren Belastungen für die Umwelt geführt hat.

Naturschutz kontra Hochwasserschutz

Um die Ufer der Kanäle zu sichern, wurden während der Zweiten Juragewässerkorrektion tonnenweise Kalksteine verbaut. Der Volksmund nannte die Uferverbauungen entlang der Kanäle nach Abschluss der Arbeiten respektlos «Professor Müllers Steinwüste» (BIELER TAGBLATT vom 8. August 1992).

Steinwüste oder Uferschutz: Sicherungsarbeiten während der Zweiten Juragewässerkorrektion.

> **Auch im Wasser gab es Opfer**
> Nach der Zweiten Juragewässerkorrektion gingen den Fischern in der Aare immer weniger Fische ins Netz. Der Rückstau der Aare durch die Kraftwerke und die damit verbundene langsame Fliessgeschwindigkeit sowie stark verbaute Ufer haben viele Laichplätze zerstört (SOLOTHURNER ZEITUNG vom 5. August 1999). Da nützten auch zwei gut gemeinte, künstlich aufgeschüttete Inseln in der Aare nichts. Die Fischer sahen keinen anderen Ausweg, als den Laich ihrer bevorzugten Fischsorten in diversen Aarezuflüssen auszusetzen.

Das wurde Robert Müller und seinen Mitstreitern nicht gerecht. Rückblickend lässt sich festhalten, dass die Promotoren der Zweiten Juragewässerkorrektion, allen voran Müller, die Augen vor den Anliegen des Naturschutzes keineswegs verschlossen hatten. Bereits 1958, also mitten in der Projektierungsphase, traf sich Müller erstmals mit Vertretern des Naturschutzverbandes des Kantons Bern. Müller anerkannte dabei die Interessen des Natur- und Landschaftsschutzes, des Vogelschutzes und der Fischerei. Die Vertreter des Naturschutzverbandes hatten ihrerseits ein Einsehen für die Notwendigkeit der technischen Massnahmen der Zweiten Juragewässerkorrektion (EHRSAM 1974: 95f.).

Robert Müller selbst erwähnte die erfreuliche Zusammenarbeit mit den Ornithologen im Vogel- und Naturschutzgebiet Fanel bei der Mündung des Broyekanals in den Neuenburgersee (MÜLLER 1971: 15). Das Unternehmen baute dort zwei Vogelschutzinseln, die rasch zu begehrten Rast- und Nistplätzen für viele Vogelarten wurden.

Auch andernorts trafen die Verantwortlichen Massnahmen zum Schutz der Tier- und Pflanzenwelt. Namentlich erwähnt seien die beiden mit Deponiematerial aufgeschütteten Vogelschutzinseln in der Aare bei Bellach und Altreu. Heute finden auch Fische im ruhigen Wasser zwischen den Inseln geeignete Laichplätze.

Der Altlauf der Aare und das Häftli blieben von den eigentlichen Korrektionsarbeiten unberührt. Hingegen erhielt das Häftli eine neue Frischwasserzufuhr, denn seit der Ersten Juragewässerkorrektion war dieser Flusslauf vom frischen Wasser abgeschnitten. Bis heute beeindrucken die Alte Aare und das Häftli durch ihre wilde Schönheit.

In der Zwischenzeit haben sich die Wogen geglättet, und beim Wort «Umweltschutz» verdreht nun niemand mehr die Augen. Heute sind auch die Blockfelder entlang der Kanäle begrünt und sehen nicht mehr aus wie «lebensfeindliche Uferlandschaften», wie die Naturschützer damals klagten.

Hanni Schwabs archäologischen Funde

Ein besonderes Kapitel bei der Zweiten Juragewässerkorrektion war die Archäologie. Diesmal gingen die Verantwortlichen umsichtiger vor als ihre Vorgänger während der Ersten Juragewässerkorrektion. Damals ist es zu einem wahren Pfahlbau-Raubzug gekommen (siehe auch S. 110f.). Hilfreich waren auch die neuen eidgenössischen und kantonalen Gesetze und Verordnungen, die man in der Zwischenzeit zum Schutz und Erhalt von Altertümern geschaffen hatte.

Römische Fibel (Bronze mit Knochenscheibchen, Durchmesser 4,2 cm) gefunden bei der römischen Brücke im Rondet.

Archäologische Ausgrabung während der Zweiten Juragewässerkorrektion.

Hanni Schwab.

Bereits vor Baubeginn wurden erste Kontakte zwischen archäologischen Diensten und der Projektleitung geknüpft.

Mit der Wahl von Hanni Schwab (1922–2004) zur Leiterin des archäologischen Dienstes der Zweiten Juragewässerkorrektion nahm 1962 eine Frau die Arbeit auf, die sich weder von Hindernissen noch Vorurteilen abschrecken liess – für Frauen in leitenden Funktionen damals alltägliche Erfahrungen.

Die aus Kerzers stammende Hanni Schwab musste ein Rennen gegen die Zeit aufnehmen, denn die Korrektionsarbeiten schritten unaufhaltsam voran. Trotzdem gelang es ihr und ihren vielen freiwilligen Helfern, ausserordentlich spannende und für die Archäologie wertvolle Grabungen durchzuführen. Der Titel ihres Abschlussberichts «Die Vergangenheit des Seelandes in neuem Licht» macht dies deutlich. Es ist nicht zuletzt ihren Funden zu verdanken, dass heute so viel über die frühe Geschichte der Region bekannt ist.

Ihren Erfolg hatte sie allerdings nicht nur ihrem wissenschaftlichen Können zu verdanken, sie wusste auch mit den Bauführern, Maschinisten und Arbeitern umzugehen. Diese erhielten von ihr exakte Instruktionen. Entsprechend vorsichtig gingen sie ans Werk und wenn ein Arbeiter auf etwas Aussergewöhnliches stiess, wurde Hanni Schwab gerufen. So berichtete die Archäologin vom Frühjahr 1967: *«Als wir [...] mit der Freilegung der neolithischen Schicht im Sondierschnitt auf der Station Thielle-Mottaz beschäftigt waren, meldete uns ein Traxführer, er stosse unter der zu entfernenden Kiesschicht im Bois-de-Montmirail an mehreren Stellen auf Holzpfähle [...] Unverzüglich begann eine Gruppe von sechs Arbeitern mit der Untersuchung des neuen Fundplatzes.»* (SCHWAB 1974: 125)

Das Interesse an den Ausgrabungsarbeiten war enorm. Die Medien berichteten regelmässig über neue Funde und diesen kam nicht nur lokalhistorische Bedeutung zu. Insbesondere die Funde aus keltischer und römischer Zeit waren für Archäologen weltweit von grosser Bedeutung. So vermittelte etwa die Entdeckung der eingestürzten 90 Meter langen und 3,5 Meter breiten keltischen Holzbrücke bei Cornaux wichtige Erkenntnisse über die Kelten. Auch der Fundplatz an der Broye, wo im Rondet oberhalb von La Sauge eine 84 Meter lange und 7,7 Meter breite römische Brücke freigelegt wurde, stiess im In- und Ausland auf grosses Echo. Nicht zuletzt konnte damit der Beweis erbracht werden, dass das Grosse Moos zur Römerzeit besiedelt war.

Die Zweite Juragewässerkorrektion in Kürze (1962–1973)

Ziele:
Sicherung und Vollendung der Ersten Juragewässerkorrektion
Schaffung eines regulierfähigen Systems
Senkung des Höchstwasserspiegels um einen Meter

Massnahmen:
Vorgezogene Massnahme: Regulierwehr Port, 1936–1940

Broyekanal: 1962–1970
    Verbreiterung von 30 auf 60 Meter
    Vertiefung um 2,3 Meter
    Sohlbreite beträgt heute 28,6 Meter
    die Wassertiefe 3,7 beim niedrigsten und
    5,6 Meter beim höchsten Wasserstand

Zihlkanal: 1965–1971
    Verbreiterung von 45 auf 84 Meter
    Vertiefung um 2,3 Meter
    Sohlbreite beträgt heute 43 Meter
    die Wassertiefe 5,3 beim niedrigsten und
    7 Meter beim höchsten Wasserstand

Nidau–Büren-Kanal: 1963–1973
    Vertiefung um durchschnittlich 5 Meter, unterhalb des
    Regulierwehrs Port keine Vertiefung sondern
    linksufrige Verbreiterung von 90 auf 120 Meter
    Die Wassertiefe beträgt heute im Normalquerschnitt
    beim niedrigsten Wasserstand 9 Meter oberhalb
    und 7 Meter unterhalb von Port, beim höchsten
    Wasserstand 10,5 respektive 10 Meter

Aare zwischen Büren und Emmemündung: 1965–1973
    Uferschutz auf 22 Kilometern Länge
    Entfernung des Emmeriegels
    zwischen Solothurn und Emmemündung Vertiefung
    der Aare um 2 Meter und Verbreiterung um bis zu
    30 Metern

Aare zwischen Emmemündung und Flumenthal: 1970–1973
    Vertiefung der Aare
    Bau des Kraftwerks Flumenthal

Ein voller Erfolg!

Im Sommer 1973 war das zweite Korrektionswerk technisch vollendet. Endlich hatte der Mensch die wilden Wasser bezwungen. Fortan blieben Äcker, Ställe und Keller trocken.

Sämtliche durch die Zweite Juragewässerkorrektion anvisierten Ziele wurden erreicht: Die Hochwasserstände wurden gesenkt, die Mittelwasserstände beibehalten und die Niedrigwasserstände angehoben (KÜHNE 2004: 39).

Auch die drohende erneute Versumpfung konnte gestoppt werden: Dank den Korrektionsarbeiten wurde die Durchnässung auf einer Kulturlandfläche von 142 km² verhindert – davon entfielen 16 km² auf die Orbeebene, 13 km² auf die Broyeebene bei Avenches, 63 km² auf das

Gesicherte Landschaft: Bielersee mit Biel, Büren und Nidau–Büren-Kanal. Im Vordergrund das Häftli.

Grosse Moos und 50 km² auf die Aareebene zwischen Biel und Solothurn (Raymond Kocher. In: Verein Schlossmuseum Nidau 2004, Bulletin Nr. 2: 13f.).

Seither bestand das Werk verschiedene Härtetests – so etwa die Hochwasserereignisse von 1999 und 2005, als jeweils der Thunersee über die Ufer trat und das Berner Mattequartier vollständig unter Wasser stand (siehe auch S. 181ff.). Im Vergleich zu anderen Regionen in der Schweiz kam es im Seeland in diesen Jahren zu keinen grossen Schäden.

Einweihungsfeier

Selbstverständlich wollte der erfolgreiche Abschluss der Korrektionsarbeiten gebührend gefeiert sein. Den Auftakt der Einweihungsfestlichkeiten bildete am 23. August 1973 eine Besichtigungsfahrt auf der Korrektionsstrecke von Solothurn nach Büren. Ein stolzer Robert Müller orientierte die Gästeschar unterwegs über das vollendete Werk.

Der offizielle Festakt fand gleichentags in Aarberg statt, wo die Stadtmusik die geladenen Gäste durch das fahnengeschmückte Städtchen ins altehrwürdige Restaurant «Krone» begleitete.

In seiner Festrede bedankte sich der Berner Regierungsrat Erwin Schneider bei Robert Müller mit herzlichen Worten: *«Es fällt schwer, diesem Mann, der mit genialem, grosszügigem Wurf und zähem Durchhal-*

Mit klingendem Spiel unterwegs zur «Krone»: Offizieller Festakt in Aarberg am 23. August 1973.

ten auch in schwierigsten Situationen seine Aufgabe gelöst hat, gerecht zu werden. Mehr als Worte es vermögen, drückt es die Tatsache aus, dass die Kantone auf der Suche nach dem besten Hydrauliker keinen der ihrigen, sondern einen aus dem Kanton Aargau zu diesem Werk berufen haben. Darin liegt wohl die grösste Ehrung Professor Müllers. Sie konnte nur noch durch seine beispielhaften Leistungen und durch seinen während 16 Jahren unermüdlichen Einsatz mit hohem Verantwortungsbewusstsein in allen seinen Entscheiden für die Zweite Juragewässerkorrektion übertroffen werden. Deshalb war es ihm vergönnt, das grösste interkantonale Bauwerk unserer Zeit zu schaffen.» (Zit. in: EHRSAM 1974: 118). Selbstredend bezog Regierungsrat Schneider in seinen Dank auch das gesamte Team sowie die beteiligten Unternehmungen mit ein.

Bevor sich die Gästeschar verlor, durfte jeder Teilnehmer eine Gedenkmedaille und das von der Archäologin Hanni Schwab mit einem Beitrag Robert Müllers versehene Buch «Die Vergangenheit des Seelandes in neuem Licht» als Festgeschenke in Empfang nehmen.

Brückenschlag über den Zihlkanal bei Thielle.

Alte und neue Brücke über den Zihlkanal bei St. Johannsen.

Neue Brücken im Korrektionsgebiet

Selten wurden auf so begrenztem Raum in derart kurzer Zeit so viele Brücken erweitert oder neu gebaut, wie im Seeland während und nach der Zweiten Juragewässerkorrektion. Einerseits mussten bestehende Brücken den neuen Kanal- und Flussprofilen angepasst werden; andererseits erlebte die Schweiz in den 1970er-Jahren einen noch nie da gewesenen Verkehrsboom. Die Brücken vermochten daher den wachsenden Verkehrsstrom nicht mehr aufzunehmen.

Die nachstehende Tabelle spiegelt die Situation von 1973 wieder. Seither wurden an zahlreichen Brücken weitere Sanierungsarbeiten vorgenommen und es wurden auch neue Brücken errichtet – etwa jene für die Autobahn A5 (siehe Abb. S. 162).

Brückenverzeichnis (Situation 1973)

Nr.	Name	Funktion	Eigentümer	Arbeiten
Broyekanal				
1	Sugiez	Strassenbrücke	Kanton FR	neu
2	La Sauge	Strassenbrücke	Kanton VD	neu
Zihlkanal				
3	Zihlbrücke	Eisenbahnbrücke	BLS	keine
4	Thielle	Strassenbrücke	Kantone BE, NE	neu
5	St. Johannsen	Strassenbrücke	Kantone BE, NE	neu
Nidau–Büren-Kanal				
6a	Nidau	Eisenbahnbrücke	Biel–Täuffelen–Ins-Bahn (BTI)	keine
6b	Nidau	Strassenbrücke	Kanton BE	neu
7	Wehr Nidau–Port	Wehr	JGK	
8	Brügg	Autobahnbrücke	Kanton BE	neu
9	Brügg	Eisenbahnbrücke	SBB	Anpassung
10	Brügg–Aegerten	Strassenbrücke	Kanton BE	neu
11	Gottstatt	Strassenbrücke	Gemeinden	keine
12	Safnern	Strassenbrücke	JGK	neu
13	Ziegelei Büren	Strassenbrücke	JGK	neu
Aare Büren–Solothurn				
14	Büren Holzbrücke	Strassenbrücke	Kanton BE	keine
15	Arch	Strassenbrücke	Kantone BE, SO	neu
Stadt Solothurn				
16	Eisenbahnbrücke	Eisenbahnbrücke	SBB	keine
17	Wengibrücke	Strassenbrücke	Stadt	keine
18	Kreuzackerbrücke	Strassenbrücke	Stadt	keine
19	Rötibrücke	Strassenbrücke	Stadt	keine
Aare Solothurn–Hohfuhren				
20	Attisholzbrücke	Industriegeleise	Cellulosefabrik	Anpassung
21	Wilihofbrücke	Strassenbrücke	Kanton SO	Anpassung

Kosten der Zweiten Juragewässerkorrektion

Auf den ersten Blick scheinen die Endkosten den budgetierten Rahmen massiv gesprengt zu haben. Erst auf den zweiten Blick wird jedoch ersichtlich, dass ein Grossteil der Budgetüberschreitung der Teuerung zuzuschreiben war. Die Kostenüberschreitung betrug schliesslich 12,7 Prozent gegenüber dem Voranschlag von 88,7 Millionen Franken.

Gesamtkosten der Zweiten Juragewässerkorrektion
(in Mio. Franken)

			Teuerung
Gesamtkosten	Basis 1974	152,227	
	Basis 1959	99,958	52,269
Voranschlag	Basis 1959	88,7	
Mehrausgabe	Basis 1959	11,258	
Gesamtteuerung			52,3 %
Mehrausgaben verglichen mit Voranschlag 1959			12,7 %

Ästhetisch gelungen: Die Aarebrücke der Autobahn A5 bei Arch.

> «Wehe daherfahrenden Automobilen, die kalt und bös in das Kinderspiel, in den kindlichen Himmel hineinfahren, und kleine, unschuldige menschliche Wesen in Gefahr bringen zermalmt zu werden.»
>
> ROBERT WALSER, 1920

Das Seeland heute

Regulierte Seen und Flüsse

Heute wird rund um die Uhr mit Hilfe des Regulierwehrs Port dafür gesorgt, dass weder die Aare noch die Seen über die Ufer treten oder allzu tief absinken. Das Regulierwehr wird nicht vor Ort, sondern vom Wasserwirtschaftsamt (WWA) in Bern aus gesteuert.

Viel Fingerspitzengefühl ist notwendig zum Heben und Senken der Wehrschützen. «Nicht zu hoch – und nicht zu tief, nicht zu viel – aber auch nicht zu wenig», lautet das Motto der WWA-Mitarbeiter. Die Verantwortlichen stehen vor einer komplexen Aufgabe. Ginge etwas schief, wären die mitunter fatalen Auswirkungen bis in den Kanton Aargau hinunter spürbar.

Seit der Zweiten Juragewässerkorrektion bilden die drei Jurarandseen einen hydraulischen Einheitssee. Das Wehr Port reguliert deshalb nicht nur den Abfluss aus dem Bielersee, sondern indirekt auch die Wasserstände des Neuenburger- und Murtensees. Schwillt bei heftigen Niederschlägen oder starker Schneeschmelze der Bielersee bedrohlich an, wird dieser

Das Regulierwehr Port während des Hochwassers im August 2005.

Eine hydraulische Einheit: Bei Hochwasser dient der Neuenburgersee dem Bielersee über den Zihlkanal als Ausgleichsbecken.

aufgestaut. Die Wassermassen werden rückwärts durch den Zihlkanal in den Neuenburgersee (und darüber hinaus in den Murtensee) gezwungen. Allerdings reagiert das System träge. Insbesondere wenn sehr viel Wasser in sehr kurzer Zeit in den Bielersee fliesst – wie zum Beispiel im August 2005 – dauert es eine Weile, bis die Wassermassen im Zihlkanal ihre Fliessrichtung umkehren und sich rückwärts in Richtung Neuenburgersee zu bewegen beginnen.

Die Mitarbeiter des Wasserwirtschaftsamts dürfen indessen nicht nur das eigentliche Kerngebiet der Juragewässerkorrektion im Auge behalten, sondern müssen stets auch die Situation im Berner und Freiburger Oberland sowie die Bedürfnisse der unteren Kantone Solothurn und Aargau berücksichtigen. So darf der Abfluss der Aare in Richtung Solothurn einen gewissen Grenzwert nicht überschreiten.

Das Wehr bei Port ist somit das zentrale Element für den gesamten Wasserhaushalt der Region. Über diese Anlage wird letztlich das Wasserregime für grosse Teile des Mittellandes bestimmt. Kurzum, über das

> **«Murgenthaler Bedingung»**
> Wie schon die Erste und Zweite Juragewässerkorrektion, ist auch das Reguliersystem als ein Akt der Solidarität zwischen den Kantonen zu werten. Denn damit konnte die Befürchtung der Kantone Solothurn und Aargau entkräftet werden, das ganze Werk diene bei Hochwasser lediglich dazu, übermässig zusammenströmende Wassermassen möglichst rasch in ihre Richtung ableiten zu können.
>
> Heute existieren zahlreiche rechtliche Grundlagen und Vorschriften für die Regulierung der Seen und der Aare. Bereits der Bundesbeschluss von 1960 hatte von den Kantonen ein «Reglement für die Regulierung der Wasserstände der Aare» (Art. 11) verlangt.
>
> Seit dem 1. Januar 1983 bildet das Regulierreglement 1980/82 den Kern der Regulierungsvorschriften. Es beschränkt den Aareabfluss in Murgenthal auf 850 Kubikmeter Wasser pro Sekunde. Diese so genannte «Murgenthaler Bedingung» schützt die Kantone Solothurn und Aargau vor Überschwemmungen. Droht der Aareabfluss bei der Messstation Murgenthal diesen Wert zu übersteigen, muss beim Wehr Port eine Drosselung vorgenommen werden (WWA 2006).

Einzugsgebiet der Juragewässer.

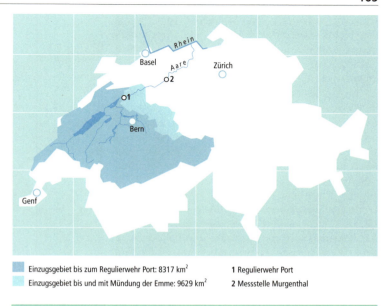

Einzugsgebiet bis zum Regulierwehr Port: 8317 km²
Einzugsgebiet bis und mit Mündung der Emme: 9629 km²

1 Regulierwehr Port
2 Messstelle Murgenthal

Einzugsgebiet
Das Einzugsgebiet bis zum Wehr Port fasst die Wasser aus einem Gebiet von 8317km². Bis und mit der Emme gemessen sind es sogar 9629 km². Dies entspricht beinahe einem Viertel der Schweizer Landesfläche.

Wehr bei Port wird zum einen der Pegel der Juraseen geregelt und zum anderen die Wassermenge der Aare dosiert (DER BUND vom 18. Mai 1999).

Steht der Pegel im Bielersee hoch, muss der Abfluss beim Wehr Port gelegentlich trotzdem gedrosselt werden. Dieser Fall kann etwa bei einem Emmehochwasser eintreten. In dieser Situation wird das so genannte «Einbremsen der Emme» in die Aare nötig. Erst wenn das Emmewasser gemeistert, also kontrolliert in die Aare einmündet, können die Wehrschützen in Port wieder weit geöffnet werden (WWA 2006).

Meliorationen
Der Begriff «Melioration» ist sehr weit gefasst. Ursprünglich waren damit alle Massnahmen zur Bodenverbesserung gemeint, also etwa der Hochwasserschutz und die Entwässerung von Mooren zur Sicherung von Siedlungen oder zum Gewinn respektive zur Verbesserung von Kulturland. Im Seeland zählte vor allem die Errichtung der Binnenkanäle zur Entwässerung der Moore dazu.

Im 20. Jahrhundert erfuhr der Ausdruck jedoch eine Ausweitung. Neu umfasste er auch den Erosionsschutz oder die Güterzusammenlegung. Unter Güterzusammenlegung wird die Neuordnung der parzellierten Flur eines Dorfes oder einer Gemeinde verstanden. Durch die Zusammenlegung kleiner Parzellen entstanden grössere und besser bebaubare Ackerflächen, was die Wirtschaftlichkeit der Betriebe erhöhte.

Schliesslich wurde Melioration gleichbedeutend mit der umfassenden Restrukturierung landwirtschaftlicher Gebiete (Thomas Glatthart. In: HLS).

Besonders während des Zweiten Weltkriegs, als in der Schweiz die Lebensmittel immer knapper wurden, galt Meliorationen und Güterzusammenlegungen ein besonderes Augenmerk. 1940 lancierte Bundesrat Friedrich Traugott Wahlen (1899–1985) die so genannte «Anbauschlacht», welche als «Plan Wahlen» Eingang in die Geschichte fand. Die Ackerfläche wurde damals massiv ausgedehnt, so wurden aus Fussballplätzen Gemüseäcker und auch im Seeland kamen bisher ungenutzte Böden unter den Pflug.

Im Gebiet der drei Juraseen, und insbesondere im Grossen Moos, wurden die grossen landwirtschaftlichen Gesamtmeliorationen aber erst nach der Zweiten Juragewässerkorrektion an die Hand genommen, da die Region primär als gesichert galt. Nach und nach entstand schliesslich jene Meliorationslandschaft, wie wir sie heute kennen. Diese ist geprägt durch neue Binnenkanäle, Pumpwerke und Drainagen für die Regulierung des Wasserhaushaltes. Hinzu kamen moderne Bewässerungsanlagen, die Anpflanzung von Pappelreihen zum Windschutz, neue Feldwege und Nebenstrassen sowie die Einrichtung neuer Naturschutzgebiete.

Die Güterzusammenlegungen übten einen entscheidenden Einfluss auf den Wandel des Landschaftsbildes aus: So waren zum Beispiel die alten Parzellen im Isleren südöstlich von Gampelen vor 1970 nur zirka 15 Meter breit und 150 bis 230 Meter lang. Mit der Neuzuteilung von 1975 entstanden grosse, rationell zu bewirtschaftende Landwirtschaftsflächen (GROSJEAN 2004: 7).

Allerdings ging die Neuordnung ganzer Landschaften nicht immer sang- und klanglos über die

Entwässerungskanal im Gebiet Länggraben bei Hagneck.

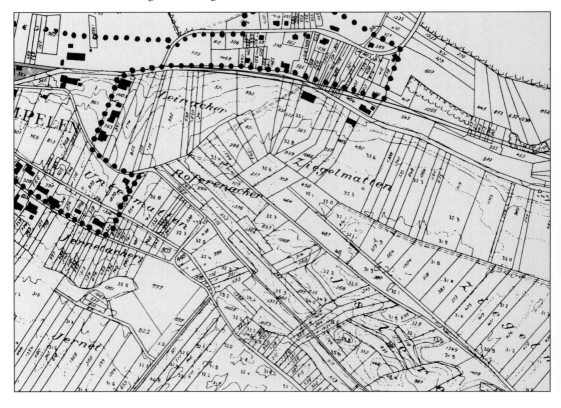

Bühne. So beäugten sich etwa während der Gesamtmelioration Ins–Gampelen–Gals die Landwirte zeitweilig äusserst misstrauisch (BVG 1985). Keiner wollte sich vom anderen übers Ohr hauen lassen und so zum Beispiel höher gelegene fruchtbare Mineralböden gegen die der Vernässung ausgesetzten ehemaligen Moorböden abtauschen. Diese Gefahr bestand durchaus: Die Güterzusammenlegung, welche die Neuordnung der Besitzverhältnisse, eine neue Wegführung und ein neues Kanalsystem zur Entwässerung erforderte, stand im Gegensatz zum komplizierten traditionellen Erbschaftsrecht (siehe auch S. 84ff.) (BIELER TAGBLATT vom 7. August 2001).

Doch die Bauern rauften sich zusammen, und das Ergebnis konnte sich sehen lassen: In der grössten je im Kanton Bern durchgeführten Gesamtmelioration von Ins–Gampelen–Gals wurden rund 5000 Parzellen zusammengelegt, 145 Kilometer Wege erstellt, 28 Kilometer neue Hauptkanäle und fünf Pumpwerke errichtet (GEOGR. GES. 1980: 263). Dadurch konnten die Ernteerträge bedeutend gesteigert werden (siehe nachfolgende Tabelle).

Erntevergleiche vor und nach der Gesamtmelioration Ins–Gampelen–Gals

kg pro Are	vorher	nachher
Winterweizen	35	70
Wintergerste	40	70
Raps	30	40
Kartoffeln	350	550
Zuckerrüben	450	550

Parzellierung vor 1970 (Seite 166) und nach der Güterzusammenlegung und Neuzuteilung von 1975 (Seite 167) südöstlich von Gampelen.

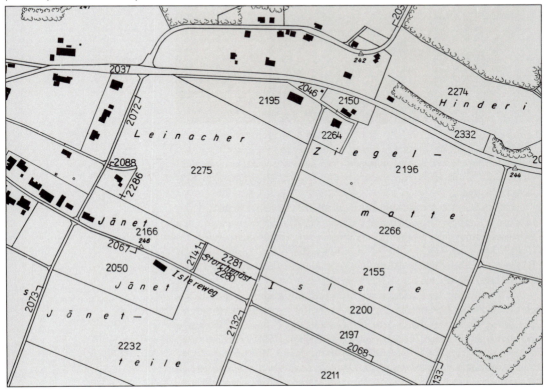

Ergebnis der Güterzusammenlegung: Grossflächigere Einteilung der Äcker nach der Neuzuteilung. Aufnahmen 1974 (oben) und 1981 (unten) bei Ins.

Mittels der seeländischen Gesamtmeliorationen wurde zwar seit den 1970er-Jahren versucht, die Interessen der Landwirtschaft mit jenen des Natur- und Landschaftsschutzes sowie der Erholungsuchenden in Einklang zu bringen.

Aber nicht überall schien dieser Plan aufzugehen. Während der Gesamtmelioration Ins–Gampelen–Gals (1970–1985) war in den Leserbriefspalten des «Bieler Tagblatts» vom «Landschaftsmord im Grossen Moos» die Rede. Die 52 zugunsten der Natur ausgesonderten Hektaren seinen lediglich «Almosen» und «Gettos für die Tiere» (BIELER TAGBLATT vom 7. August 2001).

1978 schüttete der tendenziöse Film «Tod im Grossen Moos» zusätzlich Öl ins Feuer. Das «Bieler Tagblatt» bezweifelte damals allerdings, ob das Grosse Moos tatsächlich dem Tod geweiht sei: *«Umweltschützer sind Idealisten»*, schrieb Fritz Probst. *«Jede Veränderung ist für sie eine Freveltat, ein nie wieder gut zu machender Eingriff in die Natur. Volkswirtschaftliche Erwägungen werden kaum angestellt. Dennoch ist es gut, dass wir sie haben: die Umweltschützer. Sie befinden sich ständig auf Kollisionskurs mit den-*

jenigen Menschen, die allzu leichtfertig der Natur Wunden schlagen, die sich um die Umwelt keinen Deut kümmern, die das Wunder der Natur einfach nicht sehen [...] wollen.» (Bieler Tagblatt vom 8. März 1980).

Umweltschützer kritisierten auch scharf den Einsatz von Schädlingsbekämpfungsmitteln oder das Verschwinden der Moosmatten und mit ihnen der Schmetterlinge. Auch das Tiefpflügen war ihnen ein Dorn im Auge. Mit einem gewaltigen Spezialpflug mit einer Zugkraft von 75 Tonnen wurde 1979 in Witzwil erstmals der Boden 1,6 Meter tief umgepflügt, um die Erosion und weitere Absenkung der Böden aufzuhalten. Aus Sicht der Umweltschützer war dies eine besonders verwerfliche Tat!

Die meisten Bauern verstanden diese Aufregung nicht. Hatten die Juragewässerkorrektionen nicht Wohlstand in die Region gebracht und konnte nun dank der Güterzusammenlegung, dem Einsatz modernster Maschinen sowie Kunstdünger und Pestiziden nicht viel mehr als früher geerntet werden?

Einmal mehr prallten damals zwei unversöhnliche Weltanschauungen aufeinander. Auf der einen Seite standen die Befürworter einer

Monokultur im Seeland.

Unproduktive Moore

Mit der nach 1950 einsetzenden Mechanisierung und Motorisierung der Landwirtschaft hatte für viele Feuchtgebiete die letzte Stunde geschlagen. Oberstes Ziel war nun die möglichst rationelle Bodennutzung. Was nicht dem Naturschutz unterstellt war, wurde kurzum endgültig trockengelegt.

Damit wurde ein Prozess fortgeführt, der im vorletzten Jahrhundert seinen Anfang genommen hatte. Bereits in der zweiten Hälfte des 19. Jahrhunderts wurden allein im Kanton Bern 15 685 Hektaren Sumpfland trockengelegt. Der Löwenanteil davon entfiel auf das Seeland. Damals stand der Wille zur umfassenden Ausmerzung aller Feuchtgebiete im Vordergrund. Dies zeigte auch ein Bericht an die Société agricole de la Suisse romande im Zusammenhang mit der Juragewässerkorrektion. Dessen Autoren forderten 1864, dass die Schweiz *«auf ihrem Territorium keine unproduktiven Moore mehr dulden»* könne, weil sie *«hinsichtlich der grossen Meliorationen, welche das 19. Jahrhundert erfordert, seien sie nun physischer und moralischer Art, an der Spitze»* stehe (Zit. in: PFISTER 1995, Im Strom der Modernisierung: 330).

Selbstverständlich hatten die Menschen damals kaum eine Wahl, zumal ihnen das Wasser sprichwörtlich bis zum Hals stand. Die Meliorationen waren somit gerechtfertigt.

Erstmalig erkannten einige Naturschützer nach der Jahrhundertwende den Wert der Moore für die Tier- und Pflanzenwelt. Doch ihr Einfluss blieb vorerst gering.

Rückblickend kann eingewendet werden, dass klar über das Ziel hinausgeschossen wurde. Nicht weniger als 90 Prozent aller Feuchtgebiete wurden in der Schweiz seit 1850 entwässert.

Glücklicherweise hat die ökologisch sensibilisierte Konsumgesellschaft die letzten Reste dieser natürlichen Landschaften heute unter Schutz gestellt (PFISTER 1995, Im Strom der Modernisierung: 330).

effizienten Landwirtschaft, die nach rationellen und modernen Kriterien produzieren wollten. Auf der anderen Seite brandmarken Umweltschützer die entstehenden Monokulturen, die Begradigung und Kanalisierung von Flüssen und Bächen, den Einsatz der «Chemiekeule» und das Abholzen von Hecken.

Heute hat sich dieser Streit mehr oder weniger gelegt. Viele Seeländer Bauern haben mittlerweile auf integrierte Produktion (IP) umgestellt, oder bewirtschaften das Ackerland nach biologischen Kriterien. Die Chemie kommt im neuen Jahrtausend viel weniger – und vor allem gezielter – zum Einsatz, als noch vor 30 oder 40 Jahren.

Landwirtschaft heute

Schon im 19. Jahrhundert wurde im Seeland Gemüse angebaut. Per Bahn, und später per Lastwagen, transportierten die Bauern ihre Produkte in die Städte (vor allem nach Bern und Neuenburg) und boten sie auf den dortigen Märkten feil.

Während und nach dem Zweiten Weltkrieg nahm der Gemüseanbau in den seeländischen Gemeinden zu. Als in den 1960er-Jahren der Lebensmitteldetailhandel auf Selbstbedienung umstellte, bedingte dies gleichzeitig eine weitere Rationalisierung der Produktions- und Vermarktungsmethoden.

Mit der Zweiten Juragewässerkorrektion konnten die Produktionsgrundlagen noch einmal enorm verbessert und der Gemüseanbau erneut gesteigert werden.

Typische Seeländer Gemüse sind heute Rosenkohl, Rhabarber, Pfälzerkarotten, Schwarzwurzeln, Gurken und gebleichter Lauch. Die wichtigsten Kulturen umfassen Zwiebeln, Karotten, Nüssler, Lauch, Kopfsalat, Tomaten, Eisberg, Sellerie und Chinakohl (www.gemueseschweiz.ch).

Nebst Gemüse werden im Seeland aber auch Obst, Getreide, Zuckerrüben, Reben und in der Broyeebene Tabak angebaut.

Der schweizerische Gemüseanbau 2004
Anbauflächen kumuliert, Seeland Kantone BE und FR

	Schweiz in ha	Seeland in ha	Seeland-Anteil in %
Verarbeitungsgemüse	2788	140	5
Gewächshauskulturen	916	104	11,3
Freilandanbau	10 186	2265	22,2
Total	13 890	2509	18,1

Gemüsegarten der Schweiz: Ackerbau in Müntschemier.

Der Traktor ersetzte zunehmend die Handarbeit. Knechte wurden entbehrlich. Hier Rüti bei Büren. Aufnahme von 1963.

Rationalisierung der Landwirtschaft
Die Zahl der in der Landwirtschaft tätigen Bevölkerung hat sich seit dem Zweiten Weltkrieg um mehr als die Hälfte verringert. Seit den 1950er-Jahren produzieren immer weniger Leute auf immer weniger Boden stetig mehr Lebensmittel, dies notabene unter laufend höherer Verwendung von nicht-erneuerbarer Energie. Das langsame Verschwinden der Bauernhöfe und die starke Motorisierung der Landwirtschaft zwischen 1950 und 1970, führten zu einer meliorierten, rationell bewirtschaftbaren Landschaft.

Auch das Leben der bäuerlichen Bevölkerung hat sich grundlegend verändert. Heute verrichten Maschinen jene Arbeit, welche früher ganze Familien und die Knechte geleistet haben (Peter Moser. In: W. GASSMANN AG: 122f.).

...und die Landwirtschaft in 30 Jahren
Der Agronom Rudolf Gilomen befürchtet für die Bauern im Grossen Moos Schlimmstes: *«Der moorige Boden im Moos ist reich an Ton und Sand mit Torfeinschüssen. Normaler Boden besteht zu vier Prozent aus organischem Material. Im Seeland beträgt dieser Anteil zwischen 10 und 50 Prozent. Deshalb ist die Erde schwarz, nährstoffreich und für den Gemüsebau besonders geeignet.»* Das stelle die Bauern aber vor ein ganz anderes Problem, so Rudolf Gilomen weiter: *«Gelangt Torf an die Luft, zersetzt es sich sofort. An torfreichen Stellen im Seeland führt das zu einer Absenkung des Bodens, die stellenweise einen Zentimeter im Jahr ausmacht.»*

Auch der Bodenkundler Peter Trachsel befürchtet, dass die Böden im Grossen Moos bald nicht einmal mehr als Weide genutzt werden können: *«Noch ist das Moos schwarz. In 30 Jahren wird es von zunehmend mineralischem Material grau werden. […] Die nächste Generation wird ein Problem haben: entweder wird das Land extensiver bewirtschaftet oder es werden überall Treibhäuser erstellt.»*

Gemüsebauer und Berner Grossrat Charles Aebersold aus Treiten sieht hingegen nicht so schwarz: *«Wir säen weniger Kulturen ins Freiland, sondern pflanzen Setzlinge. So wird die Erdoberfläche in kurzer Zeit abgedeckt. Zudem bringen wir mit jedem Setzling aus dem Topf wiederum Erde ins Freie. Boden bleibt kaum mehr brach. Mit Beregnen halten wir ihn zudem feucht. So vermag die Sonne den Boden weniger zu verbrennen.»* (Alle zit. in: BIELER TAGBLATT vom 11. September 2004).

> **Klimaveränderung durch die Juragewässerkorrektion**
> Das Jahrhundertwerk hat sich auch auf das regionale Klima ausgewirkt. Mit dem Computer ist es heute möglich, Klimasimulationen durchzuführen. Die Resultate sind erstaunlich: Die Umgestaltung von 400 km² Moorlandschaft in Ackerland und ein Rückgang der bewaldeten Fläche um 30 Prozent führten im Seeland seit 1850 zu einer generellen Abkühlung im Sommer von 0,25 Grad Celsius. Wo lokal gleichzeitig abgeholzt und entsumpft wurde – etwa um Aarberg oder Lyss – sanken die Temperaturen sogar um satte 2 Grad. Hingegen stiegen die Tagestemperaturen in aufgeforsteten Gebieten entlang der Seeufer des Murtensees um 1 Grad (SCHNEIDER; EUGSTER 2003).
>
> Diese lokale Klimaveränderung weist deutlich darauf hin, in welchem Ausmass der Mensch in das natürliche Gleichgewicht eingegriffen hat. Gleichzeitig stimmt dies nachdenklich: Was kommt wohl auf die Menschheit zu, die derzeit die Landschaft weltweit verändert, wenn bereits die Umgestaltung von knapp einem Prozent der Schweizer Landesfläche solche Folgen zeitigt?

So oder so, die Bauern gehen nicht nur im Seeland schwierigen Zeiten entgegen. Der Wind des Welthandels bläst manchem Landwirt eiskalt ins Gesicht. Subventionen werden abgebaut und der Anbau vieler Kulturen – im Seeland etwa jener der Zuckerrüben – wird für die Landwirte immer unrentabler.

Eine zusätzliche Unbekannte stellt der Klimawandel dar. Es stellt sich die Frage, ob im Seeland auch künftig Rosenkohl und Sellerie gedeihen oder ob wir nicht dereinst im Grossen Moos durch Orangen- und Zitronenhaine spazieren werden.

Bodenproblematik: Während sich Braunerdeboden (links) für vielseitigen Acker-Fruchtwechsel eignet, gibt tieftorfiger Moorboden (rechts) nur knapp genügenden Landwirtschaftsboden her. Zudem sind im Falle tiefer Entwässerung Sackungen unvermeidlich.

Von der Land- zur Industriewirtschaft: Industriering Lyss.

Neue industrielle Zentren

Nicht nur die Landwirtschaft profitierte von der Zweiten Juragewässerkorrektion. Die nun endgültig von Hochwassern geschützte Region erwachte und blickte einer wirtschaftlich hoffnungsvollen Zukunft entgegen. So wuchsen ehemalige Bauerndörfer zu industriellen Zentren heran. Als Beispiel sei Lyss erwähnt, wo seit den 1960er-Jahren die Industriezone Schachen ausgebaut wurde. Heute umfasst der rund 400 000m^2 grosse Industriering Lyss etwa 1200 Arbeitsplätze. Aber auch andere Ortschaften zogen Gewerbe und Industrie an wie Büren, das

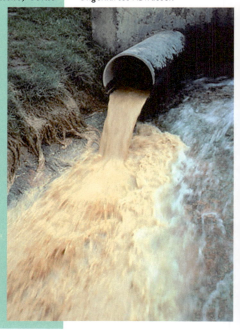

Ungeklärtes Abwasser.

Eine schmutzige Brühe

«Was nützt es», fragte 1951 Hans Schnyder im Seebutz, «die herrlichen Seen in allen Tonarten zu besingen und dabei zu übersehen, dass sie absterben oder doch zu Krankheitsherden, schwelenden Wunden, Eiterbeulen werden am Leibe unserer Heimat? Ja, verhehlen wir es nicht: Die Verunreinigung der Seen ist so fortgeschritten, dass ihrer etliche, vorab der Murten- und Zürichsee, um nur zwei zu nennen, in Gefahr sind, zu toten Meeren zu werden, in denen alles pflanzliche und tierische Leben abstirbt, zu Leichnamen, welche auch die Umgebung verseuchen. [...] Ohne zu bedenken, als wären die Seen Misthaufen oder Jauchegruben, werfen die Anwohner alles hinein, was ihnen im Wege ist, und überlegen nicht, dass sie mitschuldig werden an einem Verhängnisse, unter welchem einst kommende Geschlechter schwer leiden müssen.»

Unter dem Eindruck der zunehmenden Gewässerverschmutzung wurde 1953 der Gewässerschutzartikel in der Bundesverfassung verankert. Vier Jahre später trat das erste Gewässerschutzgesetz in Kraft. Doch erst mit der revidierten Fassung von 1971 wurden dem Gesetz auch Zähne verliehen. Die zentrale Massnahme bestand im Ausbau der Kanalisationsnetze und deren Anschluss an eine Kläranlage. Mittlerweile werden zirka 97 Prozent aller Abwässer gereinigt. Zwar steht heute dem sommerlichen Kopfsprung ins kühle Nass nichts mehr im Wege. Die Seen sind wieder klar. Für das Auge unsichtbar belasten aber weiterhin Nitrat und neuerdings auch Medikamentenrückstände die Gewässer (BUVAL 2002: 33ff.).

Bözingenmoos in Biel, das Brüggmoos in Brügg, Aarberg, Grenchen, Lengnau, Murten, Yverdon oder Cornaux, wo sich zahlreiche Firmen niederliessen, die heute für die Region von grosser volkswirtschaftlicher Bedeutung sind.

Pro und kontra Grossprojekte

Seit den 1950er-Jahren nahm der Druck auf Umwelt und Natur stetig zu. Und hätten sich die Bewohner des Seelandes nicht mitunter zur Wehr gesetzt, wäre ihr Lebensraum heute bedeutend enger.

Wäre es nämlich nach dem Willen des Bundesrats und des bernischen Regierungsrats gegangen, würden heute die Bauern im Grossen Moos bedeutend weniger Gemüse anbauen. Denn in den 1960er-Jahren fassten Landes- und Kantonsregierung vor den Türen Kallnachs den Bau eines Kontinentalflughafens ins Auge. Die Behörden hatten allerdings nicht mit dem massiven Widerstand der betroffenen Bevölkerung gerechnet. Umgehend formierte sich eine Oppositionsbewegung. Am 6. März 1972 demonstrierten beim Bieler Kongresshaus rund 5000 Seeländer gegen das Projekt. An vorderster Front bekämpfte der «Schutzverband gegen einen bernischen Flughafen im Grossen Moos» den «Airport Kallnach». Auch in den Augen der regionalen Presse fand das Vorhaben keine Gnade.

Dörfer vom Wasser abgetrennt: Autobahn A5 und Eisenbahn am nördlichen Bielerseeufer.

Der Bau eines Flughafens hätte die Landnutzung völlig umgekrempelt. Pisten und Zufahrtstrassen hätten das Kulturland zerstört, und rund um den Airport wären Hangars, Hallen, Hotels und Dienstleistungsbetriebe aller Art entstanden. Für Gemüsebauern wäre da nicht mehr viel Platz übrig geblieben (Fritz Probst. In: SEEBUTZ 1993: 51f.; BIELER TAGBLATT vom 18. April 2004).

Ein thermisches Kraftwerk auf dem Jolimont? Obwohl als Vorhaben erst 1966 aufgegeben, erinnern sich heute nur noch wenige Personen an dieses Bauprojekt. 1965 kam die BKW zum Schluss, dass der Jolimont ein idealer Standort für ein mit Schweröl betriebenes Kraftwerk sei. Die Windverhältnisse seien ideal, da die «Abgase» schnell vom Wind fortgetragen würden. Der von diversen Schutzorganisationen begleitete Protest und das nach dem Bau des Atomkraftwerks Mühleberg gesunkene Interesse der BKW am Bau neuer Anlagen führten zur Aufgabe des Bauvorhabens (BIELER TAGBLATT vom 18. April 2004, Kurt Hubacher. In: Seebutz 2001: 39ff.).

Manchmal war der Widerstand aber auch vergebens. Für den Bau neuer Verkehrswege am Nordufer des Bielersees wurden in den späten 1960er- und frühen 1970er-Jahren ganze Dörfer vom See abgeschnitten. Zahlreiche Häuser mussten der damaligen Nationalstrasse N5 weichen. Für den gleichzeitigen Bau der SBB-Doppelspur wurden gar markante, landschaftsprägende Felsen – wie in Tüscherz-Alfermée geschehen – abgetragen.

Symbol des industriellen Zeitalters: Raffinerie Cressier.

Heutzutage würden diese Verkehrsstränge zweifellos anders gebaut. Doch das ist ein schwacher Trost für die lärmgeplagten Anwohner der heutigen Autobahn A5. Der kombinierte Strassen- und Eisenbahnbau beeinträchtigt das Dorfleben nachhaltig und hinterlässt tiefe Spuren in der Landschaft.

Unübersehbar manifestiert sich das industrielle Zeitalter auch im neuenburgischen Cressier. Der in Twann geborene Arzt Kurt Hubacher (1921–2006), Mitbegründer und langjähriger Präsident der Interessengemeinschaft Bielersee (IGB), erinnerte sich gut an 1964, als bekannt wurde, dass im Ort eine Ölraffinerie entstehen sollte: *«Es war ein Schock für uns […] Niemand war informiert worden, als Cressier 1963 Shell 125 000 Quadratmeter Land verkaufte.»* (BIELER TAGBLATT vom 18. April 2004).

Die einst idyllische Gegend zwischen Bieler- und Neuenburgersee wurde völlig in den Dienst der Industrie gestellt. Heute beherrscht der über 100 Meter hohe Kamin der Raffinerie das Landschaftsbild. Dieser ist tatsächlich kein schöner Anblick. Es darf allerdings nicht vergessen werden, dass die Schweiz ein benzin- und ölhungriges Land ist. In Cressier werden jährlich 2,8 bis 3 Millionen Tonnen Erdöl verarbeitet. Dies entspricht rund einem Viertel des gesamten Schweizer Jahresverbrauchs.

Der Mythos lebt

Als 2004 bekannt wurde, dass der US-amerikanische Biotech-Konzern Amgen in Galmiz eine Pharmafabrik plante, titelte der «Bund»: «Angst um nationalen Gemüsegarten» und schrieb: *«Der Widerstand gegen eine Pharmafabrik bei Galmiz hat das Potenzial zur Volksbewegung. Das Grosse Moos, die grösste zusammenhängende Landwirtschaftsfläche der Schweiz, hat den Charakter eines nationalen Heiligtums. Die erste Juragewässerkorrektion […] gilt als eindrückliches Zeichen der nationalen Solidarität im jungen Bundesstaat. Im Rahmen der ‹Anbauschlacht› während des Zweiten Weltkrieges wurde das Grosse Moos mit seinen fruchtbaren Feldern zum Symbol von Selbstversorgung und Unabhängigkeit.»* (DER BUND vom 18. Dezember 2004). Der Artikel zeigt eindrücklich, dass der Mythos «Juragewässerkorrektion» bis in die heutige Zeit nichts von seinem Glanz und seiner Ausstrahlungskraft verloren hat!

Der Mensch schafft neuen Lebensraum für den Biber: Bagger im Schwarzgraben bei Ins.

Ein kleines Stück Natur

Während unsere Vorfahren alles unternahmen, um sich vor den Naturkräften zu schützen, muss heute vielmehr die Natur vor den Menschen geschützt werden. So paradox es klingen mag, in diesen Tagen werden in einst trockengelegten Mooren künstliche Feuchtgebiete geschaffen. Als ob der schaffende Mensch ein schlechtes Gewissen hätte, gibt er nun der Natur ein klein wenig davon zurück, was er ihr in früheren Generationen weggenommen hat.

Es ist nicht von der Hand zu weisen, dass die Korrektionsarbeiten ausserordentlich massive und irreversible Eingriffe ins ökologische System des Seelandes darstellten. Aufgrund der Juragewässerkorrektionen,

Schilf im Naturschutzgebiet Fanel am Neuenburgersee.

Der Lebensraum für viele Tiere wird immer knapper: Eisvogel.

der daran anschliessenden Meliorationen, der landwirtschaftlichen Nutzung und dem Siedlungsdruck sind im Seeland naturnahe Landschaften selten und der Lebensraum für Fauna und Flora knapp geworden.

Würden «wir» es heute «besser» machen? Immerhin sind im 21. Jahrhundert die Anforderungen an den Natur- und Landschaftsschutz bei Bauprojekten dieser Grössenordnung viel umfassender als früher. Heute werden Umweltverträglichkeitsprüfungen verlangt, das Raumplanungsgesetz schreibt die Nutzungsart des Bodens vor und das (unterdessen wieder angezweifelte) Verbandsbeschwerderecht gibt den Kritikern die rechtliche Handhabe, gegen Bauvorhaben Beschwerde einzureichen.

Glücklicherweise geniesst der Umweltschutz heute generell einen weitaus höheren Stellenwert als noch vor 30 oder 40 Jahren. Wirtschaft, Bevölkerung und Landwirte reagieren daher viel sensibler auf ökologische Anliegen.

Bereits nagen in den renaturierten Kanälen sogar wieder erste Biber an Baumstämmen herum (nicht immer zur Freude der Anstösser!) und ausgewiesene Naturschutzgebiete helfen seltenen Tieren und Pflanzen zu überleben.

Der Biber kehrt zurück.

Keine Überlebenschance

Trotz allen Anstrengungen zum Erhalt von natürlichen Lebensräumen für Tiere und Pflanzen haben heute zahlreiche Lebewesen im Seeland keine Überlebenschance mehr. Dazu gehören etwa das Hermelin, viele Feldvögel wie der Kiebitz, das Rebhuhn, die Wachtel oder die Feldlerche. Auch Kleinlebewesen finden kaum mehr Brutstellen oder ausreichend Nahrung. Zu ihnen gehören unter anderen die früher allgegenwärtigen Lurche sowie Schmetterlinge, Heuschrecken oder Wildbienen (WWW.KULTURSPUR.CH).

> **Bauern und Natur**
> Auch die Bauern im Seeland haben sich in den letzten Jahren enorm angestrengt, das landwirtschaftliche Nutzland ökologisch aufzuwerten. Sicherlich spielten hier auch die entsprechenden Ausgleichszahlungen des Bundes eine nicht zu unterschätzende Rolle. Aber wer nun denkt, es gehe den Bauern allein ums Geld, dürfte sich irren, denn die Bundessubventionen weisen auch auf einen Lernprozess hin: In unseren Tagen darf Natur etwas kosten, sie ist nicht mehr nur wertloses Ödland!

Vielerorts wurden in den letzten Jahren offene Wasserläufe, Hecken und Biotope angelegt. Diese Massnahmen wirkten sich auf die Tierwelt positiv aus. So weist das Grosse Moos heute zum Beispiel eine für Schweizer Verhältnisse hohe Feldhasenpopulation auf (Ueli Hermann. In: SEEBUTZ 2004: 103ff.).

Die Naturschutzgebiete im Seeland sind aber nicht nur Refugien für bedrohte Tiere und Pflanzen. Erholung suchende Menschen und Naturliebhaber finden an den Seeufern, entlang der renaturierten Kanälen, Bächen und Flüssen, im Auenwald oder auf der blühenden Wiese ein kleines Stück vermeintlich unverfälschter Natur – ob zur Beobachtung von Tieren oder ganz einfach zur Freude.

Allein im Grossen Moos initiierte und realisierte der Biotopverbund Grosses Moos in den letzten Jahren gut 20 Projekte. Diese umfassen die ökologische Aufwertung von landwirtschaftlichem Nutzland, Renaturie-

Vom Menschen unberührt: Schilflandschaft auf der St. Petersinsel.

rungen und Massnahmen wie Heckenpflanzung, Waldpflege, biologische Schädlingsbekämpfung im Acker- und Gemüsebau mit Nützlingen, aber auch die Schaffung von Feuchtgebieten oder die Förderung des Bibers.

Über das ganze Seeland verstreut existieren unzählige weitere Naturschutzprojekte. Namentlich seien erwähnt: am Neuenburgersee das Naturschutzgebiet Fanel und das Naturschutzzentrum La Sauge mit seinem Lehrpfad, an der Alten Aare das Häftli in Meienried oder das Auengebiet bei Aarberg.

Doch dürfen diese Erfolgsgeschichten nicht darüber hinwegtäuschen, dass der Spielraum zur Vernetzung von naturnahen Lebensräumen in der intensiv genutzten Landschaft äusserst klein geworden ist. Die Naturschutzgebiete sind eigentliche «Inseln» und deren Verknüpfung gestaltet sich ausserordentlich schwierig. Tiere und Pflanzen sind aber darauf angewiesen, zu wandern und sich ausbreiten zu können. Ansonsten fehlt der genetische Austausch zwischen den Populationen, weshalb das Überleben der jeweiligen Arten in Frage gestellt wird (GROSJEAN 2004: 7).

Eine Autobahn für Hasen und Vögel

Heute wird mit der Natur anders umgegangen als früher. Ein gutes Beispiel dafür ist die Autobahn A5 von Biel nach Solothurn. Noch in den 1980er-Jahren wurde diese Autobahn entlang des Jurasüdfusses verbissen bekämpft.

Diese Stimmen sind nach der Fertigstellung aber allesamt verstummt. Die Autobahn, die seit 2002 durchs Aaretal führt, verbannte nämlich nicht nur Autos und Lastwagen aus den Dörfern, sondern die Ingenieure wählten eine Linienführung, die sowohl auf die Natur als auch auf die Anwohner Rücksicht nimmt und untertunnelten besonders schützenswerte Landschaften.

An der Eröffnungsfeier richtete sich Bundesrat Moritz Leuenberger deshalb humorvoll auch an die Hasen, Vögel und Wildschweine. Es sei richtig, so der Verkehrsminister, dass eine Autobahn nicht so billig gebaut würde, «dass sie Hasen, Vögeln und Wildschweinen keine Chance mehr lässt». Die hohen Baukosten rechtfertigte Leuenberger mit dem in der Bundesverfassung verankerten Staatsziel der Nachhaltigkeit (BIELER TGABLATT vom 19.4.2002).

Autobahn A5: Wildüberführung (im Hintergrund) bei Lüsslingen

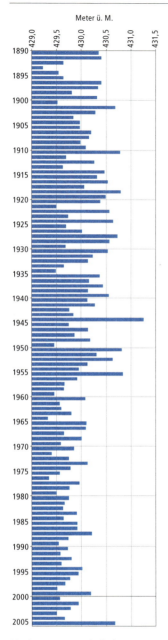

Höchstwasserstände Bielersee 1890–2005.

Leider stossen auch heute Renaturierungsmassnahmen örtlich noch auf Widerstand. So berichtete das «Bieler Tagblatt» am 16. September 2005, dass das vom Landschaftswerk Bielersee initiierte Renaturierungsprojekt des Ruelbachs in Vinelz zuerst positiv aufgenommen worden sei. Als die Gemeinde aber einem Gesamtprojekt zustimmen sollte, sei der Elan verschwunden. *«Werden Privat-Interessen tangiert, wird es problematisch»*, stellte Christoph Iseli, Geschäftsführer des Landschaftswerks Bielersee, fest.

Bewährungsproben

«Ende August 2005. Die ganze Schweiz steht nach tagelangen Niederschlägen unter Wasser. Die ganze Schweiz? Nein! Ein kleines Fischerdorf am Murtensee lässt sich durch den andauernden Regen nicht beunruhigen.» So beschrieben die Freiburger Nachrichten am 8. September 2005 die Situation in Muntelier. Während Ende August das halbe Land im Wasser versank, im Oberland, in Graubünden und in der Zentralschweiz Verkehrswege unterbrochen wurden, vier Menschenleben zu beklagen waren und Schäden in Milliardenhöhe entstanden, blieb das Seeland mehr oder weniger von den Naturgewalten verschont. Es wurden zwar auch hier Schäden gemeldet, im Vergleich zu den anderen Landesteilen waren diese aber gering.

Das Hochwasserereignis vom August 2005 war allerdings nicht die erste und bestimmt auch nicht die letzte Bewährungsprobe, die das grosse Werk der Juragewässerkorrektionen zu bestehen hat.

So bedrohte bereits das Hochwasser vom Mai 1999 die Dämme beim Hagneckkanal. Glücklicherweise trafen die schlimmsten Befürchtungen nicht ein und bald konnte Entwarnung gegeben werden: *«Im Amt Aarberg haben gestern die Dämme der Aare standgehalten»*, freute sich das «Bieler Tagblatt» am 20. Mai 1999.

Auch im April 2006 schlugen die Gemeinden Alarm: Im «Murtenbieter» vom 12. April 2006 war zu lesen: *«Insgesamt 51 Gemeinden des Kantons Freiburg sind von Hochwasser und Überschwemmungen betroffen. Es sind rund zehn Gemeinden im Saane-, im Broye- und Sensebezirk sowie etwa 20 Gemeinden im Seebezirk. Erhöhte Wasserstände und -vorkommen wurden in der Bibera, im Broyekanal und Murtensee festgestellt.»*

Doch auch dieses Mal kam die Region glimpflich davon. Die angerichteten Schäden waren verhältnismässig gering.

Es ist zweifellos den beiden Juragewässerkorrektionen zu verdanken, dass die Seeländer Bevölkerung in den letzten Jahren keine schweren Überschwemmungen mehr erdulden musste.

Viele Bewohner stellen sich allerdings die bange Frage, ob dies auch in Zukunft so sein wird. Dazu der Bieler Hochwasserexperte Jean Python: *«Ziel der Zweiten Juragewässerkorrektion war es, die Seen unter der Schadensgrenze zu halten. Doch der Extremfall kann das System überfordern.»* (Bieler Tagblatt vom 22. Mai 1999).

Das Katastrophenhochwasser vom August 2005 belastete das System der Juragewässerkorrektion bis an seine äussersten Grenzen: Das «Journal du Jura» titelte am 23. August 2005: *«On aurait pu croire au Déluge!»* Auch im Seeland traten die Gewässer über die Ufer: *«Das Quartier um den Hafen von Le Landeron wurde überschwemmt. Der ungewöhnliche Rückfluss vom Bieler- in den Neuenburgersee war als braune, mit Schiebematerial geladene Wasserströmung bis auf die Höhe von Cudrefin gut erkennbar. Es entstanden in unserer Region jedoch keine schweren Schäden. Undenkbar, was dieses Unwetter ohne Juragewässerkorrektion angerichtet hätte.»* (Martin Wieser. In: Verein Schlossmuseum Nidau 2005, Bulletin Nr. 3: 10f.).

Versiegelte Böden
Auch die Menschen bedrohen das Werk. Durch den Einsatz schwerer Maschinen verdichten sich die Böden, somit können sie weniger Wasser aufnehmen. Und auch die vielen Strassen, Plätze, Wohnhäuser, Fabriken und Gewerbebauten bergen ein Sicherheitsrisiko, denn sie versiegeln die Böden und behindern so das Versickern des Regenwassers.

Hochwasser 1999: Stauwehr Hagneck.

In vielen Seegemeinden wurden Häfen, Keller, Garagen und Unterführungen überschwemmt. Besonders stark betroffen waren die Gemeinden am Südufer des Bielersees wie Sutz-Lattrigen, Mörigen, Vinelz, Lüscherz und Hagneck (BIELER TAGBLATT vom 24. August 2005).

Schwierigkeiten bereitete auch das viele Schwemmholz. Riesige Mengen trieben unaufhaltsam Richtung Biel und drohten in den Nidau–Büren-Kanal zu gelangen und sich am Wehr Port mit verheerenden Folgen zu stauen (BIELER TAGBLATT vom 26. August 2005).

Auch am Hagneckkanal war die Situation äusserst kritisch. Die Dämme wiesen bereits Risse und Hangrutschungen auf. Lange hätten sie dem hohen Wasserdruck nicht mehr standhalten können (BIELER TAGBLATT vom 15. Oktober 2005; VEREIN SCHLOSSMUSEUM NIDAU 2005, Bulletin Nr. 3: 8).

Für die sintflutartigen Niederschläge vom August 2005 war ein Tiefdruckgebiet über der warmen Adria verantwortlich. Die feuchtwarme Luft traf im Norden auf kühlere Luft und regnete sich hier aus (sie-

Die hochgehende Aare bei Aarberg am 22. August 2005.

Hochwasser 2005: Überschwemmtes von Rütte-Gut am Bielersee. Das treibende Schwemmholz bedrohte später das Regulierwehr Port.

Risse im Damm: Das Hochwasser von 2005 brachte den Hagneckkanal an die Grenzen seiner Belastbarkeit.

he auch S. 38). Die Folge waren extreme Hochwasserstände: So flossen am 22. August 2005 pro Sekunde 1450 Kubikmeter Wasser durch das Hagneckwehr, davon stammten 600 Kubikmeter aus dem Einzugsgebiet der Aare und 850 Kubikmeter aus jenem der Saane und Sense. Das ist gut zehnmal mehr als üblich. Weil auch die Emme Hochwasser führte (mit 500 Kubikmeter Wasser 40-mal mehr als normal!), konnten bei Port zeitweilig nur 300 Kubikmeter Wasser aus dem Bielersee abgelassen werden. Trotzdem wurden die «Murgenthaler Bedingungen» für kurze Zeit überschritten.

Am 23. August 2005 überstieg der Bielersee die Hochwassermarke. Es kam aber zu keinen grossen Schäden. Obwohl etwas Geduld vonnöten war, kehrte die Strömung im Zihlkanal um und es konnten pro Sekunde 200 Kubikmeter Wasser in den Neuenburgersee abgeleitet werden. Der Einheitssee hatte seine grösste Bewährungsprobe bestanden! (WWA 2005; Verein Schlossmuseum Nidau 2005, Bulletin Nr. 3: 5).

Etwas weniger Glück hatten die Solothurner hingegen im April 2006: Am 10 April lag der Durchfluss in Murgenthal wegen einer Fehleinschätzung kurzzeitig bei 960 Kubikmeter Wasser pro Sekunde – also 110 Kubikmeter über den «Murgenthaler Bedingungen». In der Folge trat die Aare in Olten und östlich der Stadt über die Ufer (Neue Zürcher Zeitung vom 5. Mai 2006).

Reparieren für die Zukunft

Die Hochwasserereignisse von 1999, 2005 und 2006 machten eines deutlich: Letztendliche und absolute Sicherheit gibt es auch heute nicht. Doch der Gefahr kann begegnet werden. Damit die Bauern weiterhin ihre Ernte einfahren, die Pendler, Touristen oder Ausflügler auch morgen und übermorgen ungestört per Auto, Zug oder Fahrrad durch das Grosse Moos rollen und Wanderer trockenen Fusses durchs Seeland streifen können, muss das Gesamtwerk dauernd kontrolliert und unterhalten werden. Dämme, wie jene beim Hagneckkanal, sind auszubessern und das Regulierwerk Port ist regelmässig zu überholen.

Denn lässt man die Natur walten, gerät das ausgeklügelte Wassermanagement schnell aus den Fugen. Jederzeit können heftige Niederschläge auftreten, Sturzbäche hervorbrechen oder die Schneeschmelze die Pegel ansteigen lassen. Auch heute führen die Flüsse Unmengen an Geschiebe mit sich, welches in sich die Gefahr birgt, die Wasser aufzustauen und über die Ufer treten zu lassen. Würden sich die Flüsse und Seen aus ihrem engen Korsett befreien, so würde es nur wenige Jahre dauern, bis sie sich erneut in ihrer wahren und natürlichen Grösse zeigen.

Gesicherte Idylle? Kiesstrand zwischen Neuenburg und Auvernier.

Epilog

Es ist ruhig geworden im Seeland. Ausserhalb der Naturschutzgebiete erfreut uns heute weder das aufgeregte Gezwitscher einer Feldlerche, noch ärgert uns lautes Froschgequake. Die Vögel finden auf den riesigen Feldern kaum noch Nahrung, und die Frösche und Kröten suchen hier meist vergebens nach Mooren und Tümpeln.

Wer heute durch das Seeland wandert, radelt oder fährt, erlebt einen vom Menschen geprägten Landschaftsraum. Die Region zeichnet sich durch ihre intensive landwirtschaftliche Nutzung und viele Gewerbebetriebe aus. Zwar mag der Verlust der ursprünglichen, wilden Seen- und Moorlandschaft bedauert werden. Es darf darob aber nicht vergessen werden, dass die seeländische Kulturlandschaft eindrücklich Zeugnis für die Schaffenskraft unserer Vorfahren ablegt. Diese trotzten den Sümpfen jenes Land ab, worauf heute abertausende Menschen Arbeit, Wohnraum und Erholung finden.

Nie zuvor und nirgends sonst hat der Mensch in der Schweiz eine Landschaft so tiefgreifend zu seinen Gunsten verändert wie im Seeland. Ohne die beiden Juragewässerkorrektionen wäre die Region zwischen La Sarraz und Wangen a. Aare heute nach wie vor ein wüster Landstrich, der periodisch überflutet und den Menschen kein würdiges Leben und kein wirtschaftliches Auskommen ermöglichen würde.

Nur dank der beiden Juragewässerkorrektionen und den darauffolgenden Meliorationen entwickelte sich das Seeland zu einem prosperierenden Lebens-, Wirtschafts- und Erholungsraum. Und nur dank der Visionen und Überzeugungskraft von Ingenieuren, Politikern, aber auch Seeländer Bauern entwickelte sich das Seeland zur Gemüsekammer der Schweiz. Noch heute wird im bernischen und freiburgischen Teil des Seelandes auf rund 500 Bauernhöfen Gemüse angebaut. Diese produzieren insgesamt gegen einen Viertel der Schweizer Freiland-Gemüseernte.

Die Juragewässerkorrektionen in der Ausstellung: Blick ins Schlossmuseum Nidau.

Doch dürfen wir uns nichts vormachen: Das Gebiet der drei Juraseen ist keine Naturlandschaft mehr. Es ist eine weitgehend von Menschenhand geformte Landschaft. Mit den beiden Juragewässerkorrektionen ging das grösste Moor der Schweiz verloren. Auenwälder verschwanden für immer, und die Lebensgrundlage zahlreicher einheimischer Tiere wurde zerstört.

Fakt ist: Was für den Menschen ein Segen war, bedeutete das Aus für unzählige Tiere und Pflanzen.

Die Geschichte der Juragewässerkorrektionen ist deshalb auch die Geschichte über den Umgang der Menschen mit der Natur. Dieses Verhältnis zur Natur ist in einem steten Wandel begriffen. Früher waren die Menschen den Fluten fast schutzlos ausgeliefert. Späteren Generationen gelang es, das bedrohliche Element mit Hilfe der Ingenieurskunst zu bändigen. Heute ist die Landschaft zum knappen Gut geworden, und es stellt sich uns die Aufgabe, diese für die nachfolgenden Generationen zu erhalten.

Der Autor bedankt sich für die Unterstützung und die vielen wertvollen Informationen bei folgenden Personen und Institutionen:

Irina Müller dafür, dass sie mir eine stete Quelle der Inspiration, Freude und Liebe ist, Peter Stöferle für das kritische und minutiöse Korrekturlesen, Daniel de Roche für die tolle Gestaltung und Satzherstellung, Béat App, der mir freundlicherweise erlaubt hat, einige eindrückliche Fotografien aus seinem «Seeland-Buch» zu verwenden, Sandra Schlapbach (S´AT-sandras atelier, Bern) für die aussagekräftigen Grafiken, Hans-Ueli Aebi, der mir mit Rat und Tat zur Seite stand sowie Prof. Dr. Daniel L. Vischer, Susanne Müller, Marcel Zurflüh, Fritz Käser, Martin Birrer, Peter Fasnacht, Marc Zaugg, Peter Sieff (Anstalten Witzwil), Markus F. Rubli, Mario Slongo alias DRS 1 «Wetterfrosch», Daniel Strub (Gemeindearchiv Lyss), Frédérique Rehfeld, Emanuela Tonasso Demmler, Hanspeter Studer, Amt für Geoinformation des Kantons Bern (Bernhard Jost und Bernadette Blättler), Arbeitsgruppe des Vereins Schlossmuseum Nidau (Werner Könitzer, Bernhard Demmler, Urs Landolf, Silvia Kubli, Peter Bichsel, Kurt Graf), Marina und Thierry Païs (La petite auberge, Saint-Cézaire sur Siagne).

Verzeichnis der Grafiken, Pläne, Karten und Tabellen

Grafiken, Pläne und Karten

Die Region Seeland in der Schweiz 7
S´AT-sandras atelier, Bern

Gletscherausdehnung in der Region
des heutigen Seelandes 25 000 v. Chr. 9
S´AT-sandras atelier, Bern; nach: ETH Zürich, swisstopo,
Bundesamt für Statistik (Hg.) 2004: Atlas der Schweiz

Gletscherausdehnung in der Region
des heutigen Seelandes 18 000 v. Chr. 9
S´AT-sandras atelier, Bern; nach: ETH Zürich, swisstopo,
Bundesamt für Statistik (Hg.) 2004: Atlas der Schweiz

Das Seeland im Überblick 11
S´AT-sandras atelier, Bern

Der vermutete «Solothurnersee»
zirka 15 000 v. Chr. 11
S´AT-sandras atelier, Bern; nach Hans Jenni, Bern

Ausbruch der Aare Richtung Westen 16
S´AT-sandras atelier, Bern

Dreizelgenwirtschaft Müntschemier 25
Mémreg – Regionales Gedächtnis

Das Gebiet des alten Aarelaufes
zwischen Aarberg und Meienried, 1817 34
Staatsarchiv des Kantons Bern

Emmemündung in die Aare, 1817 34
Staatsarchiv des Kantons Bern

Zu- und Abflüsse der drei Juraseen 35
S´AT-sandras atelier, Bern

Das Häftli: Mündung der Zihl in
die Aare bei Meienried, 1817 42
Staatsarchiv des Kantons Bern

Marais d'Aarberg 43
Aus: Cartographica Helvetica 2005

Grosses Moos zwischen Murten-,
Neuenburger- und Bielersee, 1817 48
Staatsarchiv des Kantons Bern

Landnutzung vor der
Ersten Juragewässerkorrektion 51
S´AT-sandras atelier, Bern; nach B. Schichler und
N. Schneider. Geograph. Inst. Uni Bern

Korrektionsprojekt der Zihl zwischen
Nidau und Meienried, 1704 56
Aus: Cartographica Helvetica 2005

General Charte der Jura Gewaesser,
1816/1817 58–59
Staatsarchiv des Kantons Bern

Diverse Korrektionsprojekte aus dem
18. und 19. Jahrhundert 60–61
Aus: Peter 1922

Letzte Korrektionsprojekte 84–85
Aus: Peter 1922

Kantonsgrenzen im Seeland 86
VECTOR200, reproduziert mit Bewilligung
von swisstopo (BA068223); erstellt durch:
Amt für Geoinformation des Kantons Bern

Die Gewässer des Seelandes vor der
Ersten Juragewässerkorrektion 86
S´AT-sandras atelier, Bern

Die Erste Juragewässerkorrektion (1868–1891) 91
S´AT-sandras atelier, Bern

Leitkanal (Hagneckkanal) 96
S´AT-sandras atelier, Bern

Übersichtsplan der Binnenkorrektion
im Grossen Moos 101
swisstopo (Vertrag DV043681)

Die Broyeebene, 1854 105
Schweizerisches Bundesarchiv

Die Orbeebene, 1854 105
Schweizerisches Bundesarchiv

Wasserstand des Neuenburgersees:
Jahresmaxima und -minima (1856–1905) 117
Aus: Minor 2004

Robert Müllers Projekt zur
Zweiten Juragewässerkorrektion 132
Aus: Müller 1959

Überschwemmungsszenario ohne
Zweite Juragewässerkorrektion 133
Aus: Müller 1960

Die Zweite Juragewässerkorrektion
(1962–1973) 139
S´AT-sandras atelier, Bern

Einzugsgebiet der Juragewässer 165
S´AT-sandras atelier, Bern

Höchstwasserstände Bielersee (1890–2005) 181
Wasserwirtschaftsamt des Kantons Bern

Landeskarte 1:500 000 Hinterer Vorsatz
Reproduziert mit Bewilligung von swisstopo (BA068223)

Tabellen

Verteilung der Baukosten und der Bundessubventionen gemäss Bundesbeschluss vom 27. Juli 1867 89 Aus: Müller 2004	Brückenverzeichnis: Situation 1973 161 Aus: Ehrsam 1974
Mittlerer Schwankungsbereich der Juraseen vor und nach der Ersten Juragewässerkorrektion 118 Aus: Moser 1991	Gesamtkosten der Zweiten Juragewässerkorrektion 162 Aus: Ehrsam 1974
Sachschaden in Witzwil und St. Johannsen 1944–1955 127 Aus: Frey 1956	Erntevergleich vor und nach der Gesamtmelioration Ins–Gampelen–Gals 167 Aus: Gemeindeverwaltung Gals 1985
	Der schweizerische Gemüseanbau 2004 171 www.gemueseschweiz.ch

Bildnachweis

(Die Herkunftsnachweise der Grafiken, Landkarten und Tabellen finden Sie im entsprechenden Verzeichnis, Seite 187f.)

Aus: 75 Jahre Müller & CO AG 1970: 41.
Aare-Tessin AG für Elektrizität (Atel): 147.
Amt für Geoinformation des Kantons Bern: 69.
    Erstellt durch: Amt für Geoinformation des Kantons Bern; ESA 1990–1994/Eurimage © swisstopo/NPOC (BA068223): Vorsatz (Satellitenbild).
Amt für Verkehr und Tiefbau des Kantons Solothurn: 99, 162, 180.
ANB: 146 (unten), 197.
Béat App (Fotos): 8, 15 (oben), 76, 107, 164, 171, 177 (unten), 178 (oben) (weitere eindrückliche Fotografien finden Sie in App, Béat 2005).
Archäologischer Dienst des Kantons Bern (Grundplan: Slavko Mesaric, Urs Kindler. Bearbeitung: Eliane Schranz): 23, 24.
Archäologischer Dienst des Kantons Bern/Max Stöckli: 14.
Archiv Anstalten Witzwil: 15 (unten), 19, 38, 52 (oben), 53, 62, 103 (unten), 113, 116 (unten), 119, 125, 126, 128 oben, 130 (unten).
Archiv Markus F. Rubli, Murten: 77 (oben), 109 (oben), 109 (unten).
archiv susanne muller: 123, 124 (oben), 124 (unten), 135, 138, 140, 141, 142 (unten), 143 (oben), 143 (unten), 144 (oben), 145, 146 (oben), 148, 155, 156, 160 (unten), 161.
Martin Birrer (Foto): 185.
Nicole Brodbeck (Foto): 16 (Spalte).
Burgerbibliothek Bern: 87.
BVG 1985: 101, 127, 166 (unten), 167, 168, 173.
Collection A. Jeanneret: 77 (unten).
Collection du Musée d'Yverdon-les-Bains: 29 (unten).
de.wikipedia.org/wiki/Schwarzer_Tod: 32.
Aus: Desor 1870: 94 (oben), 95.
Aus: Ehrsam 1974: 131, 160 (oben).
Aus: Einwohnergemeinde Aarberg 1999: 80.
Peter Fasnacht: 98 (oben), 157 (Spalte).
Aus: Gute Schriften 1958: 34 (Spalte).
Historisches Museum Bern: 21 (unten), 25 (unten), 26 (oben), 31, 64 (Spalte).
Fritz Käser: 13, 50, 51, 114 (oben), 128 (unten), 153.
Werner Könitzer (Foto): 183 (unten).
Kulturspur: 102, 166 (unten).
Kunstmuseum Winterthur: 40.
Aus: Leupold, J. 1794: Schauplatz der Wasser-Bau-Kunst. Zunkel. Leipzig: 60 (unten).

Aus: Meister 1981: 96.
Mémreg – Regionales Gedächtnis: Titelbild, 22, 27, 44 (oben), 44 (unten), 45, 52 (unten), 54, 63, 65 (oben), 66, 71, 72, 73, 79, 82, 90, 92 (Spalte), 98 (unten), 100, 110 (unten), 111 (oben), 111 (unten), 112 (oben), 112 (unten), 114, 115, 116 (oben), 117 (oben), 118, 120 (oben), 121 (oben), 122 (oben), 129 (oben), 130 (oben), 136, 137, 142 (oben), 144 (unten), 152 (oben), 159, 169, 172, 174 (oben).
Aus: Minor 2004: 56 (unten), 57, 59 (unten), 67, 75, 110 (oben), 121 (Spalte), 129 (unten).
Musée Archéologie et d'histoire, Lausanne (Aquarell von B. Gubler): 21 (oben).
Museum für Kunst und Geschichte Freiburg: 46.
Museum Lindengut, Winterthur: 65.
Museum Schwab, Biel: 26 (unten).
Matthias Nast (Fotos): 18, 30, 33, 108, 170, 179, 184.
Aus: Peter 1922: (65 unten), 95 (unten).
Pro Natura: 177 (oben).
Regionalmuseum Langnau im Emmental: 35 (unten).
Sammlung Bickel: 78.
Aus: Schnitter 2004: 28 (oben), 29 (oben).
Aus: Schwab, Müller 1973: 55, 157 (oben).
Schweizerische Landesbibliothek SLB: 151.
Schweizerisches Museum für Volkskunde Basel: 49 (unten).
Aus: Seebutz 2005: 97.
Seepolizei Bielersee: 163, 183 (oben).
Staatsarchiv des Kantons Bern: 49 (oben), 68, 74, 122 (unten).
Stiftung Sammlung Robert Biel (Besitz und Copyright): 92 (oben), 93 (oben).
Viastoria, Bern: 20.
Aus: Vischer 1988: 134.
Aus: Vischer 2003: 106.
Aus: Vouga, P. 1923: La Tène. Monographie de la Station. Leipzig: 17.
Wasserverbund Seeland AG WVS: 182 (unten).
Wasserwirtschaftsamt des Kantons Bern: 120 (unten).
www.sperrzone.net: 152 (unten), 176.
Marc Zaugg (Foto): 28 (oben).
Zentralbibliothek Solothurn: 36.
zvg: 12, 47, 103 (oben), 154, 174 (unten), 175, 178 (Spalte), 182 (oben).

Literaturverzeichnis

ANB – Arbeitsgemeinschaft Nidau–Büren-Kanal o. J.: Baubericht (Archiv Mühlegesellschaft Lyss).

App, Béat 2005: Das Seeland. Dem Wasser nach. Biel.

Beeli, Patrick 1997: Der Lauf der Aare bei Meienried. Historisch-geografische Rekonstruktion (unveröffentlichte Lizentiatsarbeit, Historisches Institut, Universität Bern).

Bretscher, Alfred 1999: Zur Flussschifffahrt im Alten Bern. Wasserwege, Schiffe und Organisation. In: Berner Zeitschrift für Geschichte und Heimatkunde (BZGH) 61. S. 105–147.

Burri, Klaus 1995: Schweiz. Geografische Betrachtungen. Zürich.

BUWAL – Bundesamt für Umwelt, Land und Landschaft (Hg.) 2002: Umweltbericht. Bern.

BVG – Bodenverbesserungsgesellschaft Ins–Gampelen–Gals 1985: Gesamtmelioration Ins–Gampelen–Gals. Ins.

Cartographica Helvetica 2005: General Charte der Jura Gewaesser, 1:50000 von 1816/17. Sonderdruck aus Heft 32. Murten. S. 17–32.

Chavaz, Fernand 1953: La nouvelle correction des eaux du Pied du Jura et l'aménagement des forces hydrauliques du bassin de la Sarine (Extrait du «Bulletin de la Société Fribourgoise des Sciences naturelles» Vol. 43).

Desor, E. 1870: La correction des eaux du Jura. Le Rameau de Sapin. Organe du Club Jurassien. Nov., 1–2.

Domeniconi, Eneas 1994: Zur Entwicklung des Verkehrsnetzes im Raum Zihl und Aare (Aarberg–Nidau–Büren) im 18. und 19. Jahrhundert (unveröffentlichte Lizentiatsarbeit, Geografisches Institut, Universität Bern).

Editions Gilles Attinger SA. Association du livre du millénaire (Hg.) 2004: Le Lac de Neuchâtel. Miroir d'une région. Hauterive, Cudrefin.

Ehrsam, Emil 1974: Zusammenfassende Darstellung der beiden Juragewässerkorrektionen. Ausgeführt in den Jahren 1868–1891 und 1962–1973. Bern (im Auftrag der interkantonalen Baukommission der II. Juragewässerkorrektion).

Einwohnergemeinde Aarberg (Hg:) 1999: Aarberg. Porträt einer Kleinstadt. Aarberg.

Fischer, Hans 1963: Dr. med. Johann Rudolf Schneider. Retter des westschweizerischen Seelandes. Bern.

Frey, Arnold Alfred (Hg.) (1956): Von der I. zur II. Juragewässerkorrektion. De la Ire à la IIe correction des eaux du Jura. Mit literarischen Beiträgen von Bundesrat Josef Escher u. a. Twann.

Friedli, Emanuel 1914: Bärndütsch als Spiegel des Volkstums. Seeland. Teil 1. Bern.

Gemeinden des Amtes Erlach (Hg.) 1974: Aus der Geschichte des Amtes Erlach. Biel.

Gemeindeverwaltung Gals (Hg.) 1985: Gals. Beiträge zur Gemeindegeschichte. Gals.

Geografische Gesellschaft von Bern (Hg.) 1980: Die Region Biel-Seeland. Grundlagen und Probleme der heutigen Kulturlandschaft. Jahrbuch der Geografischen Gesellschaft von Bern (Reihe «Bernische Landschaften», Bd. 2; Bd 53/1977–79). Bern.

Gerber, Ida F. 1954: Als das Wasser kam. Basel (Roman aus dem bernischen Seeland).

Grosjean, Martin 2004: Die Juragewässerkorrektion. Ein wasserbaulicher Grossversuch und seine Folgen. Biel (Hgg. vom Verein Bielerseeschutz VBS).

Gygax, Kathrin E. 1967: Die Erste Juragewässerkorrektion im Spiegel der Bieler Presse. In: Bieler Jahrbuch. Biel. S. 25–56.

Hafner, Albert 2004: Aufgetaucht 1984–2004. 5000 Jahre abgetaucht (Hgg. vom Archäologischen Dienst des Kantons Bern). Bern.

Hafner, Albert. Wolf Claus 1997: Pfahlbauten der Westschweiz – Die Seeufersiedlungen zwischen Bielersee und Lac Léman. In: Schlichterle, Helmut (Hg.): Pfahlbauten rund um die Alpen. Stuttgart. S. 50–55.

HLS – Historisches Lexikon der Schweiz: Diverse Artikel. Onlineausgabe: www.hls-dhs-dss.ch

Hubler, Rudolf 2005: 750 Jahre Orpund. Ein Geschichtenbuch. Orpund.

Junker, Beat 1990: Die Entstehung des demokratischen Volksstaates 1831–1880. Bern (Geschichte des Kantons Bern seit 1798, Band II).

Kühne, A. 2004: Juragewässer. In: Minor, Hans-Erwin. Hager, Willi H. (Hg.): Flussbau in der Schweiz. Zürich.

Küster, Hansjörg 1999: Geschichte der Landschaft in Mitteleuropa. Von der Eiszeit bis zur Gegenwart. München.

Meister, Robert 1981: Albert Anker und seine Welt. Bern.

Mémreg – Regionales Gedächtnis Biel, Seeland, Berner Jura: Online-Datenbank: www.memreg.ch

Meyer, Werner 1985: Hirsebrei und Hellebarde. Auf den Spuren des mittelalterlichen Lebens in der Minor, Hans-Erwin. Hager, Willi H. (Hg.) 2004: Flussbau in der Schweiz. Zürich.

Moser, Walter 1991: Die Erste und die Zweite Juragewässerkorrektion. 1868–1891; 1962–1973. In: Jahrbuch für solothurnische Geschichte (Bd. 64). Solothurn. S. 225–294.

Mühlegesellschaft Lyss: Dokumente zu den beiden Juragewässerkorrektionen (archiviert im Gemeindearchiv Lyss).

Müller, Reto 2004: Das wild gewordene Element. Gesellschaftliche Reaktionen auf die beiden Hochwasser im Schweizer Mittelland von 1852 und 1876. Nordhausen (Berner Forschungen zur Regionalgeschichte).

Müller, Reto. Fässler, Matthias et. al. 2005: Die Not als Lehrmeisterin. Auswirkungen von Naturkatastrophen auf staatliches Handeln am Beispiel von sechs ausgewählten Krisensituationen im 19. und 20. Jahrhundert. In: Schweizerische Zeitschrift für Geschichte (SZG) 55, Nr. 3. S. 257–284.

Müller, Robert 1959: Die II. Juragewässerkorrektion als ganzes betrachtet. La IIe correction des eaux du Jura considérée comme tout. März. Nr. 3. Biel.

Müller, Robert 1960: Die Bedeutung der II. Juragewässerkorrektion für das Seeland. La signification pour le Seeland de la IIe Correction des eaux du Jura. Februar. Nr. 4. Biel.

Müller, Robert 1971: II. Juragewässerkorrektion. Die Korrektion des Broye- und Zihlkanals. IIe Correction des Eaux du Jura. La correction du canal de la Broye et de la Thielle. Biel.

Müller, Robert 1974: Abschliessender Bericht über die II. Juragewässerkorrektion. Biel.

Müller, Robert 1974: II. Juragewässerkorrektion. Die Korrektion des Nidau–Büren-Kanals und der Aare bis zur Emmemündung. IIe Correction des Eaux du Jura. La correction du canal Nidau–Büren et de l'Aar jusqu'à l'embouchure de l'Emme. Biel.

Peter, Arthur 1922: Die Juragewässerkorrektion. Bericht über die Vorgeschichte, Durchführung, Wirkung und Neuordnung 1921 der Korrektion der seeländischen Gewässer von Entreroches bis Luterbach. Bern (Bearbeitet und herausgegeben im Auftrage des bernischen Regierungsrates durch die Abteilung Juragewässerkorrektion der Baudirektion).

Pfister, Christian (1999): Wetternachhersage. 500 Jahre Klimavariationen und Naturkatastrophen (1496–1995). Bern.

Pfister, Christian (Hg.) 1995: Das 1950er-Syndrom. Der Weg in die Konsumgesellschaft. Bern

Pfister, Christian (Hg.) 2002: Am Tag danach: zur Bewältigung von Naturkatastrophen. Bern.

Pfister, Christian 1988: Klimageschichte der Schweiz 1525–1860. Das Klima der Schweiz von 1525–1860 und seine Bedeutung in der Geschichte von Bevölkerung und Landwirtschaft. Bern.

Pfister, Christian 1995: Im Strom der Modernisierung. Bevölkerung, Wirtschaft und Umwelt 1700–1914. Bern (Geschichte des Kantons Bern seit 1798, Band IV).

Pfister, Christian. Summermatter, Stephanie (Hg.) 2004: Katastrophen und ihre Bewältigung. Perspektiven und Positionen (Berner Universitätsschriften, Bd. 49). Bern.

Psychiatrische Dienste Graubünden (Hg.) 2006: Richard La Nicca – Bilder der Baukunst. Chur.

Röthlisberger, Gerhard 1991: Chronik der Unwetterschäden in der Schweiz. Birmensdorf (WSL/FNP 330).

Rubli, Markus F. 2004: Vom Ufer weggerückt. Die Auswirkungen der Ersten Juragewässerkorrektion auf das Stadtbild Murtens. In: Alpenhorn-Kalender. Brattig für das Berner Mittel- und Oberland. Langnau. S. 129–136.

Schertler, Otto 1999: Die Kelten und ihre Vorfahren. Burgenbauer und Stadtgründer. Augsburg.

Schmidhauser, Albin 1999: Entwicklung und Aktivitäten wichtiger Naturschutzorganisationen von gesamtschweizerischer Bedeutung: von ihren Anfängen bis zur Verabschiedung des Waldgesetzes 1991. In: ETH-Zürich (Hg.). Professur Forstpolitik und Forstökonomie. Grundlagen und Materialien 99/2 (http://e-collection.ethbib.ethz.ch/show?type=incoll&nr=263).

Schneider, Bernhard (Hg.) 1991: Alltag in der Schweiz seit 1300. Zürich.

Schneider, Johann Rudolf 1835: Gespraeche über die Ueberschwemmungen im Seelande der westlichen Schweiz: über die Mittel zu Austrocknung und zum Anbau seiner Suempfe und Mooser. Bern.

Schneider, Johann Rudolf 1881: Das Seeland der Westschweiz und die Korrektion seiner Gewässer. Bern.

Schneider, Nicolas. Eugster Werner 2003: Klimawandel vor der Haustür. Auswirkungen der Juragewässerkorrektion auf das Lokalklima. In: Unipress 116. Bern. S. 21–24 (www.giub..unibe.ch/klimet/iluclims).

Schnitter, Niklaus (1992): Die Geschichte des Wasserbaus in der Schweiz. Oberbözberg.

Schwab, Hanni. Müller, Robert 1973: Die Vergangenheit des Seelandes in neuem Licht. Über die Wasserstände der Juraseen. Freiburg.

Schweizerische Gesellschaft für Ur- und Frühgeschichte (Hg.) 2002: Das Zeit-Reise-Buch. Archäologische und historische Ausflüge in der Dreiseenregion und im Jura. Basel.

Seebutz. Heimatbuch des Seelandes und Murtenbiets. Biel (diverse Jahrgänge).

Speich, Daniel 2006: Herren über wildes Wasser. Die Linthingenieure als Bundesexperten im 19. Jahrhundert. Zürich (Schweizer Pioniere der Wirtschaft und Technik. Bd. 82. Hgg. vom Verein für wirtschaftshistorische Studien).

Verein Schlossmuseum Nidau (Hg): Bulletin. Nidau (diverse Jahrgänge).

Verein Schlossmuseum Nidau (Hg.) 2004: Ausstellungstexte von Reto Müller und Matthias Nast (www.schlossmuseumnidau.ch).

Vischer, Daniel 1986: Schweizerische Flusskorrektionen im 18. und 19. Jahrhundert. Zürich (Mitteilungen der Versuchsanstalt für Wasserbau, Hydrologie und Glaziologie. Nr. 84).

Vischer, Daniel 1988: Robert Müller. 1908–1987. Ein Leben für den Wasserbau. In: Wasser, Energie, Luft 5/6. S. 135–138.

Vischer, Daniel L. 2001: Wasserbauer und Hydrauliker der Schweiz. Baden.

Vischer, Daniel L. 2003: Die Geschichte des Hochwasserschutzes in der Schweiz. Von den Anfängen bis ins 19. Jahrhundert. Biel (Berichte des BWG).

W. Gassmann AG (Hg.) 2000: Zeitgeschichte. Geschichten in der Zeitung. Biel. Seeland. Berner Jura. Biel.

Walter, François 1996: Bedrohliche und bedrohte Natur. Umweltgeschichte der Schweiz seit 1800. Zürich.

WWA – Wasserwirtschaftsamt des Kantons Bern (Hg.) 2005: Sommerhochwasser 2005 (www.be.ch/wwa → Gewässerregulierung → Dokumente).

WWA – Wasserwirtschaftsamt des Kantons Bern (Hg.) 2006: Regulierung der Jurarandseen bei Hochwasser (www.be.ch/wwa → Gewässerregulierung → Dokumente).

Wanner, Heinz et al. 2000: Klimawandel im Schweizer Alpenraum. Zürich.

Wehren, Rudolf 1966: Die Juragewässerkorrektion. In: Gegenwart. Oktober. Bern.

Widmer, Max 1956: Dr. Johann Rudolf Schneider. 1804–1880. Sein Leben und Wirken für die Neugestaltung der Eidgenossenschaft und für die Verwirklichung der Juragewässerkorrektion. Biel.

Wohlfahrt, Barbara. Schwalb, Antje. Schneider, Anne Marie 1993: Seen- und Flussgeschichte im Westschweizer Seeland zwischen 5000 und 12000 Jahre vor heute. In: Mitteilungen der Naturforschenden Gesellschaft. Bd. 50. Bern. S. 45–60.

Weiterführende Links

Bundesamt für Umwelt (BAFU)
www.umwelt-schweiz.ch

Kulturspur
www.kulturspur.ch

Mémreg – Regionales Gedächtnis. Biel, Seeland, Berner Jura
www.memreg.ch

Schlossmuseum Nidau
www.schlossmuseumnidau.ch

Wasserwirtschaftsamt des Kantons Bern (WWA)
www.be.ch/wwa

Register

(Hinweis: Die Begriffe «Aare», «Grosses Moos» sowie «Murten-, Neuenburger- und Bielersee» sind aufgrund ihrer vielfachen Nennung im Register nicht aufgelistet)

Aarau 38
Aarberg 16f., 23f., 27ff., 33f., 37f., 39, 41, 43, 63, 66, 74, 80, 86, 88f., 91, 94, 96, 98, 108, 119ff., 129, 139, 159f., 173, 175, 180ff.
Aarberger-Kanal 28f.
Aegerten 66, 161
Agrargesellschaft 43
Alemannen 21f.
Alte Aare 16, 33f., 35, 84, 108, 156, 180
Altreu 58, 73, 123, 146, 149, 156
Anbauschlacht 125, 166, 176
Aqua viva 153
Arbeitsgemeinschaft zum Schutz der Aare 153
Arbogne 105f.
Arch 38, 79, 99, 146, 161f.
Areuse 35
Attisholz 35, 88f., 99
Auenwald 16f., 48, 77, 108, 179
Auswanderung 19, 27, 45ff., 78f.
Avenches 19ff., 33, 49, 158

Bachmatt 99
Bannwil 148, 153
Bargen 39
Bellach 156
Bellechasse 102, 124
Berner Korrektion 91, 93, 98ff.
Biberenkanal 104
Biel 16, 33, 39, 59, 61, 64, 73, 86, 91, 97, 111, 116, 122, 131, 137, 139, 149f., 159, 161, 175, 180, 182
Binnenkorrektion 91, 100ff., 139, 165f.
Biotopverbund Grosses Moos 179
Bipschal 110
Bodmer, Samuel 49, 56f., 61
Bois-de-Châtel 19
Bois-de-Montmirail 55, 157
Borel, François 91
Bözingenmoos 174
Brawand, Samuel 131
Bridel, Gustav 84, 91f., 96
Bronze 13, 17, 156
Broye 16, 19f., 27, 29, 35, 48, 73f., 81, 88f., 98f., 104ff., 109, 124, 157, 181
Broyeebene 33, 41, 48, 63, 104ff., 171, 181
Broyekanal 74, 91, 100, 103f., 129, 136, 138ff., 143, 154, 156ff., 161
Brügg 27, 49, 56f., 82, 98, 144f., 161, 175
Brüggmoos 175
Brüttelen 104
Buhnen 67
Bundesstaat 63f., 69f., 78f., 81, 88, 111, 176

Bundesverfassung 63, 65, 79, 81, 135f., 153, 174, 180
Büren 16, 27, 33, 35, 37ff., 45f., 51, 56ff., 74, 78, 82, 84, 86, 88ff., 91f., 98ff., 108, 123f., 129, 131, 136, 139f., 143, 145f., 149, 158ff., 161, 172, 174
Burgunder 22, 49
Bürinen 26
Burri, Dewet 128
Busswil 27

Caeser, Julius 18ff.
Canal d'Entreroches 28f.
Canal Occidental 106
Canal Oriental 106
Chablais 73, 141
Concise 20
Cornaux 18f., 141, 149f., 157, 175
Cressier 99, 104, 143, 150, 176
Cudrefin 181

de Rivaz, Pierre Joseph 56f.
Deluz, Louis 121
Dotzigen 16, 33, 40, 42, 44, 56
Dreifelderwirtschaft 24f.
Droz, Armand 128
Dufour, Guillaume-Henri 58, 75

Eisen 17
Eisenbahn 65, 75, 83, 93, 98, 109 112, 123, 137, 149, 161, 170, 175f.
Eiszeit 9f., 12, 37
Emme 34f., 61, 74, 121, 129, 139f., 145ff., 148, 150, 158, 165, 183
Epagnier 104
Epsach 104
Erbschaftsrecht 115, 167
Erlach 40, 46, 54, 103, 117
Escher, Hans Konrad 61
Escher, Josef 128
Escher-Wyss 70
Estavayer 110

Fanel 27, 156, 177, 180
Fischfang 12f., 36, 56, 110f., 115ff., 146, 148f., 151, 156, 181
Fischfachen 55f.
Flumenthal 139, 145ff., 158
Fraisse, William 75, 91
Fräschels 58, 104
Freischarenzüge 64, 75, 87
Frey-Herosé, Friedrich 80

Galmiz 176
Galmizkanal 104
Gals 44, 48, 127, 150, 167f.
Gampelen 16, 104, 115, 150, 166ff.
Germanen 19, 21f.
Gewässerverschmutzung 137, 151, 174
Gletscher 9f., 12, 32, 143
Gotthelf, Jeremias 35
Gottstatt 78, 93, 161

Gouret, Elie 28f.
Grande Cariçaie 107f.
Grenchen 33, 39, 119, 123, 149f., 175
Grissachmoos 104
Gümmenen 123
Güterzusammenlegung 165ff.

Häftli 13, 15, 42, 56, 69, 76, 92, 98, 149, 156, 159, 180
Hagneck 51, 53, 74, 94ff., 104, 111f., 117, 123, 166, 181f.
Hagneckdurchstich 74, 59, 94ff., 100
Hagneckkanal 35, 59, 70, 74, 88f., 91, 94ff., 100, 115f., 129, 139, 151, 181ff.
Hallstadt-Zeit 18
Hartmann, Friedrich Wilhelm 82f., 85
Hauterive 10, 141f.
Hebler, Niklaus 39, 57f., 61
Hegner, Salomon 57, 59, 61
Helvetier 17ff.
Helvetik 64
Heuschrecken 31f.
Hubacher, Kurt 176
Hungersnot 22, 27, 31f., 41, 46, 49

Ins 16, 45, 66, 104, 115, 149, 161, 167f., 177
Ipsach 151
Isleren 166
Islerenkanal 104

Jäissberg (Jensberg) 10f., 19, 73
Jolimont 10f., 175
Junge Schweiz 69, 71

Kallnach 20, 112, 175
Kanderumleitung 33, 56
Kappelen 23, 39, 66f., 73
Kartoffelpest 46
Keller, Ferdinand 111
Kelten 17ff., 43, 157
Kerzers 20, 47, 58, 157
Klima 9f., 15, 24, 32, 37, 41, 43, 49, 173
Kohle 43, 53, 83, 93, 112, 136
Konservative 64, 70, 75f., 79f.
Konsumgesellschaft 136f., 170
Kraftwerke 96, 111f., 117, 121f., 129f., 132, 139, 146ff., 153, 156, 158, 175
Kupfer 117

La Cernia 142
La Monnaie 99
La Neuveville 25f., 103, 110f. 116
La Nicca, Richard 58, 74ff., 78, 81ff., 85, 87ff., 91, 96f., 99f., 114
La Russie 26
La Sarraz 10f., 185
La Sauge 19, 20, 27, 98, 140f., 157, 161, 180
La Tène 17ff.
Ladame, Henri 91

Landesausbau 24ff.
Länggraben 166
Lanz, Andreas 57
Le Landeron 26, 40, 42, 49, 65, 73, 150, 181
Le Talent 48, 106
Lelewel, Johann 57, 59, 61, 71
Lengnau 149, 175
Leuba, Pierre-Auguste 130
Leuenberger, Moritz 180
Leugenenmoos 104
Leuzigen 146
Liberale 64, 68, 75, 79f.
Ligerz 118
Linthkorrektion 57, 59, 61, 71, 75
Lüscherz 115, 181
Lüsslingen 99, 180
Luterbach 34, 74, 129
Lyss 16, 23, 27, 33, 61, 66, 98, 173f.

Mäander 34, 36, 48, 146
Madretsch 59
Malaria 49
Marin 104, 150
Meienried 16, 27, 28f., 33f., 39, 41f., 50f., 56f., 66ff., 70, 73, 78, 92f., 128, 180
Meinisberg 66
Melioration 119, 165ff., 170, 172, 177, 185
Merzligen 104
Merzligen-Jensmoos 104
Minger, Rudolf 129f.
Mirani, Antonio Maria 57
Mittelalter 22ff., 31ff., 36, 43
Molasse 9ff., 102, 143, 145f.
Mont-Vully 10f., 18ff.,
Moräne 9f., 102, 143, 145
Mörigen 110f., 181
Müller, Emanuel 111
Müller, Gottfried 121, 129, 153
Müller, Hans 87, 128f., 135
Müller, Robert 129, 131f., 134f., 139, 147, 149, 151ff., 156, 159f.
Muntelier 148, 181
Müntschemier 25, 171
Murgenthaler Bedingung 164f., 183
Murten 16, 20, 28, 39, 66, 69, 72, 77, 86, 91, 98, 104, 109, 135, 139, 175
Muttenhof 124

Napoleon Bonaparte 25, 57, 64
Nennigkofen 146
Neolithische Revolution 14
Neuenburg (Stadt) 16, 78, 86, 91, 116, 139, 150, 170, 184
Neuenstadt, siehe La Neuveville
Nidau 22, 26, 28, 37ff., 49, 55f., 64, 66, 68ff., 82, 87f., 91ff., 98, 100, 110f., 120ff., 128, 144, 149, 153, 161, 185
Nidau–Büren-Kanal 35, 42, 74, 88f., 91ff., 98f., 100, 121, 129, 136, 139f., 143ff., 151, 158f., 161, 182
Nidauer Schutzverein 69f.

Obere Korrektion 91, 98ff.
Oberholz 10f.
Ochsenbein, Ulrich 70f., 73f., 79, 87
Oppidum 18ff.
Orbe 35, 48, 73, 104ff.
Orbeebene 33, 48, 104ff., 158
Orbemoos 63, 104,
Orpund 66

Payerne 10f., 105, 119
Pest 31f.
Pestalozzi, Heinrich 82, 85
Peter, Arthur 33, 106, 116, 121f., 153
Petit Cortaillod 77
Petite Glâne 105f.,
Pfahlbauten 110f., 156
Port 122f., 140, 144, 158, 161, 163ff., 182ff.

Radikale 64, 69ff., 75, 82
Rappard, Konrad 83
Raselieren 27
Rebbau 26f., 29, 51, 54 115f., 119, 171
Regulierung 116f., 122, 140, 144, 147f., 158, 163ff., 183f.
Reiben 73
Rhone–Rhein-Kanal 28, 152ff.
Römer 18ff., 26, 43, 95, 107, 156f.
Rondet 20, 124, 157
Rosset, Paul-René 128
Rüti 146, 172

Saane 33, 35, 38, 82, 97, 123, 181f.
Safnern 66, 98, 161
Saint-Blaise 40, 104
Sauerbeck, Johann 82, 85
Schaltenrain 10f.
Scheuren 39, 66, 73, 78
Scheurer, Alfred 46, 115
Schifffahrt 26ff., 36, 81, 83f., 109, 116f., 130f., 146, 152ff.
Schneider, Erwin 131, 159f.
Schneider, Johann Rudolf 41, 51, 59, 66, 68ff., 73f., 76, 79, 82, 87, 96f., 100, 128
Schüss 35, 49, 57, 59, 122f.
Schwab, Friedrich 18, 111
Schwab, Hanni 156f., 160
Schwadernau 39, 66, 73, 78, 93, 104
Schwarzgraben 104, 177
Schwellenpflicht 66f.
Seebodengebiet 104
Sense 33, 35, 181f.
Sermuz 19
Siselen 51, 98, 112
Solothurn (Stadt) 10, 16, 20, 29, 33ff., 41f., 73, 88, 91, 99, 116ff., 121, 124, 131, 135f., 139f., 146f., 150, 158f., 161, 164, 180
Sonderbund 64, 75, 87
Spornen, siehe Buhnen
St. Johannsen 21f., 49, 98, 123f., 127, 143, 150, 161
St. Petersinsel 107, 179
Staad 73, 146
Stämpfli, Jakob 70
Studen 23, 39, 41, 66, 78, 136

Subventionen 70, 88f., 132, 135f., 173, 179
Suez-Kanal 92
Sugiez 16, 22, 91, 98, 104, 138, 141, 161
Sutz-Lattrigen 14f., 151, 181

Täuffelen 149, 161
Thielle (Ort) 52, 55, 91, 98f., 143, 150, 153, 157, 160f.
Tillier, Anthoni Benjamin 56f.
Torf 53, 95, 102, 113f., 141, 172f.
Tour-du-Chêne 22, 98
Transhelvetischer Kanal, siehe Rhone–Rhein-Kanal
Trechsel, Friedrich 58f.
Treiten 47, 172
Tulla, Johann Gottfried 57ff., 61, 67, 74
Tüscherz-Alfermée 93, 110, 129, 175
Twann 110f., 145, 149, 151, 176

Umweltschutz 115, 117, 134, 137, 148, 155f., 168ff., 175, 178

Vinelz 111, 180f.
Vingelz 26, 110
von Graffenried, Kurt Franz 91
Vorbereitungsgesellschaft 70f., 73ff., 87f.

Wahlen, Friedrich Traugott 165
Walperswil 98, 104
Wangen a. Aare 10f., 42, 148, 185
Weidling 26, 28
Wein, siehe Rebbau
Wileroltigen 123
Willihof 121
Witz, Friedrich Emanuel 103f.
Witzwil 15, 20, 53, 103f., 114, 124f., 127, 169
Wohlfahrtsartikel (Art. 21 BV; neu Art. 23 BV) 79, 88, 135
Worben 39, 66, 78
Worbenmoos 104
Yverdon 19, 22, 28f., 33, 41, 73, 106, 117, 175

Zihl 16, 20, 27ff., 33, 35, 38f., 42, 48ff., 52, 55ff., 63, 65f., 74, 81f., 88f., 92, 98f., 104, 106, 121ff., 142
Zihlbrücke 65, 161
Zihlkanal 74, 91, 99f., 121, 123, 129, 136, 139ff., 149f., 152, 158, 160f., 164, 183
Zucker 102, 113, 118ff., 125, 167, 171, 173

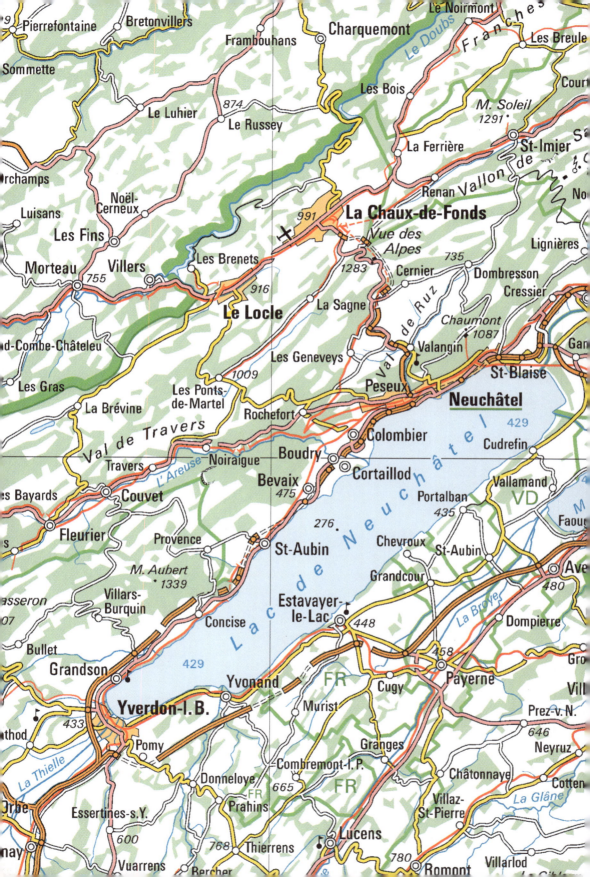